KB022993

인간기계론 · 인간식물론

인간기계론 · 인간식물론

초판 1쇄 발행 | 2023년 03월 15일

지은이 쥘리앙 오프레 드 라 메트리
옮긴이 이충훈
펴낸이 조기조
펴낸곳 도서출판 b

등 록 2003년 2월 24일 제2006-000054호
주 소 08772 서울특별시 관악구 난곡로 288 남진빌딩 302호
전 화 02-6293-7070(대) | 팩스 02-6293-8080
누리집 b-book.co.kr | 전자우편 bbooks@naver.com

ISBN 979-11-92986-00-5 03160
값 14,000원

* 이 출판물은 한양대학교 교내 연구지원 사업으로 연구됨(HY-2021-1899).
* 이 책 내용의 일부 또는 전부를 재사용하려면 도서출판 b의 동의를 얻어야 합니다.
* 잘못된 책은 구입한 곳에서 교환해드립니다.

인간기계론 · 인간식물론

L'homme−machine · l'homme−plante

Julien Offroy de La Mettrie

쥘리앙 오프레 드 라 메트리 | 이충훈 옮김

도서출판 b

| 일러두기 |

1. 이 책은 쥘리앙 오프레 드 라 메트리(Julien Offroy de La Mettrie, 1709~
   1751)의 『인간기계론』과 『인간식물론』을 완역한 것이다. 프랑신 마르
   코비치가 편집하여 출간한 *Œuvres philosophiques*, t. I, Fayard, 1987을
   주 대본으로 삼고, 여기에 프랑스 철학자이자 정신분석학자인 폴 로랑
   아순(Paul–Laurent Assoun)이 상세한 주석과 해설을 붙여 출간한 비평판
   『인간기계론』(Eds. Denoël/Gontier, 1981; Gallimard, 1999)을 같이 보았
   다.
2. 이 책 말미에 모은 주석들 중 (A)가 있는 것은 아순의 판본에서 가져
   온 것이고, 아무 표시가 없는 모든 주석은 옮긴이의 것이다. 라 메트리
   가 직접 붙인 주석은 [저자의 주]라는 표시를 해서 아순과 옮긴이의
   주석과 구별했다.

| 차 례 |

이 책처럼 과감한 책에 용감히 내 이름을 올린 것을 보면 아마 다들 놀라실 것이다. 내가 악착같이 종교를 뒤엎으려는 사람들의 기도企圖를 등에 업고 종교에서 하는 말이라면 그 무엇도 믿지 않는 사람이었다거나, 나라면 양심의 원칙에 따라 단호히 거부했을 일을 다른 출판업자는 울며 겨자 먹기로 맡았겠다는 확신이 섰다면야 당연한 일이지만 왜 내 이름을 올렸겠는가. 나는 신중이라는 말은 나약한 정신을 가진 사람들에게 잘못 생각할 기회를 아예 내주지 않는 것임을 알고 있다. 그런데 나는 그런 이들은 쉽게 혹하는 사람들임을 전제하고 이 책을 처음 읽었다. 그러자 나는 굳이 그들 걱정을 할 필요가 전혀 없음을 알았다. 왜들 그렇게 신과 종교에 대한 생각과 모순되는 논거들이라면 없애버리지 못해 신경을 곤두세우고

호들갑들인가? 그렇게 하면 민중이 자기가 '속는' 일은 없으리라고 믿게 될까? 민중이 의심을 시작하면 이제 신념이여 안녕, 그리고 종교여 안녕이다! 비종교인들les irréligionnaires[2]이 다들 두려워만 한다면 그들을 꼼짝 못 하게 만들 방법이며 희망이 있기나 한가? 그들이 이성을 사용할 수 없게 막아 놓고는 그들이 가진 풍속과 사유 방식이 똑같이 비판받아 마땅한 것인지는 알아보지도 않고 어찌 됐든지 그들의 풍속을 맹렬히 비난하는 것으로 만족한다면 어떻게 그들의 정신을 차리게 할 수 있을까?

그런 식의 행동은 불신자들에게 유리한 판정을 내리는 꼴이다. 불신자들은 우리는 무지하므로 철학하기에는 어림도 없다고 주장하는 종교를 비웃는다. 그들은 우리의 투쟁 방식으로는 난공불락이리라 생각하는 자신들의 참호에 숨어 승전가를 부른다. 이런데도 종교가 승리하지 못한다면 그것은 종교를 방어하고 있는 형편없는 작가들의 잘못 때문이다. 똑똑한 작가들이 펜을 잡고 제대로 무장하고 있음을 보여주어야 한다. 그러면 신학은 그토록 허약한 적수가 아무리 저항한들 그를 압도할 것이다. 나는 무신론자를, 하늘까지 오르고자 했던 저 거인들과 비교하는 것이다. 그 거인들이나 무신론자나 같은 운명이다.

이상이 내가 미리 걱정을 덜기 위해 이 소책자 앞에 넣어야겠

8

다고 생각한 내용이다. 내가 출판한 책을 논박하는 일도, 여러분에게 본 저작에 등장하는 추론에 대해 내 관점을 말하는 일도 내가 감당할 몫은 아니다. 전문가들이라면 영혼과 신체의 결합의 문제를 설명하고자 할 때마다 난점들이 계속 생겨난다는 점을 쉽게 알 것이다. 이 책의 저자가 그 문제로부터 위험한 결론들을 끌어낸다고 해도 우리가 반드시 기억해야 할 사실은 그 결론들의 토대는 한 가지 가설뿐이라는 점이다. 그걸 쓰러뜨리려면 더 많은 가설이 필요할까? 물론 그 결론들을 무너뜨리는 일은 어려운 일일 것이다. 그렇지만 내가 믿지도 않는 것을 가설로 삼아본들 우리가 얻게 될 것이라고는 이목을 집중시킬 기회일 뿐이다. "위험 없는 승리는 영광 없는 승리이다."[3]

나는 이 책의 저자를 만난 적이 없다. 그는 베를린에서 자기 저작을 내게 보내오면서 다르장스 후작[4]의 주소로 책 여섯 부를 보내 달라는 부탁만 했다. '익명'을 확실하게 유지하는 데 이보다 더 좋은 방법은 없다. 나는 그가 알려준 주소가 그저 조롱하려는 일[5]일 뿐임을 확신하고 있으니 말이다.

| 괴팅겐 의학 박사[6] 할러[7] 씨에게 |

이것은 헌사[8]가 아닙니다. 제가 아무리 찬사를 드린대도 선생님께는 턱없이 부족합니다. '학술 논문'쯤은 되어야지 그게 아니라면 그보다 더 쓸데없고 더 싱거운 것도 없음을 압니다. 이 헌사에서 저는 귀에 못이 박히도록 되풀이된 주제를 지적하고자 제가 따랐던 새로운 방식을 제시하지 않았습니다. 선생님께서 적어도 그런 공적이 있음을 찾아주시고, 선생님의 제자이자 선생님의 친구가 그 일을 훌륭하게 수행했음을 판단해 주십사 합니다. 제가 말씀드리고자 하는 이 책을 저는 정말 기쁜 마음으로 썼습니다. 연구를 통해 얻는 저 숭고한 관능의 본성을 밝혀보고자 선생님께 제 책이 아니라 바로 저 자신을 바치는 것입니다. 본 헌사의 주제가 이와 같습니다.[9] 할 말이라고는 전혀 없으면서 메마른 상상력을 보완해보고자

역시 상상력이라고는 없는 책을 집어 들었을 저자가 제가 처음이겠습니까. 아폴로 신의 또 다른 아드님이신 저명한 스위스 분이여, 현대의 프라카스토로[10]시여, 자연을 아시고, 따져보실 줄 아시는 선생님, 그뿐 아니라 자연을 직접 느끼시고, 또 자연을 표현하실 줄 아시는 선생님, 부디 제게 말씀해 주십시오. 박식한 의사이면서, 그보다 더 위대한 시인이신 선생님, 도대체 무슨 마법 같은 일인지 연구를 하다 보면 어떻게 그 길고 긴 시간이 찰나의 순간으로 짧아지는지, 그때 정신이 느끼는 저 즐거움의 본성이 무엇인지 제게 말씀해 주십시오. 그렇게 얻는 정신의 즐거움은 범속한 즐거움과는 얼마나 다른지요…. 하지만 선생님께서 쓰신 매혹적인 시를 읽고 마음 깊이 너무도 감동한 나머지 저는 선생님의 시가 제게 불러일으켰던 감정을 말씀드리지 않을 수 없었습니다. 인간을 이런 시각으로 고려해봤을 때 그것은 제 주제와 고스란히 관련되어 있습니다.

감각에서 얻는 관능이 아무리 사랑스럽고 소중하다 한들, 한 젊은 프랑스 의사가 섬세한 만큼 감사의 마음도 담아 펜을 들어 그 관능에 찬사를 보낸들, 그런 관능은 그저 향유에 불과하고, 향유가 끝나면 관능도 사라져 무덤 행입니다. 완벽한 쾌락 뒤에 향유가 아주 사라지지 않았대도 다시 쾌락이 되살아나려면 얼마간의 시간이 필요합니다. 그렇지만 정신이 얻는 쾌락의 힘은 정말 얼마나 다른지요! 진리에 다가갈수록, 그 진리는 우리를 더욱 황홀하게 합니다. 그 쾌락의 향유는 욕망만 키우는 것만은 아닙니다. 향유하려고 하자마자 바로 향유가 이루어집니다. 진리에 대한 향유는 오래 누리더라도 빛의 주파 속도보다 더 **빠릅**니다. 정신이 신체보다 우월한 만큼 정신의 관능이 감각의 관능보다 우월하다는 데 놀랄 필요가 있을까요? 정신은 감각 중의 감각이 아닙니까? 감각 작용들은 모두 정신에서 만나니까요. 감각 작용은 모두 빛살처럼 그것을 산출한 중심에 이르지 않습니까? 그러니 진리의 사랑으로 불타오르는 마음이 도대체 어떤 저항할 수 없는 매력에 흘려 더 아름다운 세상으로 순식간에 이동하게 되는지는 더 이상 생각해보지 맙시다. 그 세상은 신들이나 되어야 누릴 자격이 있는 쾌락을 맛보는 곳입니다. 친애하는 할러 씨, 적어도 선생님이나 제게는 자연이 마련하는 모든 매력 중 가장 강한 것이 철학의 매력 아니겠습니까. 이성과 지혜로써 철학의 신전에 이르는 것보다 더 멋진 영광이 있을까요! 모든 정신들을 발아래 두는 것보다 더 우쭐한 정복이 있을까요!

범속한 영혼의 소유자들은 모르는 저 즐거움의 모든 대상을 한 번 돌아봅시다. 그 대상들은 얼마나 아름답고, 또 얼마나 광활합니까? 시간, 공간, 무한, 대지, 바다, 창공, 모든 원소들, 모든 학문들, 모든 기술들이 이런 유의 관능을 마련하는 대상이

됩니다. 세상의 한계에 막혀 너무 옥죄일 때 백만 가지를 상상하는 것이 관능입니다. 자연 전체가 관능의 양식糧食이며 상상력은 관능의 승리입니다. 이제 세부적으로 살펴봅시다.

전문가라면 때로는 시나 회화에서, 때로는 음악이나 건축, 노래, 무용 등에서 황홀한 즐거움을 맛봅니다. 오페라 무대 뒤 분장실에 있는 피롱의 아내 라 델바[11]를 보십시오. 그녀는 얼굴이 창백해졌다가 붉어졌다 반복하면서 르벨[12]과 박자를 맞추고, 이피제니와는 측은한 동정의 마음을, 롤랑과는 분통에 차오르는 마음을 갖게 됩니다. 오케스트라가 그려내는 모든 인상들이 마치 화폭에 옮겨지듯 그녀의 얼굴에 나타납니다. 두 눈은 온화하게 빛나다가, 넋을 놓다가, 웃다가, 이번에는 전사의 용기로 단단히 무장하는 것입니다. 그러면 관객들은 그녀가 광녀인 줄 압니다. 그렇지만 쾌락을 광적으로 느끼려 들지 않는 한 그녀는 광녀가 아닙니다. 그녀는 수많은 아름다움에 깊이 젖어 있지만 저는 그것을 못 느낄 뿐이죠.

볼테르가 자기 작품의 여주인공 메로프[13]가 흘리는 눈물을 막을 수 없는 것은 그가 그 작품과 여배우의 가치를 느끼기 때문입니다. 선생님께서는 볼테르의 글을 읽으셨습니다. 불행히도 볼테르는 선생님의 글을 읽을 수 없지만요. 선생님의 글을 수중에 갖고 있지 않은 이 누구며, 기억하지 못할 이 누구겠습니까? 선생님의 글을 읽고도 마음이 움직이지 않는다면 그는 얼마만 한 냉혈한일까요! 어떻게 그의 취향들이 고스란히 이어지지 않을 수 있겠습니까? 그는 이제 열정에 넘쳐 그 이야기를 하게 됩니다.

저는 요사이 리처드슨의 서문[14]에서 위대한 화가의 회화 이야기를 즐겁게 읽은 적이 있습니다. 그가 회화 예술에 얼마나 대단한 찬사를 보내던지요. 그는 회화 예술을 사랑하고 그것이야말로 최고라고 평가했습니다. 그는 우리가 화가가 되지 않고서 행복할 수 있으리라고 생각하지 않습니다. 그는 자기 일에 얼마나 도취되어 있는 것인지요!

그리스, 영국, 프랑스 비극 시인들이 지은 기가 막히게 이어지는 기나긴 낭송이나 몇몇 철학 저작을 읽으면서 스칼리제르[15]나 말브랑슈 신부[16]가 느꼈던 바로 그 흥분을 느끼지 않은 이 누구겠습니까? 자기 배우자가 도와주리라고는 기대도 하지 않았던 다시에 부인은 백배로 기쁨을 얻었습니다.[17] 타인의 생각을 번역하고 펼쳐낼 때 열광 같은 것을 경험한다면 자기 스스로 생각할 때는 어떻겠으며, 자연의 취향과 진실의 탐구로 관념들이 잉태되고 분만될 때는 또 어떻겠습니까? 의지나 기억의 이런 행위를 어떻게 그려낼 수 있을까요? 말하자면 영혼은 그 행위를 통해 하나의 관념을 유사한 다른 흔적과 결합시키면서 재생되는 것입니다. 그렇게 되면 둘의 유사성과, 하나로 이어진 저 둘의 결합을 통해 세 번째 관념이 생깁니다.

자연이 만들어내는 모든 산물을 찬미하소서. 자연은 거의 같은 방식으로 자신의 산물을 생산하는 것이니 이것이 자연의 통일성입니다.[18]

제대로 작동하지 못하는 감각에서 비롯되는 즐거움은 생기가 전혀 없으니 더 이상 즐거움이 못 됩니다. 감각의 즐거움과 정신의 즐거움은 어떤 점에서 닮았습니다. 즐거움은 멈춰 세워야 강화됩니다. 사랑의 행위에서처럼 연구하면서 얻는 황홀이 있습니다. 이렇게 말해도 좋다면 그것을 정신의 강경증強硬症 또는 부동성이라 하겠습니다. 정신이 집중되고 황홀해지는 대상에 감미롭게 취하게 되면 완전히 정신이 추구하는 바로 그것이 되기 위해 자기 몸이며, 자기 주변의 모든 것을 사상捨象하여 초연해지는 것 같습니다. 느낌이 너무도 강력하다 보니 전혀 감각이 없습니다. 진리를 구하고 발견할 때 맛보는 즐거움이 그런 것입니다. 아르키메데스의 황홀의 느낌을 떠올려 그 힘이 얼마나 큰지 판단해보십시오. 선생님께서는 그것이 목숨도 걸 일이었음을 아십니다.[19]

현자는 군중을 피하고 고독을 찾습니다. 그러나 다른 이들은 서로를 알아보려 들지 않고 더 정확하게는 서로를 증오하지 않기 위해 군중 속에 뛰어듭니다. 현자는 왜 그저 저 자신이나 자기와 같은 사람들과만 어울리는 것을 좋아할까요? 그것은 현자의 영혼은 충실한 거울과 같아서, 그의 어느 쪽으로 치우치지 않는 이기심이 그 거울에 자신을 비춰보는 것으로 큰 이익을 마련하기 때문입니다. 덕성스러운 이는 저 자신을 사랑하는 달콤한 위험에 빠지지 않는 이상 자신을 바로 아는 일을 전혀 두려워하지 않습니다.

하늘 저 높은 곳에서 땅을 굽어보는 사람에게는 다른 사람들의 권세가 완전히 사라져버리고, 더없이 웅장한 궁전도 오두막으로 바뀌고, 셀 수 없이 많은 병사를 갖춘 군대도 낱알 하나를 놓고 그보다 더 우스꽝스러울 수 없이 맹렬히 싸우는 개미 군단이 되어버리듯, 선생님과 같은 현자에게는 세상 만물이 그렇게 보이기 마련입니다. 수많은 인간이 지구를 혼란에 빠뜨리고 당연히 그들 누구도 만족할 수 없는 별것 아닌 일로 서로 밀쳐낼 때 현자는 쓸데없는 그들의 동요를 비웃습니다.

포프는 얼마나 숭고하게 『인간론』을 시작했습니까! 그의 앞에서 고관들이며 왕들은 얼마나 초라한 존재입니까![20] 오, 선생님! 스승보다는 제 친구이신 분, 선생님께서는 자연으로부터 포프와 맞먹는 천재의 힘을 받으셨으면서도, 그 은혜도 모르시고 그 힘을 잘못 쓰셨습니다. 선생님이라고 모든 학문에서 두각을 보이시겠습니까. 저 위대한 시인처럼 선생님께서는 제게 조롱하는 법을 가르쳐 주셨습니다. 아니 더 정확히 말하자면 군주들이나 진지하게 몰두하는 그저 노리개에다, 쓸데도 없는 행동들을 보고 한탄하는 법을 가르쳐주셨습니다. 제

행복은 선생님에게서 받은 것입니다. 아니죠, 온 세상을 정복하는 일도 철학자가 연구실에서 맛볼 수 있는 즐거움에 비할 바가 못 됩니다. 그의 주위에는 말 없는 친구들[21]뿐이지만 그들이야말로 철학자가 듣고자 하는 모든 말을 해주는 이들입니다. 신이시여, 제게서 먹고사는 데 필요한 것과 건강만은 **빼앗지** 마소서. 제가 그것 말고 신께 무얼 바라겠습니까. 건강만 하다면 제 마음은 권태 없이 삶을 사랑할 것이며, 먹고 살 최소한의 것만 있다면 저의 정신은 만족하고 계속 지혜를 연마할 것입니다.

그렇습니다. 연구의 즐거움은 나이며, 장소며, 계절이며, 시기와는 무관합니다. 키케로를 읽고 흐뭇한 연구 경험을 해보겠다는 생각이 들지 않는 이 누구겠습니까?[22] 키케로에게 연구는 젊음의 여흥이었습니다. 젊은 시절에는 누구라도 혈기 넘치는 정념에 사로잡히곤 합니다만, 그는 그 정념을 연구하면서 자제했습니다. 그 여흥을 제대로 즐기고자 저는 간혹 사랑에 탐닉하지 않을 수 없었습니다. 현자는 사랑을 두려워하지 않습니다. 현자는 모든 것을 결합하고, 하나를 다른 하나로 돋보이게 만들 줄 알기 때문입니다. 현자의 지성을 가려 어둡게 하는 구름으로도 그는 나태해지지 않습니다. 그런 구름을 보면 그는 어떤 방책으로 날려 보낼지 알게 됩니다. 태양이라도 대기 중의 구름을 현자보다 더 **빨리** 걷어내지 못하리라는 것이 사실입니다.

　노년이 되어, 다른 즐거움들을 이제는 주지도 받지도 못하게 되는 찬바람이 이는 나이에 이르렀을 때 독서와 명상보다 더 든든히 기댈 곳이 있을까요! 다가올 미래의 세기들은 물론 심지어 동시대 사람들도 매혹시키게 될 작품이 하루하루 바로 눈앞에서, 내 손안에서 쑥쑥 자라서 모양을 갖추는 것을 보는 것은 얼마나 즐거운 일인가요! 하루는 마음에 바람이 들어 저자가 된다는 즐거움을 이제 느끼기 시작했던 한 사람이 제게 이렇게 말하더군요. 집이랑 인쇄소만 왔다 갔다 하면서 인생을 보내고 싶습니다, 라고요. 그가 잘못 생각하는 것도 아니지요. 아들이 박수를 받는데 어떤 다정한 어머니가 가상한 아들을 둔 것을 다른 이들보다 더 기뻐하지 않겠습니까?

　연구의 즐거움을 그토록 찬미하는 이유가 뭘까요? 그 즐거움을 누린다고 다른 재산이 없어질까 고민하거나 아예 싫어질 리 없음은 다들 아십니다. 써도 써도 그대로인 보물이요, 산책을 하고 여행을 한들, 한마디로 말해서 어딜 가나 우리에게 따라붙는 끔찍한 권태를 그보다 확실히 날려줄 수 없는 해독제가 아닙니까? 편견의 사슬을 모조리 끊어냈던 자는 행복하여라! 그 사람만이 이 즐거움을 온전히 누릴 수 있겠습니다. 그 사람만이 이 달콤한 정신의 평정을, 야심이라곤 없는 튼튼한 영혼의 만족을 완전히 누릴 수 있겠습니다. 그 만족이 행복

자체는 아니더라도 행복을 낳는 아버지는 됩니다.

우리 잠시 멈춰, 미네르바가 불멸의 담쟁이덩굴을 엮어 만든 관을 씌웠던 선생님 같은 위대한 인물들의 걸음걸음마다 감사의 뜻으로 꽃을 뿌려 봅시다. 여기서는 꽃의 여신 플로라가 선생님을 이끌어 린네와 함께[23] 새로 난 오솔길을 따라 알프스의 얼음 언 정상에 오르게 하여, 눈 덮인 다른 산 아래로 보이는 자연의 손으로 가꾼 정원을 감탄하도록 합니다. 그곳이 예전 저 유명한 스웨덴 교수의 유산이었던 정원입니다. 거기서 선생님은 이곳 초원으로 내려오십니다. 그곳의 꽃들은 린네를 기다려, 그때까지는 저들에게 관심도 없어 보였던 어떤 질서로 편제編制되고자 합니다.

또 저기서는 프랑스의 영광 모페르튀가 보이는군요. 정작 그 영광은 다른 나라가 누리기는 했지만 말입니다.[24] 왕들 중 가장 위대한 왕이었던 친구와 식사를 하던 중 자리를 떴습니다. 그는 어디로 갔을까요? 뉴턴이 그를 기다리고 있던 자연의 심의회로 갔습니다.

화학자, 기하학자, 자연학자, 기계 기사, 해부학자 등에 대해서는 어떻게 말할까요? 마지막에 언급한 해부학자라면 다른 이들이 죽은 자를 되살리면서 느꼈던 것과 대동소이한 즐거움을 죽은 자를 연구하면서 갖는 사람입니다.

그렇지만 저 위대한 치료의 기술에 비할 것은 아무것도

없습니다. 의사는 조국에 크게 공헌하는 유일한 철학자입니다. 이 말을 제가 처음으로 한 것은 아닙니다. 의사는 폭풍우 몰아치는 인생에서 헬레네의 오빠들[25]처럼 보입니다. 대단한 마법이며 대단한 주문呪文이 아닙니까! 한번 보기만 해도 끓었던 피가 진정되고 미쳐 날뛰던 영혼이 평화를 찾고, 불행한 사람들의 마음에 다시금 달콤한 희망이 태어납니다. 천문학자가 식蝕을 예측하듯이 의사는 삶과 죽음을 알립니다.[26] 누구나 자기를 비추는 자신의 횃불을 갖고 있습니다. 그렇지만 정신이 기쁘게도 자신을 지도할 규칙을 발견해 냈다면 그 얼마나 대단한 승리입니까! 선생님께서는 매일같이 그런 흐뭇한 경험을 하고 계시지 않습니까. 대단한 사건으로 그 대담한 실험이 증명되었다면 대체 얼마나 대단한 승리입니까!

그래서 모든 학문의 제일의 유용성은 학문의 함양에 있습니다. 그것이 벌써 공고한 실질적인 재산이라 하겠습니다. 연구의 취향을 갖춘 사람은 행복하여라! 연구를 통해 정신에서 환상들을 몰아내고, 마음에서 허영을 몰아내는 데 성공한 사람은 더욱 행복하여라! 정말이지 바람직한 목표가 아닙니까. 선생님께서는 아주 어렸을 때 지혜의 손에 이끌려 그 목표로 인도되었지만, 시간의 무게보다 더 무거운 편견의 무게를 견디지 못하고 등이 굽은 수많은 현학자들은 오십 년을 밤을 새우고 작업을 한 결과 모든 것을 배운 듯 보이지만 사유하는 법만은 배우지 못했습니다. 이는 도대체 성취하기 어려운 학문이라 할 것이며, 특히 학자들에게서는 더욱 그렇습니다. 그렇지만 그 학문이 모든 다른 학자들의 결실이 될 것임에 틀림없습니다. 저는 어렸을 때부터 오직 그 학문만을 닦았습니다. 선생님, 제 노력이 성공적이었는지, 우정으로 드리는 이 찬사가 영원히 선생의 우정에 값하는 것일지 판단해 주시기 바랍니다.

인간기계론

저 지고한 본질의 빛이런가,
우리 그리 빛나는 모습으로 그려진다면?
우리 죽어도 사는 정신이런가?
감각을 갖고 태어나 자라고 감각처럼 쇠약해지니
슬프도다! 그 정신 역시 죽어 사라지리라.[27]
—볼테르

현자라면 자연과 진리의 연구만으로는 충분하지 않으며, 사유하고자 하고 사유할 수 있는 소수의 사람들을 위해 감히 진리를 말해야 한다.[28] 자발적으로 편견의 노예로 사는 다른 이들은 개구리가 날 수 없는 것 이상으로 진리에 이를 수 없는 까닭이다.

나는 인간 영혼의 문제를 논하는 철학자들의 체계를 두 가지로 줄여본다. 하나는 가장 오래된 것으로 유물론 체계이며, 다른 하나는 유심론 체계이다.[29]

물질도 사유의 능력을 가질 수 있지 않을까, 넌지시 언급했던 형이상학자들이 자기들 이성을 욕보였던 것은 아니다.[30] 왜 그런가? 그들은 제대로 표현을 못했다는 장점(여기서는 장점이 된다)을 가졌기 때문이다. 사실 물질을 그 자체로 고려하지 않은 채 물질이 사유할 수 있느냐를 따지는 일은 물질이 시간을 가리킬 수 있느냐를 따지는 일과 같다. 우리가 이런 암초를 피해 갈 것임을 여러분은 진작 아실 것이다. 불행히도 로크 씨는 그 암초에 걸려 좌초하고 말았다.

라이프니츠주의자들은[31] 모나드 이론을 내세워 도대체 이해가 안 되는 가설을 세웠다. 그들은 영혼을 물질로 만들었다기보다는 물질을 정신으로 만들었다. 우리가 전혀 본성을 모르는 존재를 도대체 어떻게 정의할 수 있는가?

데카르트와 데카르트주의자들 모두 똑같은 오류를 범했다. 오래전에 말브랑슈주의자들도 그들을 따른다고 간주되었다.[32] 그들은 인간이 상이한 두 실체로 이루어졌다고 가정했다. 그들이 그 두 실체를 직접 보고 정확히 둘이라고 세어 보기라도 했듯이 말이다.

더없이 현명한 이들은 영혼은 오직 신앙의 빛을 통해서만 알려질 수 있을 뿐이라고 말했다.[33] 그러나 이성적인 존재로서 그들은 성경에서 인간의 영혼을 언급할 때 썼던 '정신esprit'이라는 말의 의미가 무엇인지는 자기들만 검토할 권리가 있다고 믿었다. 이 문제에 대한 그들의 연구는 신학자들과 의견의 일치를 보지 못하기는 하지만, 신학자들이라고 서로들 다른 모든 점에서 더 의견의 일치를 보던가?

그들의 모든 성찰의 결과를 아래에 몇 마디로 요약하겠다.

신이 존재한다면 그 존재는 계시의 창조주인 것처럼 자연의 창조주이기도 하다. 신은 우리에게 자연을 마련해 계시를 설명하고, 이성을 마련해 자연과 계시를 일치시키도록 했다.

살아 움직이는 존재들에서 끌어낼 수 있는 지식에 도전한다는 것은 자연과 계시를 서로 파괴하는 대립물로 간주한다는 것이고, 결과적으로 신과 그의 다양한 창조물들이 서로 모순되며 또한 신이 우리를 속이고 있다는 터무니없는 주장을 감히 옹호하는 일이다.

그러므로 계시라는 것이 있다면 그것은 자연에 반(反)할 수 없다. 자연만으로도 복음서의 말씀들의 의미를 발견할 수 있으며 오직 경험만이 그 말씀의 진정한 해석자인 것이다! 정말이지 지금까지 다른 주석가들은 전부 진리를 그저 뒤죽박죽으로 만들어 놓았을 뿐이다. 그러니 우리는 『자연의 스펙터클』 저자의 말을 인용하여 이 문제를 판단해보겠다.[34] 그는 로크 씨에 대해 말하기를 "어떤 사람이 우리 영혼이란 진흙으로 된 것이라고 믿을 정도로 격을 떨어뜨려 놓고선 감히 이성을 신앙의 불가사의를 판단하는 지고한 중재자로 확립한 것은 정말이지 경악할 일"이라고 했다. 그리고 그는 뒤에 이렇게 덧붙였다. "이성을 따르고자 했다면 기독교라는 놀라운 생각을 할 수나 있었을 것인가"라고.

이런 성찰들이 신앙에 대해 밝혀주는 것이 전혀 없음은

물론, 성경을 해석할 수 있노라 믿는 사람들이 채택하는 방법을 논박하기 위해 경박하기 이를 데 없는 반론이나 내세우고 있으니 나는 그런 반론을 반박하면서 시간을 낭비하는 일이 수치스럽기만 하다.

1. 이성의 탁월성이란 말은 거창하기만 할 뿐 아무 의미도 없는 말(비물질성[35])이어서가 아니라, 그 힘이며, 그 너른 폭이며, 통찰력을 말하는 것이다. 그래서 '진흙으로 된 영혼'일지라도 눈 한번 깜짝하는 시간에 이해하기 어려운 무수히 많은 관념의 관계와 결과를 발견한다면, 그보다 더 값질 수 없는 원소들로 이루어졌더라도 어리석고 우둔한 영혼보다 당연히 나은 것이리라. 플리니우스를 읽고 우리 인간의 기원이 얼마나 초라한지 부끄러워하는 이가 철학자일 리 없다. 여기서는 천하게 보이는 것이 가장 값진 것으로, 자연은 그것을 위해 최고의 기술과 최고의 장치를 마련해 둔 것 같다. 그러나 겉으로 보기에 인간이 훨씬 더 천한 기원에서 왔을지 몰라도 인간은 모든 존재 중에 가장 완벽한 존재인 것이니, 영혼의 기원이 뭐가 되었더라도 순수하고 고상하고 숭고하다면 그것은 아름다운 영혼으로, 누구라도 그것을 갖추었다면 존경을 받아 마땅한 존재가 된다.

내가 보기에 플뤼슈 씨의 두 번째 추론 방식에는 결함이 있는데 다소 광신주의가 들어 있는 그의 체계에서도 그렇다.

우리의 신앙에 대한 관념이 가장 명확한 원칙들과, 가장 확실한 진리와 모순이라도 된다면, 계시 및 계시의 창조자의 명예를 위해서 그런 신앙의 관념은 거짓이고, 우리는 복음서의 말씀의 의미를 여전히 모른다고 생각해야 한다.

그러니 자연 자체나 계시나 모든 것이 환상이든가, 경험으로만 신앙을 설명할 수 있던가 둘 중 하나이다. 그런데 플뢰슈 씨의 추론보다 더 우스꽝스러운 것이 어디에 있는가? 그의 추론을 따르자면 나는 '토리첼리의 실험을 믿어서는 안 된다.[36] 그 실험을 믿고, 진공에의 공포를 물리치고자 했다면 우리는 얼마나 끔찍한 철학을 갖게 될 것인가'라는 아리스토텔레스주의자의 말을 듣고 있는 것이 아닌가 생각한다.

내가 플뢰슈 씨의 추론에 얼마나 큰 결함이 있는지 보여주었던 것은[37*/38] 첫째, 계시란 것이 있다고 해도 그 말만으로도 벌벌 떠는 모든 사람이 주장하듯이 이성의 검토 없이 교회의 권위만으로는 계시가 충분히 증명되지 않는다는 점을 입증하기 위한 것이며, 둘째, 내가 신앙으로는 이해할 수 없는 초자연적인 사실들을 누구나 자연으로부터 받은 지식을 통해서 해석하도록 열어준 길을 따르고자 했던 사람들을 모든 공격으로부터 보호하기 위한 것이다.

그러므로 이제 우리는 오직 경험과 관찰만을 따라야 한다. 경험과 관찰은 철학자이기도 했던 의사들의 기록에는 무궁무

진하게 들어 있지만, 의사가 아니었던 철학자들에게는 없다. 의사들[39]은 인간이라는 미로를 두루 살펴 밝혀주었다. 오직 그들만이 외피 아래 감춰진 저 태엽들을 드러내 주었다. 그전까지는 숱한 경이가 그 외피에 싸여 우리 눈에 보이지 않았던 것이다. 오직 그들만이 우리의 영혼을 차분하게 응시하면서 비참한 상태와 위대한 상태에 놓인 영혼을 수천 번이나 읽어냈으면서도, 위대한 상태의 영혼에 감탄하는 이상으로 비참한 상태의 영혼을 경멸하지 않았다. 한 번 더 말하건대 이 자리에서 말할 권리를 가진 이들은 자연학자뿐이다. 다른 이들이라면, 특히 신학자들은 도대체 우리에게 무슨 말을 하겠는가? 그들이 알 능력도 없었던 주제에 대해 부끄러워하지도 않고 내리는 판단을 듣는 것은 정말이지 우스꽝스럽지 않은가? 반대로 그들은 모호하기 짝이 없는 연구를 통해 그 주제를 완전히 왜곡해버렸다. 그들의 연구로 수만 가지 편견이 생겨났고, 한마디로 말해서 결국 광신주의에 이르게 되었다. 또한 광신주의로 인해 신체 메커니즘에 대한 그들의 무지는 더욱 커졌다.

그런데 우리가 가장 훌륭한 지도 원리를 선택했더라도 그 길을 걸어 나가다 보면 여전히 숱한 역경이며 장애물을 만나게 될 것이다.

인간은 정말이지 복잡한 기계이므로 우선 그 기계에 대한 명확한 관념을 갖기란 불가능하며, 결과적으로 기계를 정의하는 일도 마찬가지로 불가능하다. 바로 그런 이유 때문에 가장 위대한 철학자들이 선험적으로a priori, 그러니까 어떤 의미로는 정신의 날개를 이용하고자 하면서 수행했던 연구들치고 쓸모가 있었던 것이 전혀 없었다. 그래서 경험적으로a posteriori, 그러니까 신체 기관들을 통해서처럼 영혼을 샅샅이 밝혀내고자 해야 한다. 나는 그렇게 하면 인간 본성을 명백히 발견할 수 있다는 말을 하는 것이 아니라, 그렇게 해야 본 주제에 대해 가능한 최대한의 개연성에 도달할 수 있다고 주장하는 것이다.

그러니 경험의 지팡이[40]를 쥐고, 철학자들의 모든 헛된 의견들은 흘러가는 역사에 맡겨두자. 맹인이면서도 그런 지팡이쯤 없이도 살 수 있다고 믿는 것이야말로 맹목의 극치라 하겠다. 한 현대 철학자가 말하기를 제2 원인을 제1 원인과 똑같이 이용하지 못하게 만드는 것은 그저 허영심뿐이라고 했을 때 그는 정말 옳았다! 데카르트 같은 이들, 말브랑슈 같은 이들, 라이프니츠 같은 이들, 볼프 같은 이들 등, 이 천재들이 수행한 아무짝에도 쓸모없는 작업을 찬미할 수 있고, 또 그래야 한다. 그렇지만 여러분에게 부디 묻노니, 그들의 심오한 명상과 그들의 저작 전체에서 끌어낸 성과란 도대체 무엇인가?[41] 그러므로 삶의 휴식을 얻으려면 과거에 어떻게들 생각했는지가 아니라 지금 어떻게 생각해야 하는지에서 시작하고, 이제 이를 검토해 보도록 하자.

체질이 여러 가지인 만큼, 정신이며, 성격이며, 풍속도 그만큼 다르다. 갈레노스도 이런 진실을 알고 있었다. 『영혼론』의 저자[42]가 말하듯이 이 진실을 더욱 깊이 밝혀서 의학만이 신체와 함께 정신과 풍속을 변화시킬 수 있다고 말하기까지 했던 이는 히포크라테스가 아니라 데카르트였다. 정말이지 흑담즙, 담즙, 림프액, 피로 이루어진 네 체액의 본성, 풍부함, 다양한 결합에 따라 사람들은 각자 서로 다른 사람이 된다.

질병을 앓을 때 영혼은 때로는 사라져 그 자체로는 어떤 증후도 나타내지 않고, 때로는 격노에 사로잡힐 정도로 배가倍加되기도 하고, 때로는 우둔함이 사라지고 바보나 같았던 자가 회복하여 기지에 넘치는 사람이 되기도 하고, 세상에서 가장 탁월한 자가 우둔해져 더는 자기를 알아보지 못하기도 한다. 그렇게 되면 그 큰 비용을 들이고 그 큰 고생을 해서 얻은 저 모든 멋진 지식이여, 이제는 안녕히!

여기를 보면 제 다리가 여전히 침대에 있느냐고 묻는 마비 환자가 있고, 저기를 보면 팔이 잘리고도 그대로 팔이 있다고 믿는 병사가 있다. 예전에 가졌던 감각 작용과, 영혼이 그 감각 작용을 결부시켰던 부위를 기억하게 되면 환상이며 착란 같은 것이 생긴다. 그에게 잃어버린 부위 이야기만 꺼내도 그는 충분히 감각 작용을 떠올리고 모든 움직임을 느낀다. 이런 일은 상상력에 무언지 모를 불쾌감을 동반하는데, 그 불쾌감이란 말로 표현이 불가능하다.

죽음이 가까워지면 여기 이 사람은 아이처럼 우는데, 저기 저 사람은 농담을 한다. 율리우스 카누스, 세네카, 페트로니우스[43]의 대담무쌍한 마음은 어떻게 심약함이나 비겁함으로 바뀌는가?[44] 비장脾臟이며 간이 폐색되거나, 혈관이 막히면 그렇게 된다. 왜 그런가? 복부의 장기들이 막히면서 상상력도 막히기 때문이다. 히스테리와 심기증 질환의 모든 특이한 현상들이 바로 이 때문에 생긴다.[45]

자기가 늑대인간, 수탉, 뱀파이어로 변했다고 생각하고, 죽은 자들이 자기 피를 빨아먹는다고 믿는 사람들에 대해 나는 무슨 말을 또 할 것인가? 나는 자기 코나 신체의 다른 부위가 유리로 되어 있다고 생각하고, 그 부위가 깨질지 모르니 짚단 위에 누우라고 권해야 하는 사람들을 여기서 계속 연구해야 할까? 그런 사람들에게 그 부위의 기능과 진짜 살肉을 되찾아 주려면 짚단에 불을 놓고 불에 델 것이라고 으름장을 놓으면 된다. 그렇게 두려움을 일으키는 것으로 간혹 마비가 고쳐지기도 한다. 그래서 누구나 다 아는 몇몇 문제들은 그냥 간단히 넘어가야겠다.

그런 이유로 나는 여기서 잠의 효과들을 장황하고 자세하게 늘어놓지는 않겠다. 피곤에 지친 저 병사를 보시라! 그는 수백 문의 포를 쏘는 소리가 나는데도 참호 속에서 코를 골고 있다! 그의 영혼은 아무것도 듣지 못한다. 그의 잠은 완전한 졸중이나 다름없다. 포탄이 터져 곧 그를 박살 내겠지만, 그는 그 타격을 발밑으로 기어가는 벌레보다 덜한 것으로 느낄지 모르겠다.

다른 한편, 질투, 증오, 탐욕, 야망으로 고통받는 이에게는 전혀 휴식이라고는 없다. 더없이 평온한 장소에 머문들, 진정 작용을 하는 더없이 시원한 음료를 마신들, 마음이 정념의 고통을 그대로 안고 있는 사람에게는 백약이 무효이다.

영혼과 신체는 함께 잠든다.[46] 들끓는 피가 차분해짐에 따라 평화와 평온의 부드러운 감정이 기계 전체로 퍼져나간다. 영혼도 눈꺼풀이 무거워지고 두뇌의 섬유가 느슨해지면서 서서히 무력해지는 것을 느낀다. 신체의 모든 근육처럼 영혼도 그렇게 점차 마비된다. 그때 신체 근육으로는 도대체 머리 무게를 지탱할 수 없으며, 영혼은 사유의 무게를 더는 지탱할 수 없고, 그러면서 영혼은 더는 존재하지 않는 것처럼 잠 속에 빠져든다.

혈액이 지나치게 빠르게 순환한다면 어떻게 될까? 영혼이 잠들 리 만무하다. 영혼에 지나친 자극이 가해지는데 피가 차분히 흐를 수 있겠는가. 피가 혈관을 급히 질주하니 그 질주의 소리가 들릴 지경이다. 이것이 불면증의 두 원인인데 이 둘은 상호적이다. 꿈에서 그저 공포를 느끼기만 해도 심장은 두 배나 빨리 뛰고, 그렇게 되면 격렬한 통증이며 긴급한 욕구를 느낄 때 그렇듯 필요한 휴식을 채우지도 못하고 달콤한 휴식도 누릴 수 없게 된다. 결국 영혼의 기능이 중단되어야 잠을 자게 되듯 깨어 있는 동안에도(그러니까 반쯤 깨어 있는 경우이다) 영혼에는 얕은 잠 같은 것이 대단히 빈번히 일어난다. '스위스식의 꿈'47 같은 것 말이다. 그런 꿈을 보면 영혼이 잠들기 위해 항상 신체를 기다리는 것은 아니라는 점을 알 수 있다. 영혼은 완전히 잠들지 않아도 잠든 상태나 정말 다름없는 것이다! 저 한 무리의 모호한 관념들이 말하자면 구름처럼 우리 두뇌 주위에 가득 차 있는데, 그 관념들 중에 영혼이 주의를 기울이는 대상을 지정하기란 불가능하기 때문이다.

아편48을 여기서 다루지 않을 수 없는 것은 그것이 일으키는 잠과 정말 밀접한 관계가 있기 때문이다. 아편, 포도주, 커피 등은 복용량에 따라 각자의 방식으로 취하게 만든다. 아편은 사람을 행복하게 만들어주지만 그것은 죽음의 이미지와 같이 감정이 잠드는 무덤임에 틀림없어 보인다. 얼마나 달콤한 마비 상태인가! 영혼은 절대 그 상태에서 벗어나려 들지 않으리라. 그 이상 강할 수 없는 고통에 시달렸던 영혼이 이제 더는 고통 없이 그보다 더 매혹적일 수 없는 평온을 누리는

즐거움만 느끼게 된다. 아편은 의지까지 바꾼다. 깨어 있고자
하고 여흥을 즐기고 싶었던 영혼을 의지와는 상관없이 침대에
눕지 않을 수 없게 만든다. 독毒에 대해서는 언급하지 않고
그냥 넘어가겠다.

커피는 포도주의 해독제라고 할 텐데, 두통과 슬픔을 다음
날을 위해 아껴두는 포도주와는 달리 상상력을 자극하여 이를
날려버린다.

영혼의 다른 욕구들도 깊이 생각해보자.

인간의 신체는 스스로 태엽을 감는 기계와 같다. 그러니
영구운동을 쏙 빼닮았다.[49] 양식糧食은 열로 인한 자극을 유지
시킨다. 양식이 들어가지 않으면 영혼은 여위고, 격노하고,
쇠약해져 죽게 되니, 사위는 순간 다시금 확 타오르는 촛불과
같다. 반대로 신체에 양분을 공급하고 몸속 관管마다 강한
생명력의 수액을, 강력한 독주를 부어보시라. 그러면 독주처
럼 용맹스러워진 영혼은 오만한 용기로 무장하는 것이다.
독주가 아니라 물을 마셨으면 달아났을 병사가 사나워져서
둥둥 두드려대는 북소리를 들으며 원기 가득 죽음을 향해
달려간다. 이처럼 뜨거운 물은 찬물이었다면 진정시켰을 피를
자극하는 것이다.

식사의 힘은 얼마나 대단한가! 슬픔에 잠긴 마음속에 기쁨
이 다시 태어나고, 함께 식사하는 사람들의 마음 역시 기쁨에

젖어 들어 즐거운 노래에 담아 기쁨을 표현한다. 프랑스 사람은 이 점에서 뛰어나다. 그렇지만 멜랑콜리에 빠진 사람은 비탄에 빠져 있고, 연구자도 더 이상 그런 기쁨에 어울리지 못한다.

날고기를 먹으면 동물은 사나워진다.[50] 인간도 그렇게 섭생하면 마찬가지가 될 것이다. 이 점은 정말 사실인 것이라, 영국에서는 우리 프랑스에서만큼 고기를 익혀 먹지 않고 피가 뚝뚝 듣는 붉은 고기를 먹으니 정도의 차이는 있지만 성격이 그렇게 사나워지는 것 같다. 그들의 사나운 성격은 부분적으로 그런 음식이며, 교육을 통해서만 무력해지는 다른 원인에서 기인한다. 이런 사나운 성격으로 인해 영혼은 오만, 증오, 다른 국가들에 대한 경멸, 지독한 고집이며, 성격을 변하게 만드는 다른 감정들을 갖게 된다. 거친 음식이 정신을 둔하고 굼뜨게 만드는 탓인데 그런 정신이 좋아하는 속성은 나태와 무기력이다.

포프 씨는 식도락의 세계라면 모르는 것이 없었다. 그는 이렇게 말했다. "근엄한 카티우스는 항상 미덕을 말하는 사람으로, 악에 젖은 사람들을 그대로 두는 사람들도 악에 젖은 사람이긴 마찬가지라고 믿었다. 그러나 이 훌륭한 생각은 점심 식사 시간 전까지만 계속되는데, 식탁에 앉으면 검소한 성인보다는 흉악해도 근사하게 식탁을 차린 자를 더 좋아하는 것이다."

그는 다른 곳에서 이렇게도 말했다. "같은 이를 건강한 상태와 병든 상태에서, 고위직에 있거나 그 직위를 잃은 상태에서 관찰해보시라. 여러분은 그 사람이 삶에 애착을 품거나 혐오를 품고, 사냥을 나가서는 흥분해서 제정신이 아니고, 지방의회에 있을 때는 얼근하게 취해 있고, 무도회에서는 점잖고, 도시에서는 좋은 친구지만, 궁정에서는 소신이라고는 없는 모습을 보실 것이다."

스위스에 슈타이거 드 비티히호펜이라는 판사un Baillif가 있었다. 공복이었을 때는 그보다 더 청렴하고 더 관대한 판사가 없었으나, 그가 거한 점심을 하고 난 다음에 피고석[51]에 오른 가여운 사람은 불운했다. 그때 그는 죄 없는 사람을 죄인으로 몰아 목을 매달게 하는 사람이었으니 말이다.

우리는 사유하며, 우리가 정직한 사람이라는 것도 그저 우리가 쾌활한 사람이거나 용감한 사람이라는 것과 같다. 이 모든 것이 우리라는 기계가 조립된 방식에 달렸다. 어떤 때에는 영혼이 위장에 있는 것 같기도 하다. 반 헬몬트[52]는 영혼의 자리가 유문幽門에 있다고 했는데 부분을 전체로 간주했다는 것만 빼면 그리 잘못 생각한 것도 아닐 것이다.

지독한 허기를 느낄 때 우리는 어느 정도까지 과격해지는가! 심지어 우리를 낳아주고 생명을 준 부모를 더는 존중하지 않기까지 한다. 부모를 갈기갈기 물어뜯어, 그걸로 저를 위한 끔찍한 향연을 마련하는 것이다. 그러니 최약자는 최강자가 격노로 흥분에 휩싸였을 때 후자의 희생물이 되고 만다.

임신이나 위황병萎黃病[53]이나 막상막하이다. 이 두 상태에 처하게 되면 가장 자주 병적인 기호嗜好를 갖는 것으로 끝나지 않는다. 간혹 임신 중에 영혼이 그보다 끔찍할 수 없는 음모를 실행에 옮기기도 하는데, 이는 자연법마저도 눌러버리는 갑작스러운 조광증의 결과이다. 그렇게 신체의 자궁이 변질되면 정신의 자궁이라고 할 두뇌도 자기 방식으로 변질되고 마는 것이다.

금욕과 건강을 지켜야 한다고 압박을 받는 사람들이라면 남자가 됐든 여자가 됐든 어떤 격노에 사로잡히겠는가! 저 소심하고 신중한 처녀는 수치심도, 부끄러움도 저버렸지만 전혀 개의치 않는다. 품행이 좋지 않은 여자가 간통을 대수롭지 않게 생각하듯이 이 처녀도 근친상간을 대수롭지 않게 생각한다. 그녀가 욕구를 신속히 해결하지 못한다면 색광으로 인한 발병이며, 조광증 등으로 끝나지 않을 것이다. 저 불행한 여인은 자기를 고쳐줄 의사들이 그토록 널려있는데도 병으로 죽어갈 것이다.

나이가 얼마나 이성에 절대적인 영향력을 행사하는지는 두 눈으로 보기만 하면 된다. 영혼은 교육의 향상처럼 신체의 향상을 따른다. 더욱이 여성의 영혼은 민감한 기질을 따른다.

그로부터 자애며, 애정이며, 이성보다는 정념에 기초한 예민한 감정이 생기고, 강한 힘으로 깊이 새겨졌기에 여간해서 사라지지 않는 편견이며 미신을 갖게 된다. 반대로 두뇌와 신경이 돌덩이처럼 단단한 남성은 정신이며 얼굴 용모가 여성보다 강건하다. 여자들은 받지 못하는 교육이 남성의 영혼에 새로운 단계의 힘을 더한다. 이렇게 자연과 기술이 긴밀히 협력하고 있으니 어떻게 남성이 친구들에게는 더욱 감사의 감정을 느끼고, 더욱 너그럽고, 더욱 충실하지 않을 수 있을 거며, 적에게는 더욱 단호하지 않을 수 있겠는가? 그러나 『관상에 대한 편지*Lettres sur les physionomies*』[54]를 쓴 저자의 생각을 개략적으로 따라본다면 정신과 신체의 매력은 물론, 마음에서 우러나오는 더없이 다정하고 더없이 세심한 거의 모든 감정을 겸비한 사람이라면 우리 남자들만 가진 것으로 보이는 이중의 힘을 부러워해서는 안 된다. 그 한 가지 힘은 아름다움의 매력을 더 깊이 느끼기 위한 것이고, 또 다른 한 가지 힘은 쾌락을 더 잘 얻기 위한 것이다.

외모나 용모에 특징적인 형태가 어느 정도 뚜렷이 드러나는 경우, 이를 통해 정신의 특징을 알아내려고 앞에 언급한 저자처럼 위대한 관상학자가 될 필요는 없듯이, 누가 봐도 명백한 징후들이 고스란히 나타난 질병을 이해하려고 반드시 위대한 의사가 될 필요는 없다. 로크, 스틸, 부르하버, 모페르튀[55]

등의 초상화를 관찰해보시라. 그들에게서 굳센 모습이며, 독수리처럼 날카로운 눈매를 발견하고선 놀라지들 마시라. 그리고 다른 수많은 사람을 두루 살펴보시라. 그러면 여러분은 언제나 엄청난 천재와 멋쟁이를, 심지어 정직한 사람과 사기꾼을 구분하실 수 있을 것이다. 예를 들어 한 유명한 시인에게는 (그의 초상화를 본다면) 야바위꾼의 모습과 불을 전하는 프로메테우스의 모습이 한데 섞여 있음을 볼 수 있다.[56]

역사를 보면 대기의 힘이 얼마나 대단한지에 대한 유명한 사례를 찾을 수 있다. 저 이름 높은 기즈 공작은 앙리 3세가 여러 번 그를 자기 손아귀에 넣었으나 자기를 결코 암살할 수는 없으리라고 굳게 확신했으므로 블루아로 떠났다. 대법관 쉬베르니는 기즈 공작의 출발 소식을 듣고는 "이제 죽은 목숨일세"라고 소리 질렀다. 그의 끔찍한 예언이 실제로 들어맞자, 다들 그에게 이유를 물었다. 그러자 그는 이렇게 대답했다. "내가 국왕을 모신지 이십 년이오. 천성적으로 선하시고 마음 약하신 분입니다. 그렇지만 나는 날씨가 추워지면 폐하께서 아무것도 아닌 일도 참지 못하고 격노에 사로잡히는 것을 봤소."

둔하고 어리석은 정신을 가진 민족이 있고, 예민하고 섬세하고 날카로운 정신을 가진 민족이 있다. 부분적으로 민족의 섭생, 아버지의 종자種子,[57*] 광대한 대기 속을 무질서하게 떠다니는 여러 원소 때문이 아니라면 그 원인은 어디에서 온 걸까? 신체처럼 정신에도 전염병이 있고 괴혈병이 생긴다.

환경의 영향도 대단해서 환경이 바뀌면 사람도 그만 그 변화를 뚜렷이 받게 된다. 그러니 인간이란 걸어 다니는 식물이라 할 것으로 환경에 따라 스스로 이식移植을 한 것이다. 그래서 환경이 더는 동일하지 않을 때 식물이 퇴화하거나 개량되는 것도 당연하다.

함께 살아가는 사람들에서 몸짓, 악센트 등의 모든 것을 배우게 되는데, 이는 타격을 받겠다 싶으면 눈꺼풀이 저절로 감기고, 훌륭한 팬터마임의 연기를 볼 때 배우의 모든 움직임을 관객의 몸이 기계적으로 모방하는 것과 같은 이유에서이다.

내가 방금 언급한 것을 보면 한 재사才士의 가장 훌륭한 동료는 그와 닮은 사람이 없다면 바로 그 자신일 수밖에 없음이 증명된다. 재기란 것을 전혀 갖추지 못한 사람들과 있으면 재기란 것도 발휘할 기회를 얻지 못해 녹슬기 마련이다. 테니스 경기에서도 공이 잘 넘어와야 잘 치게 되지 않는가. 나는 똑똑한 사람은 아직 젊기만 하다면 나쁜 교육을 받느니 차라리 전혀 교육이라는 것을 받지 않은 편이 낫다고 생각한다. 잘못 지도된 정신을 가진 자란, 지방만을 돌며 연기를 하다가 재능을 잃어버린 배우와 같다.

그러므로 영혼의 다양한 상태와 신체의 다양한 상태는 항상 관련되어 있다. 영혼과 신체가 이렇게 긴밀한 관련을 갖는다는 점과 왜 그러한지 이유를 더 잘 증명할 수 있도록 여기서 비교해부학[58]을 이용하도록 하자. 인간과 동물의 내부를 속속들이 열어 보자. 인간과 동물의 구조를 샅샅이 비교해보고도 모르겠다면 그것이 인간 본성을 아는 방법이겠는가!

일반적으로 네발동물의 두뇌의 형태와 구성은 인간과 대동소이하다. 어디를 보든 형태도 똑같고 배치도 똑같다. 모든 동물과 인간이 갖는 본질적인 차이가 있다면 신체 크기와 비교해봤을 때 인간의 두뇌가 가장 크고,[59] 가장 주름 잡혀 있다[60]는 점이다. 그다음으로는 원숭이, 비버, 코끼리, 개, 여우, 고양이 등이 차례로 인간을 가장 닮은 동물이다. 이 동물들의 뇌량腦粱[61]을 놓고 보면 관계는 똑같지만 복잡한 단계만 차이가 있음을 발견하게 되기 때문이다. 란치시는 영혼의 자리가 뇌량에 있다고 주장했다. 그의 주장은 수많은 실험을 통해 이 의견을 밝혀냈던 작고한 라 페로니 씨[62]의 것보다 앞선 것이다.

네발동물들 다음으로 가장 큰 두뇌를 가진 것은 조류이다. 어류는 머리는 커도 알맹이는 없는데 이는 머리에 든 것이 없는 많은 사람들과 같다. 어류는 뇌량이 아예 없고 두뇌도 정말 작은데 곤충은 그런 두뇌조차 없다.

나는 자연의 다양성을 더 상세하게 확장하지 않겠으며 여러

추측을 늘어놓지도 않겠다. 어느 쪽이든 한도 끝도 없기 때문인데 이는 윌리스의 논고 『두뇌에 관하여*De Cerebro*』와 『짐승의 영혼에 관하여*De Anima Brutorum*』[63]만 읽어봐도 알 수 있다.

나는 다음의 반박 불가한 관찰들을 명백히 따르는 것만을 결론으로 삼을 것이다. 첫째, 사나운 동물일수록 두뇌가 작다. 둘째, 어떻게 보면 동물이 유순할수록 두뇌는 커지는 것 같다. 셋째, 여기에 자연이 영구히 강제하는 한 가지 기이한 조건이 있으니, 정신의 측면에서 더 가질수록 본능의 측면에서는 더 잃게 된다는 점이다. 그때는 득이 우세할까, 실失이 우세할까?

그렇지만 내가 오직 두뇌의 용적만 가지고 동물이 어느 정도로 유순한지 충분히 알 수 있다는 주장을 하려 한다는 생각은 마시라. 질만큼 양이 수반되어야 하고, 고체의 부분과 액체의 부분이 적절히 평형을 갖추어야 건강해진다.[64]

흔히 볼 수 있듯이 우둔한 자라도 두뇌를 갖추고 있다면 두뇌의 점도에 문제가 있거나 지나치게 무르거나 하는 결함이 있을 것이다. 광인들도 마찬가지이다. 우리가 연구할 때 광인이 두뇌에 결함을 가졌다는 점을 항상 놓치는 것은 아니지만, 백치와 광기를 일으키는 원인이 뚜렷하지 않다면 정신의 저 다양성의 원인을 도대체 어디에서 찾아야 할까? 스라소니의 눈을 갖고 아르고스[65]의 눈을 가진들 그 원인을 놓치게 된다.

'정말 아무것도 아닌 것, 정말 가는 섬유 하나, 더없이 섬세한 해부학으로도 발견할 수 없는 어떤 것'이 에라스뮈스며 퐁트넬과 같은 천재들도 바보로 만들 수 있는 것이다. 퐁트넬은 그가 쓴 『대화편』에 든 가장 훌륭한 한 대화에서 이 점에 주목했다.[66]

윌리스는 아이, 강아지, 새의 골수骨髓가 무르다는 것 이외에도, 이들 동물에게서 선조체線條體, corps cannelés가 지워지거나 색이 바래 있고, 그 동물들의 선상線狀, stries도 중풍 환자의 것처럼 불완전하게 형성되어 있다는 점에 주목했다. 이에 더해 윌리스는 인간에게는 대단히 큰 고리 모양의 돌출부가 있다고 했는데, 이는 사실이다. 원숭이를 비롯해서 앞에서 언급한 동물들은 점차적으로 이 돌출부가 작아진다. 반면 송아지, 황소, 늑대, 암양, 돼지 등의 경우 이 부분의 용적은 아주 작지만, 대뇌의 사첩체四疊體, Nates et Testes[67]가 대단히 크다.

혈관과 신경 등이 이렇게 상이하다는 관찰들과 또 다른 여러 관찰을 통해 끌어낼 수 있는 결과에 신중하고 유보적인 자세를 취해 본들 상관없다. 이런 다양성이 아무런 동기도 없는 자연의 유희일 수 있겠는가. 적어도 이런 다양성이 가능하다는 것은 건강하고 풍부한 조직이 잘 갖춰질 필요가 있음을 증명한다. 동물계 전체에서 영혼은 신체와 더불어 강화되고, 신체가 힘을 갖추어감에 따라 통찰력을 얻기 때문이다.

여기서 잠시 동물들의 온순한 정도의 차이를 숙고해보자. 분명 가장 널리 인정된 유추 관계에 따르면 우리가 이미 언급했던 원인들이 동물과 우리 인간 사이에 존재하는 다양성을 산출해낸다고 생각할 수 있다. 서투르기 이를 데 없는 관찰이 초래하는 장애물에 막혀 제한된 우리의 미약한 지성으로는 원인과 결과를 지배하는 관계들을 알 수 없음을 인정해야 하지만 말이다. 도대체 조화harmonie[68]와 같은 것을 철학자들이 도대체 어떻게 알 수 있을 것인가.

어떤 동물들은 말하고 노래하는 법을 배우고, 곡조를 기억하고 음악가처럼 모든 음을 정확하게 내기도 한다. 그러나 그 동물들보다 더 똑똑하다는 점을 보여주는 원숭이 같은 다른 동물들은 그런 정도까지 이르지 못한다. 조음 기관에 결함이 있어서가 아니라면 왜 이런 결과가 나오겠는가?

그렇지만 조음 기관의 결함은 선천적인 조성에서 비롯하므로 어떤 치료법도 없는 걸까? 한마디로 말해서 그 동물에게 언어를 가르치는 것이 전혀 불가능한 일일까?[69] 나는 그렇게 생각하지 않는다.

나는 우리 인간을 더욱 닮은 다른 동물 종이 우연히 발견될 때까지는, 다른 동물보다 대형 원숭이를 취하련다. 우리가 아직 전혀 가보지 못한 지역에 우리 인간과 너무 닮은 동물이 있을 수 있다는 것이 질색할 일은 아니다. 그 동물과 우리가 닮아도 너무 닮아서 자연사가들은 그 동물을 '야만인'이나 '숲속의 인간'[70]이라고 불렀다. 나는 암만이 너무 어리거나 너무 늙지 않은 학생들[71]을 골랐듯이 마찬가지의 조건으로 동물들을 골라보겠다. 유럽으로 데려온 동물들은 십중팔구 너무 나이가 들었기 때문이다. 나는 가장 정신의 깊이가 느껴지는 용모를 갖고, 그 용모를 보면 수만 가지 사소한 활동들에서 내가 기대할 수 있을 것을 가장 잘 갖추고 있는 동물을 고르겠다. 마지막으로 내가 그 동물의 선생이 될 정도가 못 된다는 생각이 들면 방금 거명한 가장 탁월한 선생이 가르치는 학교나, 또 다른 분이 계신다면 그분의 학교에 넣겠다.

여러분은 암만의 저작 및 그의 방법을 설명했던 모든 분들[72]* 덕분에 선천적으로 벙어리였던 사람들에게 그가 실행했던 경이를 빠짐없이 알고 계신다. 암만 자신이 말했듯이 그는 벙어리들의 눈에서 귀를 찾았던 것이다. 또 여러분은 암만이 얼마나 짧은 시간 안에 벙어리들에게 듣고, 말하고, 읽고, 쓰는 법을 가르쳤는지도 알고 계신다. 나는 신체의 한 부분이나 한 감각의 상실이 신체의 다른 부분이나 다른 감각의 힘이나 통찰력을 더 높일 수 있으니, 그런 이유로 어떤 벙어리의 눈은 벙어리가 아니었던 사람의 눈보다 더 뚜렷이 보고 더 총명하다고 말하고자 한다. 하지만 원숭이는 보고 듣는 데다 자기가 보고 들은 것이 무엇인지 알고 신호를 하면 그것이 무슨 뜻인지 완벽히 이해하므로, 나는 원숭이가 다른 모든 유희며 훈련에서 암만의 학생들보다 우월하다고 확신한다. 그러니 원숭이를 교육하는 일이 불가능할 것도 없지 않은가? 원숭이가 노력을 기울이면 결국 벙어리들의 경우처럼 발음하는데 필요한 움직임을 모방하지 못할 것도 없지 않은가? 나는 아무리 연습을 시켜도 원숭이의 조음 기관이 음을 분절할 수 있을지 없을지에 대해서 감히 결정을 내리지는 않겠지만, 누군가 내게 원숭이가 음을 분절하는 일은 절대 불가능하다고 말한다면 놀라고 말 것이다. 원숭이와 인간은 도대체 얼마나 비슷한가 말이다. 지금까지 알려진 동물 중에 안이나 밖이나 그토록 놀랍게 인간을 닮은 동물은 없다. 확실히 로크 씨는 여간해서 믿지 않으려 드는 사람은 아니어서, 템플 기사가 그의 『회상록』에서 우리처럼 끊어지지 않고 주거니 받거니 하는 대화법을 배워서 적절히 대답하곤 했다는 앵무새 이야기를 쉽게 믿어버렸기에[73] 이 위대한 형이상학자가 사람들의 비웃음을 샀다는 점을 나는 안다. 그러니 난卵도 없이 암컷도 없이 이루어지는 생식이 있음을 세상에 알리려는 사람에게 그의 의견에 동의하는 지지자들이 많을 수가 있겠는가? 그렇지만 트랑블레 씨[74]는 교미 없이 분할만으로 이루어지는 그런 생식이 있음을 발견하지 않았던가. 암만이 적절한 실험을 수행하기 전에, 자신의 벙어리 학생들에게 그것도 단시간

내에 말하는 법을 가르칠 수 있다고 큰소리부터 쳤다면 그 역시 미친놈 취급을 받지 않았을까? 그렇지만 그가 거둔 성공에 세상 모든 사람이 놀랐고, 그는 『폴립의 역사』의 저자 트랑블레 씨처럼 단숨에 불후의 명성을 얻었다. 자신의 천재를 발휘해 기적을 만들어낸 사람은 우연히 기적을 얻은 사람보다 월등히 우월하다는 것이 내 생각이다. 자연을 이루는 계界 중 가장 아름다운 계를 장식하고, 그것에 예전에는 몰랐던 완전성을 부여하는 기술을 발견했던 사람은 한가로이 경박한 체계들이나 세우는 사람이며, 결국 이루어지지도 못할 발견들에 열중하는 저자보다 출중한 사람임에 틀림없다. 암만의 발견은 완전히 다른 가치를 갖는다. 그는 벗어날 수 없었던 것처럼 보였던 본능에서 인간을 해방시킨 것이다. 암만은 그들에게 관념을, 정신을, 한마디로 말해서 그들이 영원히 갖지 못할 수도 있었을 영혼을 선사한 것이니, 이보다 더 큰 능력이 있겠는가!

자연의 능력을 제한하지 말자. 자연의 능력은 무한하며, 위대한 기술의 도움이 거들 때 특히 그렇다.

벙어리들에게 유스타키오 관[75]을 열어 준 바로 그 기술이 정작 원숭이들에게는 그 관을 닫아버리게 할 수 있는 것일까? 다행스럽게도 선생의 발음을 따라 하려는 욕망이 생기면 재주 좋고 똑똑하게 다른 많은 기호를 모방하는 동물들의 조음 기관도 자유롭게 움직이게 되지 않을까? 누구도 이런 내 계획이 불가능하고 우스꽝스러운 것이라는 판정을 내려줄 수 있을 어떤 결정적인 경험도 제시하지 못하리라고 나는 자부할 뿐 아니라, 원숭이의 신체 구조며 그 실행이 이렇게 유사하니, 완벽히 훈련시켰다면 결국 발음하는 법을 가르칠 수 있고, 그 결과 언어를 가르칠 수 있게 되리라고 나는 확신한다. 그렇게 되면 그 원숭이는 더는 야만인도 아니고, 되다 만 반쪽이도 아니고, 우리 인간들의 바탕이나 근력을 갖춘 완전한 인간이요, 꼬마 도시인으로 사유하게 되고 자기가 받은 교육을 발휘하게 되지 않겠는가.

몇몇 동물들에서 인간으로의 이런 이행은 급작스러운 것이 아니다. 진정한 철학자들이라면 이 점에 동의할 것이다. 말틀을 만들어내고 언어를 알게 되기 전에 인간은 도대체 무엇이었겠는가? 그저 자기 종에 속한 한 마리 동물에 불과했다. 그것도 자연적인 본능의 면에서는 다른 동물들보다 훨씬 못하므로 자기가 동물의 왕이라고 생각하기에는 어림도 없다. 그랬으니 인간이란 동물은 원숭이가 그렇듯 분별력을 더 갖춘 외모를 가졌다는 특징을 제외하고는 원숭이나 다른 동물들과 구분되는 존재가 아니었다. 그런 인간을 라이프니츠주의자들이 말하는 '직관적인 인식'[76]에 국한시켜 본다면 인간은 그저 형상과 색깔만 볼 뿐 그 둘을 전혀 구분할 수 없었다. 젊으나 늙으나,

나이와는 무관하게 항상 아이일 뿐으로, 자기가 느낀 감각과 자기가 가진 필요를 표현하는 데 서툴렀으니, 굶주렸거나 할 일이 없어 지루해진 개가 먹을 것을 달라거나 산책하러 나가자고 요구하는 것이나 같았다.

이제 말, 언어, 법, 학문, 예술이 생겼다. 이 모든 것을 통해 다이아몬드 원석과 같았던 우리의 정신도 조탁되었다. 동물을 훈련시키듯 인간도 훈련을 받았다. 짐꾼이 되듯 저자도 되었다. 원숭이가 자기 작은 모자를 벗고 쓰고 유순한 개 등 위에 올라타는 법을 배우듯, 기하학자는 그보다 더 어려울 수 없는 계산을 하고 증명을 하는 법을 배웠다. 이 모든 것은 기호들을 통해 이루어졌다. 각각의 종種은 자기가 이해할 수 있었던 것을 이해했다. 이런 방식으로 인간들은 독일 철학자들이 여전히 그렇게 부르듯이 '상징적인 지식connaissance symbolique' 을 얻었다.

알다시피 우리 교육 구조만큼 단순한 것이 없다! 결국 음이나 단어가 전부이다. 음이나 단어가 한 사람의 입에서 나와 다른 사람의 귀를 거쳐서 두뇌로 들어가며, 이와 동시에 두뇌는 눈을 통해 물체의 형태를 받아들이는데, 그 물체를 지칭하는 단어는 자의적인 기호이다.

그런데 처음으로 말을 한 사람은 누구였을까? 인간에게 말을 가르쳤던 최초의 선생은 누구였을까? 우리의 유연한 신체 기관을 이용할 방법을 창안했던 사람은 누구였는가? 나는 모른다. 저 최초의 탁월한 천재들의 이름은 시간의 어둠 속에 사라져버렸다. 그렇지만 기술은 자연의 아들이며, 자연은 오랫동안 기술보다 시간상으로 앞섰음에 틀림없다.

자연이 친절을 아끼지 않았기에 신체적으로 가장 훌륭한 조직을 타고난 사람들이 다른 사람들을 가르치게 되었으리라고 믿어야 한다. 예를 들어 그들이 낯선 소리를 듣고, 새로운 감각을 느끼고, 자연의 황홀한 정경을 이루는 저 다양한 모든 아름다운 대상에 감동할 수 있으려면 저 위대한 퐁트넬이 처음으로 우리에게 소개했던 나이 마흔에 처음으로 교회 종이 울리는 엄청난 소리를 들은 샤르트르의 귀머거리[77]의 경우가 되어야 할 것이다.

그러므로 저 최초의 인간들이 샤르트르의 귀머거리의 방식으로, 또는 동물과 벙어리들(다른 동물 종으로서)의 방식으로, 상상력의 구조를 따르는 움직임, 그러니까 동물마다 각자 다르게 저절로 튀어나오는 소리를 통해서 그들이 겪은 새로운 감정, 그러니까 놀람, 기쁨, 격정, 욕구와 같은 자연적인 표현을 나타냈다고 생각하는 것이 터무니없는 일일 수 있겠는가?[78] 자연이 더욱 섬세한 감정을 느낄 수 있게끔 만들었던 사람들은 분명 그 감정을 훨씬 더 쉽게 표현할 수 있었으니 말이다.

나는 위와 같이 인간이 감정이나 본능을 사용하면서 정신을 갖게 되었고, 정신을 사용하면서 결국 지식을 갖게 되었다고 생각했다. 나는 이와 같이 내가 이해할 수 있는 만큼 자연이 관념을 받아들이게끔 만든 두뇌에 우리는 어떤 방식으로 관념을 채웠는지 설명했다. 이렇게 우리와 자연은 상부상조했던 것이다. 그래서 처음에는 너무도 미약했던 시작이 점차 창대해지면서 세상의 모든 것이 하나의 원圓이나 되듯이 뚜렷이 나타나게 되었다.

바이올린의 현絃 하나나 클라브생의 건반 하나가 미동微動, frémir하여 음을 만들어내듯이, 두뇌의 현이라 할 것들도 음파의 자극을 받으면 그 현에 해당하는 단어들을 만들어내거나 되풀이하게 된다. 그렇지만 두뇌가 일단 시각을 위해 형성된 눈이 물체들의 그림을 받아들이자마자 그 물체들의 이미지와 차이를 보지 못할 수 없는 방식으로 조성되어 있는 것과 마찬가지로 이 차이들을 나타내는 기호들이 자국을 남기고 새겨졌을 때 영혼이 그 관계를 검토했던 것임이 틀림없다. 기호가 창안되고 언어가 고안되지 않고서 영혼이 이를 검토하기란 불가능했다. 세상이 벙어리나 같았던 저 시대에 모든 대상을 바라보는 영혼은 전혀 비례의 개념 없이 그림이나 조각 작품을 바라보는 사람과 같아서, 그때 그 사람은 그림이나 조각을 보면서도 아무것도 구분할 수 없을 것이다. 다른 비유를 들자면 영혼은 제 손에 여러 가닥의 짚이나 여러 개의 나무 조각을 쥐고 있으면서도 그것을 셀 수도, 구분할 수도 없어서 그저 막연하고 피상적인 눈으로 이를 바라보기만 할 뿐인 꼬마 아이와 같다 (그때가 영혼의 유년기였기 때문이다). 그런데 이 나무 조각에 기旗며 깃발 같은 것을 달고 그것을 깃대라고 부른다고 가정하자. 그리고 다른 나무 조각에도 똑같은 것을 단다. 처음 것은 1이라는 숫자 기호를 붙이고, 두 번째 것은 2라는 숫자 기호를 붙인다. 그때 이 아이는 그것을 셀 수 있게 될 것이고, 이런 식으로 연산을 할 줄 알게 될 것이다. 그 아이에게 어떤 형상과 다른 형상이 '숫자numératif' 기호로써 똑같은 것으로 보이면 아이는 그것이 두 개의 물체이고, 1 더하기 1은 2이고, 2 더하기 2는 4 등이라는 결론을 내릴 것이다.[79*]

형상들이 외관으로 보든 실제로 보든 유사하다는 것이야말로 모든 진리와 우리의 모든 지식의 근본적인 토대이다. 지식들 가운데 그것을 표현하는 기호가 덜 단순하고 덜 뚜렷한 것이 그렇지 않은 다른 것들보다 더 배우기 어렵다는 점이 분명하다. 앞의 지식을 얻기 위해서는 저 무수히 많은 수의 단어들을 한눈에 파악하고 이들을 결합하는 데 더 큰 천재성이 필요하다는 점에서 그렇다. 지금 내가 말하는 학문들은 관련된 진리들을 엄청난 양의 단어를 통해서 표현하는 반면, 숫자나 다른 간단한 기호들로 표현되는 학문들은 쉽게 배울 수 있다. 분명 대수代數 계산은 명백하기도 했지만 훨씬 배우기 쉽기 때문에 성공을

거둔 것이다.[80]

그러므로 거만하기 이를 데 없는 우리네 현학자님들의 두뇌에 바람을 넣어 공처럼 부풀어 오른 이 모든 지식은 그저 말과 형상의 거대한 더미에 불과하다. 말과 형상은 머릿속에 흔적을 남기고 그 흔적을 통해 우리는 대상들을 구분하고 기억한다. 우리의 모든 관념이 깨어나는 것은 식물을 잘 아는 정원사가 식물의 모습을 보기만 해도 그 식물이 자라나는 모든 단계를 기억하는 것과 같다. 이 단어들과 그 단어들로 지시된 형상들은 두뇌 속에 대단히 강하게 결합되어 있어서, 어떤 사물에 결부된 이름이나 기호 없이 그 사물을 상상할 수 있는 일은 대단히 드물다.

나는 여기서 계속 '상상하다imaginer'라는 말을 사용하고 있는데, 그것은 내가 생각하기에 상상이 되지 않는 것이 없고, 영혼의 모든 부분은 간단히 그 부분 모두를 형성하는 상상력으로 축소될 수 있기 때문이다.[81] 그래서 판단, 추론, 기억이라는 것도 영혼의 몇몇 부분들에 불과하다. 그것들은 전혀 절대적인 것이 아니라 눈目 속에 그려진 대상이 환등기처럼 투사되는 '골수막骨髓膜, toile médulaire'과 같은 것의 변형이라고 할 수 있다.[82]

그런데 이런 경이롭고 불가사의한 결과가 두뇌 구조의 결과라면, 모든 것이 상상력을 통해 이해되고 모든 것이 상상력을 통해 설명된다면 인간에게서 사유를 담당하는 감각 원리를 분할할 필요가 어디에 있는가? 이는 정신은 분리 불가능한 하나라는 입장을 옹호하는 사람들에게는 명백히 모순적이지 않은가? 분할되는 사물을 분할이 불가능한 것으로 간주하는 일은 터무니없는 일이다. 언어의 오용, 재사才士들조차 이해하지 못하는 '정신성spiritualité'이니, '비물질성immatérialité'이니 하는 저 거창하기만 한 말들을 아무렇게나 쓸 때 이런 일이 벌어진다.

이런 식으로 각 개인의 고유한 경험과 내적 감정을 토대로 한 체계를 입증하는 것만큼 쉬운 일은 없다. 그렇지만 우리는 상상력 즉 두뇌의 저 가상적인fantastique 부분의 본성은 물론 작동방식도 모른다. 상상력은 본래 하찮거나 약한 것일까? 그렇다면 상상력은 관념들의 유사 관계나 유사성을 비교하는 힘이나 간신히 갖출 것이며, 상상력 바로 앞에 놓이는 것, 혹은 그것을 더없이 강력하게, 또 어떤 방식으로든 자극하는 것만을 볼 수 있을 뿐이다! 그런데 오직 상상력만이 모든 대상을 그것의 특색을 나타내는 단어와 형상으로써 마음속에 떠올리고 있음을 알아차리기 시작한다는 점은 언제나 사실이다. 그래서 상상력은 영혼의 모든 역할을 수행하므로 다시 한번 말하건대 영혼이라고 하겠다. 상상력을 통해, 실제보다 미화하여 표현하는 상상력의 붓을 통해, 이성이라는 차가운

뼈대는 강렬한 홍안紅顔의 살肉을 얻는다. 상상력을 통해 학문은 꽃을 피우고, 예술은 더 아름다워지고, 숲이 말하고, 메아리가 탄식하고, 바위들이 눈물짓고, 대리석이 숨 쉬고, 생명 없는 어떤 물체들이라도 생명을 갖게 된다. 사랑을 하는 사람의 애정에 관능의 짜릿한 매력을 더하는 것도 상상력이며, 철학자와 현학자의 먼지 쌓인 연구실에 관능의 싹을 틔우는 것도 상상력이며, 학자들을 웅변가며 시인으로 만드는 것도 상상력이다. 어떤 사람들은 상상력을 어리석게 헐뜯고, 다른 사람들은 그것을 탁월한 것이라고 헛되이 생각하지만 어느 쪽도 상상력이라는 것을 잘못 알고 있다. 상상력은 그저 아름다움과 예술의 뒤를 따라갈 뿐인 것은 아니다. 상상력은 자연을 그릴畵 뿐 아니라, 측정할 수도 있다. 상상력은 추론하고 판단하고 파고들고 비교하고 철저히 규명한다. 상상력은 제게 제시된 그림들이 갖춘 아름다움을 그 관계를 발견하지 않고도 제대로 느낄 수 있을까? 절대 그렇지 않다! 상상력이 감각의 즐거움에 빠져들려면 그것의 완전함이나 관능을 고스란히 맛보아야 하는 것처럼, 상상력이 기계적으로 이해한 것을 성찰할 수 있으려면 그때 상상력은 판단력이 되어야 하는 것이다.

상상력이라는 저 보잘것없는 천재가 실행될수록, 그것은 말하자면 더욱 건강한 모습을 갖게 되고, 점점 더 커지고, 더 다부져지고, 강건해지고, 원대해지고, 사유를 할 수 있게 된다. 가장 훌륭한 신체 구조organisation를 가진 사람이라도 이런 연습이 필요하다.

  신체 구조는 인간이 가진 최고의 장점이다. 도덕을 논하는 저자들은 인간이 갖춘 상당한 자질 중에 자연으로부터 받은 자질은 젖혀두고 그저 성찰과 요령으로 얻은 재능을 넣는데 그래봤자 헛된 일이다. 솜씨, 학문, 미덕이라는 것이 우리를 솜씨 좋고, 박학하고, 덕성스러운 존재가 될 수 있도록 해주는 성향에서 온 것이 아니라면 도대체 어디에서 오게 된 건지 제발이지 말씀 좀 해달라. 또 이 성향이 자연에서 온 것이 아니라면 도대체 어디에서 온 것인가? 우리가 가진 상당한 자질은 오직 자연으로부터 받은 것이다. 지금 우리의 모습은 모두 자연이 마련해준 것이다. 그러니 제 것이 아니라 나중에 얻은 자질로 두각을 나타내는 사람들이 존중받는 만큼 내가 자연의 자질을 갖춘 사람들을 존중 못 할 이유가 무엇인가? 어떤 장점이든, 그 장점이 어디에서 왔든 장점이란 존중받아 마땅하며, 관건이라고는 그 장점을 측정하는 것뿐이다. 정신, 아름다움, 부, 기품은 설령 우연의 소산이라도 재주, 지식, 미덕 등과 대동소이한 가치가 있다. 자연이 더없이 값진 선물들을 가득 안겨준 사람들은 그 선물을 받지 못했던 사람들을 불쌍히 여겨야 한다. 그렇기는 해도 그들은 교만에 빠지지 않고 그저 전문가로서 자기들이 뛰어나다고 느낄 수 있다.

한 아름다운 여인이 자기를 추하다고 생각하는 것은 한 재사가 자기를 바보라고 생각하는 것만큼이나 우스꽝스러운 일일 것이다. 과도한 겸손(정말 드문 결함이지만)은 자연에 대한 배은망덕과 같다. 반대로 정직한 긍지는 아름답고 위대한 영혼의 표시로, 생각대로 꼭 맞춰 빚어진 남성적 특징들이 이를 드러내 준다.

신체 구조가 한 가지 장점이자 가장 중요한 장점이라면, 다른 모든 것의 근원인 교육은 두 번째 장점이다.[83] 그보다 더 잘 만들어질 수 없는 두뇌라 하더라도 교육을 받지 못한다면 정말이지 있으나 마나 한 것이다. 아무리 멋진 외모를 타고났더라도 사교계의 관례를 따르지 않으면 그저 농투성이나 다름없듯 말이다. 그러나 가장 훌륭한 학교라도 관념들이 들어서서 수태될 수 있도록 자궁matrice이 완전히 개방되어 있지 않다면 그 결과물은 무엇이 될 것인가? 자연이 너무 부주의했던 나머지 음문陰門을 만들어주는 것을 잊었던 한 처녀가 아이를 갖는 것이나, 감각을 전혀 갖추지 못한 사람에게 어떤 관념을 부여하는 것이나, 불가능하기는 마찬가지이다. 나는 그런 처녀를 한 명 본 적이 있는데 그녀는 구멍이라고는 없고, 질이며 자궁도 갖추지 못했고, 그런 이유로 십 년 결혼 생활 후 이혼했다.[84]

그러나 유기적으로 아주 잘 조직된 두뇌를 가진 데다가

교육도 잘 받았다면 그것은 비옥한 땅에 씨가 아주 잘 뿌려진 것과 같다고 하겠다. 그곳에서는 심은 것 백배의 소출이 난다. (비유적인 문체를 쓴다면 느낌이 더 잘 표현되고 진실 자체를 우아하게 만들어주지만, 그럼에도 그런 문체를 피한다면) 그때 기술의 도움으로 백 년에 한 번 나올까 말까 하는 훌륭한 천재의 수준에 이른 상상력은 자기가 품은 관념들의 모든 관계를 정확히 포착하고, 놀랄 만큼 많은 대상을 손쉽게 한눈에 바라보게 되니, 이로부터 연쇄적으로 길고 긴 결과가 이어지게 된다. 이 결과들은 아직은 그저 새로운 관계에 불과한 것으로, 이들 관계는 영혼이 완벽하게 닮았음을 발견한 최초의 관계들과의 비교를 통해 잉태된 것이다. 내 생각에는 정신의 발생 과정[85]이 이와 같다. 내가 앞에서 대상의 유사성에 대해 말할 때 '외관상apparent'이라는 수식어를 붙인 것처럼, 조금 전에 영혼이 '발견하다trouver'라고 썼다. 그것은 내가 말브랑슈 신부가 주장하듯 우리의 감각이 항상 오류를 범한다거나, 현미경을 통해 관찰해보면 항상 입증되기는 하지만 우리의 눈은 본래 좀 취醉해 있어서 대상을 있는 그대로의 모습으로 바라보지 못한다고 생각해서가 아니라, 벨을 군계일학으로 둔 피론주의자들과 절대로 논쟁하지 않기 위한 것이다.[86]

내가 진리 일반에 대해 말할 때, 퐁트넬 씨는 어떤 개별적인 진리들에 대해 말한다. 그에 따르면 사교계의 즐거움을 위해 진리 일반을 희생시켜야 한단다.[87] 심심한 대화에 자극을 주는 것이 문제가 아니라면 어떤 논쟁이 됐든 피하는 것은 내 다정한 성격 탓이다. 지금 데카르트주의자들이 '본유관념'이라는 그들의 개념으로 무장하고 올지도 모르겠다. 나라면 확실히 그런 터무니없는 헛소리를 공박하는 데 로크 씨가 기울인 수고의 사분의 일도 들이지 않을 것이다. 사실 말이지 이미 삼천 년 전에 공리公理로 세워진 교리를 증명하는 데 그 두꺼운 책을 쓰는 일이 왜 필요한가?[88]

우리가 이미 제시했으며, 진리라고 믿는 원칙에 따라, 가장 상상력이 풍부한 사람은 가장 뛰어난 재기나 천재를 가진 사람으로 간주되어야 한다. 이런 표현들은 모두 같은 뜻이니 말이다. 달리 말하자면 이들 표현은 상이한 단어에다 상이한 소리일 뿐이다. 여기에는 어떤 관념도 부여되지 않았고, 실질적인 구분도 이루어지지 않았다. 그런데도 그 표현들이 서로 다른 것을 의미한다고 믿는다면 그것은 단어를 수치스럽게도 오용했던 탓이다.

그러므로 가장 아름답고, 가장 위대하고, 가장 강력한 상상력은 예술에서 그러하듯 학문에도 가장 적합하다. 나는 에우리피데스나 소포클레스 같은 극작가들이 예술에서 탁월할 때보다 아리스토텔레스나 데카르트와 같은 철학자들이 예술에서 탁월할 때 더 뛰어난 재기가 필요한지, 자연이 코르네유를 짓는 것보다 뉴턴을 짓는 데 더 많은 수고를 들였는지에 대해서는 단정을 못 하겠다. 이 점은 나로서는 정말 불확실하다. 그렇지만 서로 다른 분야에 다양하게 적용된 상상력만이 그들에게 빛나는 승리와 불멸의 영광을 마련해주었음이 확실하다.[89]

어떤 사람이 판단력은 빈곤한데 상상력은 풍부하다고 간주된다면, 그 말의 의미는 그 사람이 상상력에 지나치게 푹 빠져서, 거의 항상 감각의 거울에 자기를 비춰보는 데 몰두하느라 감각을 주의 깊게 검토하는 습관을 충분히 들이지 않았고, 감각들이 진실인지, 유사한지보다는 감각들의 자취나 이미지에 더 깊이 젖어 있다는 것이다.

상상력의 힘은 이렇게 격렬하여, 여기에 모든 학문의 열쇠요 모체라 할 주의력이 결부되지 않는다면 상상력은 대상들을 대강 훑고 피상적으로만 다루고 말 것이다.

나뭇가지에 앉아 있는 저 새를 보시라. 새는 언제라도 날아갈 채비가 되어 있는 것 같다. 상상력도 마찬가지이다. 파도가 밀려와 흔적을 남기고 뒤이어 밀려오는 파도가 그 흔적을 지우듯이, 상상력도 언제나 피와 정기의 소용돌이에 쓸려가는 것이다. 영혼이 그 뒤를 따르나 그래봤자 소용없을 때가 많다. 영혼은 자신이 충분히 빨리 포착해서 고정시키지 못하게 된다면 아쉬울 수밖에 없음을 예상해야 한다. 이런 식으로 시간의 진정한 이미지로서 상상력은 끊임없이 스스로 허물어지고 되살아난다.

우리의 관념들은 이런 혼란 상태에서 신속하고 연속적으로 이어진다. 관념들은 물결이 다른 물결을 밀어내듯이 서로를 밀어낸다. 말하자면 상상력이 자기 근육의 일부를 사용해서 두뇌의 현絃들 위에서 균형을 이루고, 달아나버리려는 대상 위에서 잠시 유지되고, 아직 응시할 때가 아니었던 다른 대상과 마주치지 않으려 든다면 상상력은 판단력이라는 멋진 이름을 가질 자격이 없을 것이다. 그때 상상력은 똑같이 느낀 것을 생생하게 표현할 테니 웅변가, 음악가, 화가들, 시인들은 양성 하겠지만 한 명의 철학자도 양성하지 못할 것이다. 반대로 어렸을 때부터 상상력을 자제하고, 똑똑한 열광자만을 만들어 낼 뿐인 상상력의 혈기에 휩쓸리지 않고, 관념을 억제하고 억누르고, 이리 돌려보고 저리 돌려보면서 한 대상의 모든 면을 보는 데 익숙해진다면, 그때 신속하게 판단을 내리는 상상력은 추론을 통해 광범위한 대상들을 아우를 것이며, 민첩한 상상력은 아이들에게는 언제나 대단히 상서로운 것이 고, 오직 연구와 훈련만이 그것을 조절할 수 있을 것이다. 그때 그것은 명석한 통찰력과 다름없으며, 그 통찰력이 없다면 학문의 진보도 없다.

논리학이라는 건물이 서 있는 토대가 이러하다. 자연은

인류 전체에게 그 토대를 마련해주었지만 어떤 이들은 그것을 제대로 이용했고, 다른 이들은 잘못 사용했다.

동물에게는 없는 이런 특권을 인간이 고스란히 갖고 있대도, 인간과 동물을 같은 범주에 넣는 것이 오히려 인간에게 영광이 된다.[90] 인간은 태어나면서 더 적은 본능만 갖고 태어나는 것이니 어느 나이까지는 동물보다 더 동물 같다고 하겠다.

젖이 흐르는 강 한가운데서 굶어 죽는 동물이 누구인가? 인간뿐이다. 아르노비우스[91]를 따라 한 현대인이 말하는 저 애늙은이와 똑같이, 인간은 제게 맞는 음식이 무엇인지, 자기가 빠져 죽을 수도 있는 물이 무엇인지, 자기를 태워 재灰로 만들어버릴 수 있는 불이 무엇인지도 모른다. 한 번도 촛불을 보지 못한 아이가 보는 앞에서 양초에 빛을 밝혀보시라. 아이는 자기가 발견한 저 새로운 현상이 무얼까 하여 기계적으로 손가락을 그리로 가져갈 것이다. 그 후, 그 대가로 그것이 위험한 일임을 알게 되겠고, 따라서 다시는 그런 행동을 되풀이 하지 않을 것이다.

그 아이와 동물 한 마리를 벼랑 끝에 두어보시라. 둘 중에 떨어지는 것은 아이뿐일 것이다. 아이는 물에 빠져 죽지만 동물은 헤엄쳐서 목숨을 구한다. 열너덧 살이나 되어야 간신히 그는 종족 번식 시 엄청난 쾌락이 자기를 기다리고 있음을 알아챌 것이다. 벌써 사춘기에 접어들었어도 그는 자연이 동물에게는 그토록 일찌감치 알려준 유희를 즐길 때 어떻게 행동해야 하는지 잘 모른다. 그는 자기가 쾌락을 느끼고 행복을 느끼도록 태어났다는 것이 수치스럽기라도 하듯 몸을 피한다. 반면 동물들은 수치를 모른다cynique[92]는 것을 자랑으로 삼는다. 동물은 교육을 받지 않았으니 편견도 없다. 대로에서 개와 아이가 주인과 선생을 잃었다고 해보자. 아이는 울면서 어찌할 바를 모르지만 개는 아이가 이성을 사용하는 것보다 후각을 더 잘 사용하여 이내 제 주인을 찾아낼 것이다.

그러니 자연은 우리를 동물보다 못한 존재로 만들었거나, 적어도 바로 그러한 이유로 교육이 만들어내는 경이를 더 잘 보여주는 사례로 만들었다. 교육만이 우리를 그 수준에서 끌어내어 동물보다 높은 자리에 올려놓는다. 그런데 이와 동일한 구분을 벙어리, 선천적 맹인[93], 백치, 광인, 야만인, 숲속에서 짐승 무리와 성장했던 이들, 심기증 질환으로 상상력을 상실한 이들, 인간의 얼굴을 하고는 있으나 정말이지 세련되지 못한 본능만을 보여줄 뿐인 저 모든 짐승들[94]에게 적용해야 할까? 그렇지 않다. 정신이 아니라 신체만 인간일 뿐인 이들은 특별한 범주에 놓일 자격이 없다.

우리의 의견과는 달리 인간과 동물은 애초에 다른 존재라고 주장하는 반박을 애써 감출 생각은 없다. 인간은 동물의 마음에는 없는 자연법이 새겨져 있다는 반박이다. 여기서 자연법이란 선과 악에 대한 지식을 말한다.

그런데 이런 반박, 더 정확히 말하자면 이런 단언을 경험이 뒷받침해주는가? 철학자라면 경험이 뒷받침되지 않는 모든 것을 거부할 수 있다. 다른 모든 동물은 받지 못한 빛이 오직 인간에게만 비쳤음을 확신할 무슨 경험이라는 것이 우리에게 있는가? 그런 경험이 없다면 우리 존재 내부에 무슨 작용이 일어나고 있는지 느끼지 못하는 이상으로 동물이며 심지어 인간에게서도 그 내부에 무슨 일이 일어나는지 알 수 없는 것이다. 우리는 우리가 사유하고 후회를 한다는 것을 안다. 우리는 어떤 내밀한 감정이 일어나는 것을 느끼기 때문에 그것만으로도 이 점을 충분히 인정할 수 있다. 그렇지만 우리가 그런 감정을 느낀다는 것만으로는 타인 역시 후회의 감정을 느끼는지는 충분히 판단할 수 없다. 그런 까닭에 다른 사람들이 후회한다는 것을 말ᄒ이며, 외부로 뚜렷이 나타나는 기호들, 즉 우리가 똑같은 의식을 갖고 똑같은 고통을 경험했을 때 우리 내부에서 발견했던 바로 그런 기호들을 통해 믿을 수밖에 없다.

그런데 말이라고는 전혀 하지 못하는 동물들이 자연법을 가졌는지의 여부를 결정하려면 내가 조금 전에 말한 기호들이 존재한다고 전제하고 그 점을 믿어봐야 한다. 모든 사실이 그 점을 증명하고 있는 것 같다. 자기를 짜증 나게 한 주인을

문 개는 금세 후회하는 듯해 보였다. 그 개는 슬퍼하고 난처해하는 것 같고, 감히 고개도 못 들고 굽실거리며 수치스러워하는 기색으로 제 잘못을 인정하는 것 같았다. 역사를 들춰보면 한 유명한 사자獅子의 사례를 들 수 있다. 격노에 사로잡혀 있던 그 사자는 정작 제게 던져진 한 남자를 찢어 죽이려 들지 않았다. 그 사람이 전에 제게 선행을 베푼 이였음을 알아보았기 때문이다.[95] 그런 마당에 인간도 선행에 감사하고 인류를 존중하기를 염원해야 하지 않을까! 그렇다면 배은망덕한 자들도, 인류의 재앙이자 자연법의 진정한 파괴자인 전쟁도 더는 두려워할 필요가 없을 것이다.

그러나 자연으로부터 대단히 일찍부터 깨어나고, 뚜렷이 발휘되는 본능을 선사 받은 존재, 자기 활동 범위가 확장되는 만큼, 그 범위로 인해 가능한 만큼 판단하고, 결합하고, 추론하고, 숙고할 수 있는 존재, 친절을 베풀면 애착을 느끼고, 못되게 굴면 멀어져 더 훌륭한 주인을 찾으려 드는 존재, 우리와 몸의 구조가 같아서 그 구조가 똑같이 작용하고, 섬세한 신경과 상상력의 영향에 따라 정도의 차이는 있겠지만 같은 정념을 갖는 존재, 그런 존재라면 결국 자기가 저지르는 과오며 우리가 저지르는 과오를 느끼고, 선과 악이 무엇인지 알고, 한마디로 말해서 자기가 행하는 일을 의식한다는 점을 명백히 보여주는 것이 아닐까? 우리의 영혼처럼 똑같은 기쁨, 똑같은 굴욕,

똑같은 당혹을 드러내는 그 존재의 영혼이 자기와 같은 존재가 갈가리 찢겨나가는 것을 보거나, 가혹하게 자기와 같은 존재를 각을 뜨고도 아무렇지도 않을 수 있을까? 이렇게 전제하고 나면 여기서 문제가 되는 값진 선물을 동물이라고 받지 않았을 리 없다. 동물도 후회를 하고 지성을 가졌음을 나타내주는 표시들을 우리에게 보여주고 있으니 거의 우리만큼 완벽한 기계들이라 할 수 있을 동물들도 우리와 마찬가지로 자연을 사유하고 느끼기 위해 태어났다고 생각한다면 그것은 부당한 일일까?

동물들 대부분은 자기들이 무슨 악을 저지르는지 느낄 능력이 없는 광포한 존재들이라며 내 생각을 반박해서는 안 된다. 아니 인간이라는 작자들이 전부 동물보다 악과 미덕을 더 잘 구분하던가? 광포한 동물의 종처럼 우리 인간 종도 광포하기는 마찬가지다. 자연법을 위반하는 데 야만적인 습관이 든 사람들은, 자연법을 처음으로 위반하는 사람들이며 그런 엄청난 모습을 무감각하게 볼 수 없었던 사람들만큼 고통스러워하지 않는다. 인간이나 동물이나 사정은 매한가지이다. 어느 쪽이든 정도의 차이는 있겠지만 기질적으로 광포할 수 있고, 광포한 자들과 함께 있으면 더욱 광포해진다. 그러나 자기와 같은 다른 동물들과 더불어 살아가면서 연한 음식을 섭취하는 유순하고 평화로운 동물은 피와 살육과는 원수지간이 될 것이다. 그 동물은 자기가 피를 흘리게 했다면 마음속으로 수치심을 느낄 것이다. 아마 차이가 있다면 동물들은 필요, 쾌락, 삶의 편의를 얻기 위해 모든 것을 희생한다는 것이겠다. 동물들은 우리보다 그런 것을 더욱 향유한다. 그러니 동물이 느끼는 후회는 우리가 느끼는 후회만큼 강렬하지 않을 것임이 틀림없어 보인다.[96] 우리와 그들의 필요의 정도가 동일하지 않기 때문이다. 습관이 들면 쾌락도, 후회도 무뎌지고 아마 후회의 마음이 아예 들지 않게 될지 모른다.

하지만 여기서 나는 잠시 내가 잘못 생각했거나, 세상의 거의 모든 사람이 이 문제에 대해서 잘못 생각하고 있지만 당연히 나만 옳게 생각하는 것이라고 가정하고 싶지는 않다. 나는 심지어 가장 탁월한 동물들이라고 할지라도 도덕적인 선과 악을 구분할 수 없고, 그 동물들이 보살핌이며, 선행이며 하는 것을 받았대도 그것을 전혀 기억하지 못할 것이고, 미덕에 대한 어떤 감정도 없으리라는 데 동의한다. 예를 들어 다른 여러 사례를 언급한 뒤에 나는 사자 이야기를 꺼냈는데, 사자며, 호랑이며, 곰이며 하는 동물들보다 더욱 비인간적인 구경거리에 놓여 격노에 사로잡혔던 제 자신 앞에 던져진 남자의 목숨을 빼앗고자 하지 않았던 일을 그 사자는 기억하지 못하리라는 점을 나는 인정하는 것이다. 반면 우리 동포들은 서로 싸운다. 스위스 사람은 스위스 사람들끼리, 형제는 형제들에 맞서면서까지 말이다. 그들은 살육을 하면 군주에게 돈을 받으므로 서로 누구인지 알아보고, 서로 뒤엉키고, 서로 죽이지만 전혀 후회라고는 없다. 동물은 자연법을 모른다고 주장해 본다면 그 결과는 어떻게 될까? 인간이라고 더 값진 진흙으로 빚어졌는가? 자연은 한 가지 똑같은 반죽을 사용했지만 그저 누룩만을 달리 썼을 뿐이다. 그러므로 내가 말하는 내적 감정을 동물들이 위반했대도 그 일을 뉘우치지 않는다면, 더 정확히 말해서 동물들이 그런 후회의 감정 따위는 전혀 갖지 않는다면 인간 역시 마찬가지일 것임이 틀림없다. 그런 조건이면 자연법이며, 그 주제로 출판된 저 멋진 논고들도 이제는 안녕히! 그렇다면 동물계 전체가 공히 자연법을 갖추지 않았을 것이다. 그렇지만 역으로 인간이 건강해서 제 자신을 온전히 누릴 수 있을 때 그는 정직하고 인류애에 넘치고 미덕을 가진 사람과, 비인간적이고 덕성을 못 갖추고, 정직하지도 않은 사람을 항상 구분하고, 자연적인 결과로 쾌감만이 생기느냐 반감만이 생기느냐를 통해 악이냐 덕이냐를 대단히 쉽게 구분할 수 있으리라는 점에 동의하지 않을 수 없다. 그 결과 똑같은 물질로 이루어졌지만, 모든 점에서 인간에 필적하기에 고작 발효fermentation의 진척 정도만이 부족했을 물질로 이루어진 동물들도 인간이나 동물이 동일하게 가진 동물성animalité이라는 특권을 함께 나누게 되므로, 이런 점에서 후회를 느끼지 않는 영혼, 혹은 감각적 실체는 존재하지 않게 된다. 다음의 성찰은 이 점을 든든히 받쳐줄 것이다.

자연법은 파괴될 수 없다. 자연법의 흔적은 모든 동물에게 대단히 뚜렷하게 남아 있어서, 나는 더없이 야만적이고 더없이 사나운 동물들이라고 해도 간혹이라도 후회의 순간을 가지리라는 점을 확신한다. 나는 샬롱 엉 샹파뉴에 살았던 야생의 소녀가 제 언니를 인육했음이 사실이라면 그 범죄에 대한 처벌을 받아야 하리라고 생각한다.[97] 범죄를 저질렀으나 그것이 의도적이지 않았고 그저 기질 때문이었던 모든 범죄자도 마찬가지라고 나는 생각한다. 도벽을 자제할 수 없었던 가스통 도를레앙도, 임신 기간에 도둑질을 저지르고 그 도벽을 아이들에게 물려준 어떤 여인도, 임신 기간에 남편의 인육을 먹은 아내도, 아이들을 목 졸라 죽인 후 사체를 소금에 절여 매일 그 절인 고기를 먹었던 어머니도, 인육을 먹었던 도둑 아버지를 두고 자신도 열두 살에 아버지처럼 되어버린 딸로 마찬가지이다. 마지막 여인은 한 살에 양친을 잃고 정직한 사람이 맡아 길렀는데도 그렇게 되었다. 관찰자들이 차고 넘치는 수많은 다른 예들은 언급할 필요도 없다. 그런 사례들은 유모가 그녀의 젖을 먹는 아이들에게 옮기듯, 부모에서 아이들로 무수한 미덕이며 악덕이 유전의 방식으로 이어진다는 점을 입증한다. 그러므로 나는 저 불행한 이들 대부분이 자기들이 저지른 행위가 얼마나 중대한 범죄인지 즉각 느끼지 못한다고 말하면서 그 점을 인정하는 것이다. 예를 들어 폭식증boulimie, 혹은 극심한 허기의 느낌은 감정이란 감정을 모두 꺼뜨린다. 위장의 광증부터 채우지 않을 수 없는 것이다. 그러나 이 여인들이 제정신이 들고 흥분이 가라앉으면 자신들이 그토록 사랑한 사람에게 살육을 저질렀음을 기억하고 얼마나 큰 후회를 느끼겠는가! 의지와는 전혀 무관했던 죄악으로 얼마나 큰 처벌을 받게 되겠는가! 그녀들로서는 저항할 수 없었던 데다 전혀 의식하지도 못했는데 말이다. 그러나 판사들은 그런 사실들을 받아들이지 않는 것 같다. 내가 언급한 여자 중 한 명은 차형車刑부터 받은 뒤 화형에 처해졌고, 다른 여자는 생매장당했다. 나는 사회의 이익을 위해 무엇이 필요한지 생각한다. 하지만 분명 탁월한 의사를 판사로 세우는 것이 바람직할 것이다. 오직 의사들만이 무고한 범죄자와 비난받아 마땅한 범죄자를 구분할 수 있을 것이다. 이성이 비정상적이거나 격노에 사로잡힌 감각에 복종하는 노예와 같다면 그 감각을 도대체 어떻게 통제할 수 있단 말인가?

하지만 범죄 행위에는 그것에 상응하는 가혹한 처벌이 따르고,[98] 하도 오랫동안 야만적인 습관이 굳어졌더라도 가장 비인간적인 사람들의 마음속에 회한이라는 것이 완전히 지워진 것이 아니고, 그런 자들도 자기들이 저지른 행위를 기억할 때 마음이 괴로워지는 것이라면, 나약한 정신의 소유자들의 상상력을 지옥, 유령, 불구덩이로 위협하여 공포에 떨게 만들 이유가 무엇인가? 그런 위협들은 파스칼이 말한 것보다 훨씬 더 비현실적이기까지 하다.[99*/100] 한 교황이 선의의 뜻으로 말했듯이 어차피 사형에 처해질 불행한 이들이 자신의 최고의 형리刑吏라 할 양심의 가책으로는 충분한 처벌이 되지 않는다고 생각해서 그들에게 더 큰 고통을 주려고 일부러 지어낸 이야기를 할 필요가 무엇인가? 내 말을 모든 범죄자를 처벌하는 것이 부당하다고 들어서는 안 된다. 내 주장은 그저, 도착적인 의지에 사로잡히고 꺼져버린 양심을 가진 사람들이라도 제정신으로 돌아오기만 하면 회한이 일어나 그들 스스로 충분히 고통을 받는다는 것이다. 내 과감히 말하건대 물론 내 생각이기는 하지만 자연은 운명적인 필연에 휩쓸려 불행해진 자들이 회한을 느끼지 않도록 해 줄 수도 있지 않았을까.

범죄자, 악인, 배은망덕한 자, 자연을 느낄 줄 모르는 이들, 그러니까 살아갈 가치라고는 없는 저 불행한 폭군들이 설령 그들의 야만적인 행위로 잔인한 쾌락을 얻고자 한대도, 그들에게도 마음이 차분해지고 성찰을 하는 순간은 온다. 그때 응징하고자 하는 양심이 일어나 그들을 비난하고 그들의 손으로 제 마음을 갈가리 찢는 형벌을 내리는 것이다. 인간에게 고통을 주는 자는 스스로 고통받는다. 여기에 더해 그자가 느끼게 될 고통은 그가 행한 악의 크기를 보여주는 정확한 척도가 될 것이다.

다른 한편 선을 행하고, 제가 받은 선행을 느끼고 이를 감사하는 것으로 얻게 되는 대단한 즐거움이 있다. 앞에서 내가 미덕을 갖고 태어나지 못한 불행한 사람은 그가 누구든지 충분히 고통을 받은 것이라고 한 것처럼 미덕을 실천하고, 다정하고, 인간미를 갖고, 온화하고, 자비롭고, 동정적이고 관대한(관대하다는 말 한마디에 모든 미덕이 고스란히 담긴다) 사람이 될 때 얻는 만족이란 대단한 것이다.

우리는 애초에 학자가 되도록 태어나지 않았다. 우리가 학자가 되었다면 아마 우리가 갖춘 신체 능력을 잘못 사용했기 때문이다.[101] 그랬으니 오만하게도 '철학자'라는 허울 좋은 이름을 얻은 수많은 나태한 자들을 국가의 비용으로 먹여 살리고 있다. 자연은 우리 모두를 오직 행복하게 살도록 창조했다. 그렇다. 여기서 우리 모두란 땅을 기어 다니는 벌레부터 구름 저편으로 까마득히 사라지는 독수리까지 전부 포함한다. 자연이 모든 동물에게 자연법의 일부를 떼어준 것도 그 이유이다. 동물이 가진 자연법은 잘 갖춰진 신체 기관을 가진 동물 각자가 내포한 자연법의 정도에 따라 그것이 더 세련되었는가, 덜 세련되었는가의 차이뿐이다.

이제 우리는 자연법을 어떻게 정의해야 할까? 그것은 타인이 우리에게 하지 않았으면 하므로 우리가 해서는 안 되는 일이 무엇인지 가르쳐주는 감정이다.[102] 나는 이런 감정은 일종의 두려움이나 공포 같은 것으로 보인다는 통념을 과감히 추가해보겠다. 이런 두려움이나 공포는 개체와 마찬가지로 종種에게도 유익한 것인데, 우리가 타인의 생명과 재산을 존중하는 것은 결국 우리의 재산, 명예, 우리 자신을 보존하기 위한 것일 뿐이기 때문이다. 그런 점에서 우리는 지옥이 두렵기 때문에 신을 사랑하고 환상에 불과한 수많은 미덕을 품고자 할 뿐인 기독교의 익시온[103]을 닮았다.

여러분은 자연법이라는 것이 여전히 상상력에 속한 내적 감정에 불과하다는 점을 알고 계신다. 그것은 다른 모든 감정과 마찬가지이며 사유도 그중 하나이다. 그러므로 신학자들이 주장하는 우스꽝스러운 방식으로 자연법과 사회법lois civiles을 혼동하지만 않는다면 자연법은 분명 교육도, 계시도, 입법가도 전제하지 않는다.

광신주의를 무기로 삼아 이 진리를 주장하는 이들을 죽일 수는 있겠지만 그것으로 이 진리 자체는 결코 무너뜨리지 못할 것이다.

내가 지고한 존재가 존재함을 의심하는 것은 아니다. 반대로 내가 보기에는 지고한 존재가 존재한다는 것은 대단히 개연성 있는 일이다. 그렇지만 지고한 존재가 존재한다는 사실이

다른 어떤 다른 존재 이상으로 종교의식을 거행할 필요성이 있음을 입증하지 않듯이, 그 존재는 이론적인 진리일 뿐 종교적 실천에서는 거의 통용되지 않는다. 그래서 종교가 엄격한 정직성을 전제하는 것은 아니라는 점이 수많은 경험으로 입증되듯이, 이와 동일한 이유로 무신론에 엄격한 정직성이 없다고 말할 수는 없다.[104]

더욱이 인간의 존재 이유가 존재한다는 것 자체에 있는지 아닌지 누가 알겠는가? 어쩌면 인간은 왜, 그리고 어떻게인지 알 수 없이 지상의 한 지점에 우연히 던져진 존재일지 모른다. 그렇지만 수시로 생기는 저 버섯들이며, 도랑 가에서 피어나고 담벼락을 덮는 저 꽃들을 닮은 인간은 그저 살고 또 죽어야 한다.

무한이라는 개념 속에서 길을 잃고 헤매지 말도록 하자. 우리는 태어나기를 무한에 대해 조금도 알 수 없도록 태어났다. 우리가 사물의 기원으로 거슬러 올라가기란 불가능한 것이다.[105] 더욱이 물질이 영원한 것이든 어느 시점에서 창조된 것이든, 신이 존재하든 존재하지 않든, 우리의 안식과는 전혀 무관하다. 도대체 알 수 없는 것에 대해, 더욱이 설령 결국 알게 되더라도 우리를 더 행복하게 만들어주지 못할 것을 그토록 고생스럽게 알려 드는 그런 미친 짓이 어디에 있는가!

그렇지만 사람들은 페늘롱, 니우번테이트, 아바디, 더햄,

레이[106] 같은 이들의 저작을 읽어보라고 말한다. 아니, 그자들이 내게 무얼 가르쳐주리란 말인가? 더 정확히 말하자면 그들이 대체 내게 무얼 가르쳐주었는가? 그 내용이란 고작해야 헌신적인 저자들이 지루하게도 하고 또 했던 말들에 불과하다. 그들 가운데 한 사람이 다른 사람에게 덧붙이는 내용은 그저 객설일 뿐이니, 그것으로는 무신론의 토대를 무너뜨리기보다는 오히려 강화하기에 적합하다. 자연의 장관을 보면서 수많은 증거를 끌어낸대도 그들에게 더 큰 힘이 되지 못한다. 손가락 하나, 귀 한쪽, 눈 한쪽의 구조며, 말피기가 수행한 관찰만으로도 증명되지 않는 것이 없고, 분명 그 증명은 데카르트와 말브랑슈[107]의 것보다 훨씬 더 훌륭한 것이다. 그 나머지로 증명할 수 있는 것이 도대체 무엇인가? 그러므로 이신론자들은 물론 심지어 기독교도들도 동물계 전체에서 동일한 목적이, 무한히 다양하지만 정확히 기하학적인 수단으로써 실행된다는 점을 관찰하는 것으로 그쳐야 할 것이다. 그러니 더 강력한 어떤 무기를 써야 무신론자들을 무너뜨릴 수 있을까? 내 이성이 나를 속이는 것이 아닌 이상, 인간과 세계 전체는 이렇게 통일된 목적들을 따르도록 정해진 것처럼 보인다는 점이 사실이다. 태양, 공기, 물, 물체들의 구성이며 형태, 이 모든 것이 거울 속에서처럼 눈ᵇ 속에 배치되어 있다. 거울에 그려진 대상들을 시각 작용에 소용되는 무수한 다양한 물체들이 필요로 하는 법칙에 따라 충실하게 상상력에 제시하는 것이다. 또 귓속 어디를 들여다보나 놀라운 다양성을 보게 되지만, 인간, 동물, 새, 물고기에게서 귀의 다양한 만듦새에 따라 용도가 서로 달라지는 것은 아니다. 귀란 귀는 모두 대단히 수학적으로 만들어져서 소리를 듣는다는 유일하고 동일한 목적을 향하는 것이다. 이신론자는 세상 만물이 우연히 만들어졌다고 한다면 우연이라는 것이 그렇게 만물을 다양하게 만들면서도 그 다양성으로 인해 동일한 목적을 고스란히 따르지 못하는 일이 없을 정도로 대단한 기하학자일 수 있겠는지 묻는다. 이신론자는 동물 속에는 미래에 소용이 될 부분들이 분명히 포함되어 있다는 점을 반증으로 제시한다. 애벌레 안에 나비가 들어 있고, 정자 벌레 안에 사람이 들어 있고, 폴립의 모든 부분에 완전한 폴립이 들어 있고, 접형골蝶形骨의 계란형 구멍 속에 판막瓣膜이 있고, 태아가 폐를 갖추고 있고, 치조齒槽속에 이빨이 들어 있고, 체액 속에 들어 있는 뼈가 이해할 수 없는 방식으로 떨어져나와 굳어진다. 이 체계를 옹호하는 자들은 자신들의 체계를 내세우기 위해 그 어떤 것도 소홀히 하지 않고 지칠 줄 모르고 증거에 증거를 쌓아올리면서 모든 것을 이용하고자 하는데, 심지어 어떤 경우에는 연약한 정신까지 이용하기도 한다. 그들은 다음과 같이 말했다. 스피노자[108], 바니니, 데 바로, 부앙댕[109]과 같은 사람들을 보라! 그들이야말로 이신론의 과오를 들춘 이상으로 이신론에 영예를 마련해준 사도들이 아닌가! 라고 이신론자들은 또한 이렇게 덧붙인다. 이들의 무신앙은 건강하게 사는 기간만 지속되었다고, 정념이 그것의 도구인 신체와 더불어 약해지자마자 무신론을 포기하지 않는 경우는 없다시피 하다고 말이다.

확실히 이상이 우리가 할 수 있는 신 존재를 증명하는 논변 중에 가장 유리한 것이다. 물론 마지막 논의가 시시하기는 하다. 그렇게 이른 회심은 오래가지 못하므로, 정신은 신체가 다시 힘을 찾고 회복하자마자 다시 예전에 가졌던 생각으로 돌아가고 말 것이다. 적어도 이 논변은 의사 디드로가 『철학단상』에서 말한 것보다 훨씬 낫다.[110] 디드로의 그 저작은 숭고하긴 해도 한 명의 무신론자도 설득하지 못할 것이다. 사실 말이지 "우리는 자연을 모른다. 자연 깊숙이 감춰진 몇몇 원인들로 모든 것이 만들어졌을 것이다. 여러분께서는 트랑블레의 폴립을 한번 보시라! 폴립은 제 안에 재생을 가능하게 하는 원인을 갖고 그것으로 재생하지 않는가? 모든 것이 맞춰 이루어지는 자연의 어떤 원인들이, 저 광대한 세계의 연쇄 전체가 그 원인들로 인해 필연적으로 이어지고 수미일관 복종하므로, 무엇이라도 일어나는 것은 일어나지 않을 수 없는 자연의 어떤 원인들, 우리로서는 절대로 알 수 없으므로, 어떤 이들에게는 '이성적 존재'조차도 못 되는 신이라는 존재에 도움을 구하지 않을 수 없는 원인들이 존재한다고 생각하는 것은 도대체 얼마나 어리석은 일일까? 따라서 우연을 파괴하는 것으로는 지고한 존재의 존재함을 증명하지 못한다. 우연도 아니고, 신도 아닐 다른 어떤 것이 있을 수도 있을 테니 말이다. 나는 그것을 자연이라고 본다. 그러므로 자연의 연구는 신을 믿지 않는 사람들을 계속 만들어내게 된다. 이는 자연을 가장 꼼꼼하게 따지고 살피는 사람들이 어떻게 생각하는지만 봐도 입증된다"고 말하는 사람에게 무슨 대답을 할 것인가?

그러므로 '우주의 무게'로도 진짜 무신론자를 조금도 흔들지 못하며, 하물며 그들을 굴복시키기는 언감생심이다.[111] 창조주라는 존재를 놓고 수만 번 반복되어 논의된 증거들, 우리와 같은 사람들의 사유 방식을 훌쩍 뛰어넘는 그 모든 증거라는 것은 이 논변을 아무리 멀리까지 밀고 나가본들 결국 반₧피론주의자들이나, 어떤 외관에 입각하여 판단할 수 있다고 믿을 만큼 이성을 자신하는 사람들에게나 확실한 것이다. 여러분도 아시듯 외관을 보고 내리는 그자들의 판단에 맞서, 무신론자들은 대단히 강력하고 절대적으로 반대되는 다른 것을 제시하여 반박할 수 있는 사람들이다. 다시 자연사가들의 말에 귀 기울여본다면 그들은 우리에게 이렇게 말할 것이다. 한 화학자의 손에서 우연히 여러 물질을 혼합하다가 최초의 거울이 만들어지도록 했던 바로 그 원인들이 자연의 손에서는 맑은 물을 만들어서 순박한 목동 처녀가 이를 거울 대신으로 이용하게 했던 것이며, 세상을 유지하는 운동이 세상을 창조할 수 있었던 것이며, 모든 물체는 자연이 그것에 지정한 자리를 차지하고 있게 된 것이며, 철鐵과 다른 금속이 지구 내부에서 만들어진 것과 같은 이유로 공기가 지구를 둘러싸고 있음이 틀림없으며, 태양은 전기만큼 자연적인 산물이며, 간혹 태양이 지구와 지구의 주민들을 뜨겁게 달구는 일이 있다고 태양이 그런 용도로 생긴 것이 아니고, 비가 내려 씨앗이 발아하는 일이 자주 있음에도 자주 그 씨앗들을 상하게 하므로 그것이 씨앗을 발아시킬 용도로 생긴 것이 아니고, 반들반들한 물체도 같은 속성을 갖지만, 물과 거울은 그 위에 제 얼굴을 바라볼 용도로 생긴 것이 아니고, 눈은 정말이지 장식 거울과 같아서 영혼은 그 거울에 대상들이 이들 물체가 나타내는 그대로의 이미지를 응시할 수 있지만, 눈이라는 것이 정말 이렇게 바라보기 위해 일부러 만들어졌고 일부러 동공 속에 자리 잡은 것인지 증명할 수 없으며, 결국 루크레티우스며, 의사 라미[112]며, 고대와 현대의 모든 에피쿠로스주의자들이 눈은 지금 그 상태로 조직되어 자리 잡았기 때문에 볼飛 수 있게 된 것이라고 했을 때, 유기체의 생성과 발육의 과정에서 자연이 동일한 운동 규칙들을 따른다는 점이 일단 제시되면 이 경이로운 눈이 다른 식으로 조직되고 자리를 잡기란 불가능했다고 했을 때 그들의 생각은 옳았다.

이렇게들 왈가왈부하고 있다. 나는 철학자들이 영원히 의견 일치를 보지 못하고 그들을 둘로 갈라놓을 중요한 원인들을 이렇게 요약해보았다. 물론 나는 이 둘 중 어떤 입장도 취하지 않는다.

> 우리가 당신들의 논쟁에서 판별을 하는 일은 다시 없다.
> Non nostrum inter vos tantas componere lites.[113]

이것이 내가 프랑스 친구 한 명에게 하곤 했던 말이다. 나만큼이나 공공연한 피론주의자였던 그 친구는 재능이 출중한 사람이었으니 더 좋은 운을 누려 마땅한 이였다. 그는 이 주제로 내게 정말 기이한 답변을 했다. 그는 내게 철학자는 찬성이냐 반대냐로 마음이 불안해질 리 없음이 사실이라고 말했다. 철학자는 누가 자신에게 동의를 강요할 수 있을 만큼 충분히 증명된 것이란 아무것도 없으며, 한편에서 제시된 참고적인 관념들은 다른 편에서 제시된 관념들로 금세 무너진 다는 점을 알기 때문이다. 그러나 그는 모든 사람이 무신론자가 되기 전에는 누구도 행복할 수 없을 것이라고 말했다. 다음이 저 '고약한' 자가 내세운 이유이다. 그는 무신론이 널리 확산되었다면 종교의 모든 분파는 파괴되고 뿌리가 잘렸을 것이라고 말했다. 신학 논쟁이 없으면 종교를 지킨다는 투사들도, 저 잔혹한 병사들도 더는 없을 것이다! 그러면 성뿔스러운 독毒에 물들었던 자연은 제 권리와 제 순수성을 되찾게 될 것이다. 평온을 찾은 인간들은 다른 어떤 목소리도 듣지 않고 개인의 자발적인 충고만을 따를 것이다. 그것은 무시했다가는 처벌을 피할 수 없는 유일한 충고이며, 오직 그것만이 미덕의 아름다운 오솔길을 통해 우리를 행복에 이르게 할 수 있다.

자연법이란 이런 것이다. 누구라도 자연법을 엄격히 지키는 자는 정직한 사람이며, 인류 전체의 신뢰를 받아 마땅하다. 누구라도 자연법을 양심적으로 따르지 않는 사람은 설령 다른 종교의 겉만 그럴싸한 허울을 쓰고 있다 해도 그는 사기꾼이거나 위선자일 뿐이므로, 나는 그를 믿지 않는다.

그다음에 어떤 아둔한 민족이 다른 방식으로 생각한다고 해보자. 그 민족은 계시를 믿고 안 믿고는 정직성 자체의 문제이며, 한마디로 말해서 그게 무엇이라도 자연 종교와는 다른 종교가 필요하다고 감히 단언한다고 해보자. 정말 비참한 일이며, 정말 가여운 일이 아닌가! 누구나 그 민족이 신봉했던 종교를 좋게 생각하는데 말이다! 여기서 우리는 그 범속한 민족의 동의를 굳이 얻고자 하지 않는다. 제 마음속에 미신의 제단을 쌓는 이는 미덕을 느끼기 위해서가 아니라 우상을 섬기려고 태어난 것이다.

그런데 영혼의 모든 능력은 절대적으로 두뇌와 신체 전체에 고유한 구조에 달린 것이니, 이 능력이 곧 그 구조 자체에 다름 아니다. 이것을 명백히 기계라고 하는 것이다. 결국 인간만이 천부적으로 자연법을 가졌다고 인간이 덜 기계적인 것일까? 인간은 가장 완전한 동물보다 더 많은 톱니바퀴며 태엽을 가졌고, 두뇌는 상대적으로 심장에 더 가까우니, 같은 비율로 더 많은 양의 피가 흘러 들어간다. 결국 내가 무엇을 아는가? 어떤 알려지지 않은 원인들이 계속해서 상처받기 쉬운 저 민감한 양심을, 사유 이상으로 물질과 무관하지 않은 저 회한을, 한마디로 말해서 여기에서 전제된 모든 차이를 만들어낼 것이다. 그러므로 구조로써 모든 설명이 충분히 가능하다는 것일까? 반복하지만 그것이면 충분하다. 사유가 명백히 신체 기관들과 더불어 발달하는데 그 기관을 이루는 물질이 시간이 흐름에 따라 감각 능력을 획득했다면 회한이라고 못 느낄 이유가 무엇일까?

그러므로 영혼이란 누구도 그것에 대한 관념을 전혀 갖지 못한 빈말에 불과하다.[114] 현명한 사람이라면 우리 내부의 사유하는 부분을 거론하기 위해서가 아니라면 그런 말을 사용할 리 없다. 최소한의 운동 법칙이 제시되었다면 생명을 가진 신체는 움직이고 느끼고 사유하며, 후회하고, 행동하는 데 필요한 모든 것을 한마디로 말하자면 신체적인 부분과 그것에 종속하는 정신적인 부분에 갖출 것이다.

우리는 아무것도 가정하지 않는다. 난점들이 여전히 고스란히 제거된 것은 아니라고 생각할 사람들이라도 충분히 만족할 만한 아래의 몇 가지 실험들을 살펴보자.

1. 동물의 모든 살덩이은 죽은 뒤에도 꿈틀대는데, 찬 동물이고 땀을 덜 발산하는 동물일수록 더 오래 꿈틀댄다. 거북, 도마뱀, 뱀 등을 보면 이 점이 입증된다.[115]

2. 신체에서 분리된 근육에 자극을 주면 수축한다.[116]

3. 내장은 애벌레가 꿈틀거리며 나아가는 것 같은 연동蠕動성 운동을 오랫동안 유지한다.[117]

4. 윌리엄 카우퍼에 따르면 더운물을 주입하기만 해도 심장과 근육은 생기를 띠게 된다.[118]

5. 개구리의 심장을 적출해서 특히 태양에 노출시키거나, 그보다 더 낫게는 탁자나 데운 접시 위에 놓았을 때 한 시간 이상을 움직인다. 이 운동이 결국 사라진 것 같다면? 심장을 찔러 보기만 하면 활동이 없던 근육이 다시 뛴다. 하비[119]는 두꺼비로도 동일한 관찰을 했다.

6. 베룰람의 베이컨은 『삶과 죽음의 역사』[120]에서 반역 행위가 입증된 한 남자 이야기를 한다. 그의 몸을 산 채로 열어 심장을 꺼내 더운물에 집어넣었더니 수직으로 육십사 센티미터를 뛰어올랐고, 또 그다음에도 여러 차례 뛰어올랐는데

점점 그 높이는 낮아졌다.

7. 계란 속에서 아직 부화 전의 병아리를 취해 심장을 도려내 보아도 여러분은 거의 동일한 상황에서 앞엣것과 동일한 현상을 관찰하게 될 것이다.[121] 숨을 불어넣어 열기를 전하는 것만으로 공기 펌프 속에서 죽어가던 동물이 소생한다.

보일[122]과 스테논[123]은 비둘기, 개, 토끼들을 대상으로 똑같은 실험을 우리에게 제시했다. 이들 동물의 심장 조직 일부는 완전한 심장처럼 움직인다. 두더지의 잘린 발에서도 똑같은 움직임이 확인된다.

8. 애벌레, 벌레, 거미, 파리, 뱀장어에게서도 동일한 사례를 관찰할 수 있다. 잘린 부분들의 움직임은 더운물에서 더욱 촉진되는데 더운물에는 불이 들어 있기 때문이다.

9. 술에 취한 한 병사가 칼을 휘둘러 칠면조 대가리를 날려버렸다. 칠면조는 그대로 서 있다가, 걷고 뛰었다. 벽에 부딪히자 휙 돌아서서 홰를 치면서 계속 달리더니 결국 쓰러졌다. 땅에 쓰러져서도 칠면조의 근육 전체는 계속 움직였다. 이는 내가 직접 본 것이다.[124] 새끼 고양이나 강아지의 목을 잘라도 대동소이한 현상을 쉽게 볼 수 있다.

10. 폴립은 잘린 뒤에 운동하는 것 이상을 한다. 폴립은 일주일이면 잘린 부분이 원래 개체로 고스란히 재생된다. 이런 사실이 발생에 대해 자연사가들이 제시하는 체계와 들어

맞지 않는다는 점에 나는 난처하다. 그런데 정확히 말하자면 나는 오히려 그 점이 기쁘다. 폴립이 발견됨으로써 더없이 결정적이고 잘 알려진 경험에서조차 결코 일반적인 결론을 끌어내서는 안 된다는 점을 배웠기 때문이다!

위와 같이 가는 섬유나 유기체의 각 부분[125]이 각자 자기에게 고유한 원리에 따라 운동한다는 점을 명백히 입증하는 데 필요 이상으로 많은 사실을 제시했다. 이 운동의 원리는 수의隨意 운동처럼 신경에 의존하는 것이 아니다. 여기서 말하는 운동은 그 운동이 나타나는 부분들이 혈액 순환과는 아무런 관련이 없이 작동하기 때문이다. 그런데 이 부분들을 움직이게 하는 힘이 섬유 조직들에서도 확인된다면 특별히 복잡하게 얽혀 있는 섬유들의 복합체인 심장도 같은 특징을 갖는 것임에 틀림없다. 내가 이 점을 확신하는 데 앞서 언급한 베이컨의 이야기도 필요하지 않았다. 인간과 동물의 심장 구조가 완벽히 유사하다는 점과 인간 심장의 부피를 보더라도 이 점을 판단하기란 쉬웠다. 그 속에서 심장의 운동이 눈으로 보이지 않는다면 이는 단지 그 운동이 막힌 데다, 시체 내부에서 심장이 차가워지고 약해져 버렸기 때문이다. 사형당한 범죄자의 시신에 아직 온기가 남아 있을 때 해부해보면 시신의 심장에서 목이 잘린 자들의 안면 근육에서 볼 수 있는 것과 동일한 움직임이 일어난다는 점이 확인된다.

신체 전체든, 조각조각 잘려진 조직의 부분들에서든 이런 운동 원리에 따라 발생하는 운동은 흔히들 생각했듯이 불규칙하지 않고 대단히 규칙적이다. 몸이 차고 불완전한 동물만큼이나 몸이 덥고 완전한 동물에서도 그렇다. 그러므로 우리 입장을 반대하는 이들은 누구라도 쉽게 증명할 수 있는 무수한 사실들을 부정하는 것 말고는 다른 방법이 전혀 없다.

누가 내게 지금 우리 몸이 태어날 때부터 갖춘 이런 힘이 어디에 존재하느냐고 묻는다면 나는 고대인들이 조직실질組織實質, parenchyme[126]이라고 불렀던 것 속에 있다고 분명히 답하겠다. 조직실질이란 정맥, 동맥, 신경을 제외한 부분들에 고유한 실체, 그러니까 한마디로 말해서 신체 전체를 구성하는 모든 부분에 고유한 실체를 말한다. 그러니까 나는 각 부분은 그것의 필요에 따라 자기 안에 격렬한 정도가 다른 운동의 동력des ressorts을 갖는다고 답하는 것이다.

인간 기계를 움직이는 이들 동력을 세부적으로 살펴보자. 생명 유지에 필요한 동물적이고 자연적이고 자동적인 모든 운동은 그 동력의 작용으로 이루어진다.[127] 전혀 예상하지 못한 벼랑을 마주치면 몸이 공포에 사로잡혀 움츠러들고, 앞에서 말했듯이 타격의 위협이 닥치면 눈꺼풀이 감기고, 대낮에는 동공이 축소되어 망막을 보호하고, 어둠 속에서는 동공이 확장되어 사물을 볼 수 있게 되지 않은가? 겨울에는 피부의 모공이 닫혀 한기寒氣가 혈관 내부로 들어오지 못하게 막고, 위胃가 독이나 일정량의 아편, 구토제 같은 것의 자극을 받으면 구역질이 일어나고, 잠자는 동안에도 깨어 있는 동안처럼 심장, 동맥, 근육이 축소되고, 폐는 연속적으로 작용하는 송풍 장치의 역할을 하고, 방광과 직장의 괄약근이 작용하고, 심장은 다른 모든 근육 이상으로 강하게 수축하고, 발기근勃起筋이 남자의 성기를 곧추세우는 것도 모두 기계적으로 이루어지는 일이 아닌가? 자기 배를 두드리는 동물이며, 아이들이라도 조금만 성기가 자극되면 발기가 되는 것도 마찬가지이다. 지나가면서 하는 말이지만 이를 보면 이 부위에 여전히 알려지지 않은 참으로 기이한 동력이 있음이 입증된다. 해부학의 모든 지식을 놓고 보아도 그 동력으로 인한 결과들이 아직 제대로 설명되지 않았다.

나는 누구나 잘 알고 있는 사소한 동력들 전체로 범위를 넓히지는 않겠다. 그런데 이들 모두를 자극하는 더욱 미세하고 더욱 경이로운 다른 동력이 있으니, 그것이 우리의 모든 감정, 우리의 모든 쾌락, 우리의 모든 정념, 우리의 모든 사유의 근원이다. 다리에 걷는 데 쓰는 근육이 있듯이 두뇌에는 사유할 때 쓰는 근육이 있다. 나는 흥분을 일으키는 격렬한 이 원리에 대해 말하고자 하는데, 히포크라테스는 이를 영혼이라는 뜻의 에노르몬ἐνορμῶν[128]이라고 불렀다. 이 원리는 실제로 존재하며, 신경이 갈라져 나오는 두뇌가 그 원리의 자리이다. 그 원리는 신경을 통해서 신체의 모든 나머지 부분에 영향력을 행사한다. 이로써 상상력의 질병[129]의 놀라운 결과들에 이르기까지, 설명될 수 있는 모든 것이 설명된다.

그러나 제대로 이해되지 않은 넓고 방대한 내용에 빠져 번민하는 일이 없도록 질문과 성찰의 수를 적은 수로 한정해야 한다.

왜 아름다운 여인을 보거나 그저 그 여인의 생각만 했는데도 마음이 움직이고 특별한 욕망이 생기는가? 그때 어떤 신체 기관에서 일어난 것은 그 기관의 본성 자체에서 생긴 것인가? 절대 그렇지 않다. 그것은 근육과 상상력의 교류와 교감에서 생긴 것이다. 여기에는 고대인들이 쾌락bene placitum[130]이라고 한 것, 또는 아름다움의 이미지가 자극한 일차적인 동력만이 있을 뿐이며, 그 이미지로 인해 그때까지 푹 잠들어 있다가 상상력에 의해 깨어난 다른 동력이 자극된다. 놀라울 정도로 신속하게 달려 나가 해면체를 부풀게 하는 피와 정기의 혼란과 동요가 아니라면 어떻게 이런 일이 일어날 수 있을까?

어머니와 아이는 분명히 서로 이어져 있고,[131]* 툴피우스와[132] 믿을 만한(그 이상 더 믿을 만한 사람들은 없다) 다른 저자들이 보고한 사실을 부정하기란 어려운 일이므로, 바로 이런 방식을 통해 태아는 어머니의 상상력이 격렬해질 때,

무른 밀랍에 모든 종류의 외부 자극이 새겨지듯이 그것을 느끼는 것이고, 이 점에 대해 블롱델[133]과 그의 모든 추종자가 어떻게 말하든, 이해할 수는 없는 일이지만 동일한 흔적이나 어머니의 욕망이 태아에 각인될 수 있다고 우리는 믿어야 한다. 그러니 우리는 말브랑슈 신부의 명예를 회복시켜주는 것이다. 자연에 바투 다가서 관찰한 적도 없고 자연을 자기들의 관념에 예속하고자 했던 저자들이 우직했던 말브랑슈 신부를 그렇게들 조롱했으니 말이다.

영국 사람들의 볼테르라 할 저 유명한 포프[134]의 초상화를 보시라. 그의 외모에는 노력이며, 그의 천재의 힘이 그려져 있다. 외모는 온통 경련을 일으키고 있고, 두 눈은 동공에서 빠져나오기라도 할 것 같고, 눈썹은 이마 근육으로 치켜 솟아올라 있다. 왜 그런가? 신경들의 기원인 뇌가 계속 진통陣痛 중이고, 신체 전체가 계속 난산難産의 고통 같은 것을 받고 있음이 틀림없기 때문이다. 체외의 현絃들을 그렇게 팽팽하게 늘일 수 있을 체내의 현이 없었다면, 이 모든 현상은 도대체 어디에서 온 것이겠는가? 그 현상들을 설명하기 위해 '영혼'이라는 것을 가정하는 것은 이를 '성령의 작용'으로 축소하는 일이다.

사실 내 두뇌 속에서 사유하는 존재가 그 기관의 일부, 결과적으로 신체 전체의 일부가 아니라면, 내가 침대에 차분히 누워서 한 저작의 개요를 구상하거나 추상적인 추론을 계속할 때 피는 왜 뜨거워지는 거며, 내 정기의 열은 왜 혈관으로 전해지는 것인가? 상상력이 풍부한 사람들, 위대한 시인들, 훌륭히 표현된 감정에 매혹되는 사람들, 우아한 취향, 자연, 진리, 미덕에 매혹되어 흥분에 이르는 사람들에게 그 이유를 한번 물어보시라! 그들의 열광, 그들이 여러분에게 자기들이 경험해 보았다는 것을 듣고 결과를 통해 그 원인을 판단해보시라. 보렐리[135]의 저 '조화'[136]는 한 명의 해부학자가 모든 라이프니츠주의자보다 훨씬 더 잘 알았던 것으로, 그것으로 여러분은 인간이 물질적으로 단일하다는 사실을 알게 되실 것이다. 결국 신경이 긴장함으로써 고통이 발생하고 그로 인해 발열이 일어나고, 발열로 인해 정신이 흐려지고 더 이상 의지를 갖지 않게 되고, 역으로 정신의 활동이 과도해서 신체에 장애를 일으켜, 벨 씨를 그 젊은 나이에 데려갔던[137] 폐결핵의 불을 댕기고, 간질간질 자극하는 쾌감이 내가 이전에는 전혀 관심도 두지 않았던 것을 원하게 만들고, 강렬하게 욕망하게끔 하고, 이번에는 두뇌에 새겨진 어떤 흔적들이 마찬가지로 억누를 수 없는 욕망이며 욕구를 자극하게 하는 것이라고 해보자. 그렇다면 이 둘은 명백히 한 가지일 뿐인데 이를 왜 둘로 만드는가? 그럴 때 의지의 영향력이 얼마나 대단하냐며 부르짖어봤자 헛수고이다. 의지는 한 가지 질서를 마련하면서 백 가지 족쇄를 차는 것이다. 피와 정기가 격류처럼 쏟아져 신체를 휩쓸기에 건강한 상태의 신체가 이를 따르는 것은 얼마나 경이로운 일인가! 의지는 보이지 않는 막대한 유체의 흐름을 중개로 삼는데 그때 유체는 섬광보다 더 강렬하고 항상 자신에게 봉사할 준비가 되어 있다! 그런데 의지의 힘을 작동시키는 것은 신경을 통해서이고, 그 힘을 멈춰 세우는 것도 신경을 통해서이다. 아무리 강한 의지와 격렬한 욕망이 있더라도 그것이 일단 녹초가 된 연인에게 잃은 원기를 되찾아 줄까? 슬픈 일이지만 그렇지 않다. 그 의지가 제일 먼저 대가를 치를 것이다. 어떤 상황이 주어졌을 때 쾌락을 원치 않는 것은 의지의 힘을 넘어서는 일이니 말이다. 내가 말한 바 있는 마비 등의 문제가 여기 다시 등장한다.

여러분이 갑자기 황달에 걸렸다![138] 여러분은 물체의 색은 그것을 투사해서 보는 렌즈의 색에 달려 있음을 모르시는가? 체액의 색이 이러하면 대상의 색도 그러하다는 점을 모르시는가? 우리는 무수히 많은 착시의 헛된 노리개에 불과하므로 대상의 색도 달리 보게 된다. 정말이지 눈의 방수膀水에서 이 색을 제거해서 담즙을 천연의 체로 걸러보시라. 그러면 영혼은 다른 눈을 갖게 되어 더는 노랗게 보지 않을 것이다. 바로 이런 식으로 백내장을 제거하고 유스타키오관을 삽입하여 맹인에게 시력을, 귀머거리에게 청력을 회복시켜주지 않던가? 무지의 세기들 동안에는 얼마나 많은 이들이 그저 교활한

떠버리들일 뿐이었으면서 엄청난 기적을 행했다고 간주되었는가! 아름다운 영혼이며, 강력한 의지는 신체 능력들이 제대로 갖춰진 만큼만 작동되고, 취향도 나이와 열熱에 따라 바뀐다. 그래서 철학자들이 영혼의 건강을 유지하기 위해 항상 신체의 건강을 염두에 두었음에 놀랄 필요가 없다. 그래서 플라톤은 음주를 금하고, 피타고라스는 엄격한 식이요법을 처방했다.[139] 분별 있는 의사들은 정신을 도야하여, 정신을 진리와 미덕을 깨닫는 데까지 드높이려면 신체에 맞는 식이요법부터 시작해야 한다고 주장한다. 질병으로 장애가 생기고 감각이 혼란스럽다면 진리와 미덕이라는 것도 부질없는 말에 불과하다! 건강관리를 위해 지켜야 할 규칙을 따르지 않을 때 에픽테토스, 소크라테스, 플라톤의 설교를 들은들 무슨 소용인가. 검소함을 천성으로 갖지 않은 이에게 도덕은 부질없다. 모든 악의 근원이 지나침에 있다면 모든 미덕의 근원은 검소함에 있으니 말이다.

인간이 그저 동물이거나, 태엽들이 결합한 것에 불과하다는 점이 이제 충분히 증명되지 않았나?(히포크라테스가 영혼을 뜻하며 썼던 에노르몬ἐνορμῶν 개념이면 전부 설명이 가능한 정념의 역사에서 내가 길을 잃을 이유는 무엇인가?) 태엽들은 서로 긴밀히 잘 짜 맞춰져 있다. 그래서 인간을 원圓으로 본다면 자연이 그 원의 어떤 지점부터 시작했는지 우리는 말할 수 없는 것이다. 태엽들이 서로 전부 다르다면 그것은 그들이 차지한 자리며, 힘의 정도의 차이 때문이지 태엽의 본성에 따른 것이 아니다. 그러므로 영혼이란 그저 운동의 원리이거나 두뇌의 감각 물질의 일부[140]일 뿐이다. 오류에 빠지면 어쩌나 걱정할 것 없이 이 부분을 기계 전체를 움직이고 다른 모든 태엽에 뚜렷한 영향을 미치는 주主 태엽으로 간주할 수 있고, 심지어는 그 부분이 가장 먼저 생긴 것으로 보이기도 한다. 그래서 다른 모든 태엽은 내가 나중에 언급할 다양한 배아胚芽의 관찰을 통해서 확인되는 것처럼 주 태엽이 발현한 것뿐일 수 있다.

이 진동은 자연적인 것이거나, 우리라는 기계에 고유한 것으로 섬유 한 가닥 한 가닥마다, 말하자면 섬유질 요소 하나하나마다 갖춰져 있다. 시계추의 진동과 비슷하기는 하지만 계속해서 실행될 수 있는 것은 아니다.[141] 진동이 멈추면 복원해야 하고, 힘이 약해지면 다시 힘을 만들어주고, 힘과 원기가 지나쳐 짓누르면 약화시켜야 한다. 진정한 의학의 본령은 오직 이런 데 있다.

신체는 그저 시계와 같고, 신체에 들어오는 새로운 유미chyle, 乳糜가 시계 제조공이다[142]. 자연의 첫 배려는 유미가 피로 들어갈 때 일종의 열熱을 발생시키도록 한 데 있었다. 가마爐 생각만 하는 화학자들[143]은 그때 발생하는 열을 발효라고 간주했었음이 틀림없다. 이 열이 발생하면 대규모의 정기가 투과되고, 그때 정기는 근육과 심장을 기계적으로 자극하는데 이는 마치 의지의 명령으로 정기가 근육과 심장으로 보내지기라도 한 것 같다.

그러므로 생명의 원인이나 힘이 그렇게 액체와 고체의 영구 운동을 백 년 동안 유지해준다. 이 둘 다 없어서는 안 되는 것이기는 하지만 이 활동에 액체가 더 공헌하는지 고체가 더 공헌하는지 말하기란 어렵다. 우리가 아는 것은 액체나 고체나 상대방의 도움 없이는 이내 작용이 중지되고 말리라는 것이 전부이다. 액체는 충격을 통해 혈관의 탄성력을 불러일으키고 보존한다. 그리고 그 탄성력 덕분에 유체의 순환이 이루어진다. 그 결과 죽은 다음에도 각 실체의 자연적인 동력은 존속하는데, 생명의 잔여 정도에 따라 그 동력은 더 강하기도 하고 덜 강하기도 하다. 그리고는 마지막 숨을 거두는 것이다. 동물을 이루는 모든 부분의 힘이 순환 과정을 통해 제대로 보존되고 증가할 수 있음은 사실이지만, 이 힘은 우리가 이미 살펴보았듯이 사지나 장기臟器가 온전한 상태가 아닐 때도 존재하므로 순환 과정에 온전히 의존하는 것이 아니라는 것도 사실이다.

나는 이 의견이 모든 학자에게 인정받았던 것은 아니었고, 특히 슈탈[144]은 이 의견을 대단히 경멸했다는 점을 모르지 않는다. 저 위대한 화학자는 영혼이 우리가 행하는 모든 운동의 유일한 원인임을 우리에게 설득시키고자 했다. 그러나 그는 광신도로서 그렇게 말한 것이지 철학자로서는 아니었다.

슈탈의 가설을 무력화하기 위해 나보다 앞서 많은 사람이 그토록 많은 노력을 기울이는 것을 봤지만 그럴 필요도 없었다. 그저 바이올린 연주자를 한번 바라보기만 하면 된다. 그의 손가락은 얼마나 유연히, 얼마나 민첩히 움직이는가! 손가락 움직임이 하도 빨라서 어떻게 이어지는지 보이지도 않는 것 같다. 그런데 나는 슈탈주의자들에게 제발 부탁드리건대, 아니 우리의 영혼이 무엇을 할 수 있는지 정말 잘 알고 계시는 그분들에 맞서 도전하건대, 영혼은 도대체 어떻게 그 많은 운동을, 영혼과 대단히 멀리 떨어져 있고, 또 그토록 다양한 곳에서 일어나는 운동을 그렇게 빨리 실행할 수 있는 것인지 내게 말씀 좀 해보시기 바란다. 그것은 플루트 연주자[145]가 그저 손가락을 일일이 가져다 댈 수도 없을, 자기조차 알지 못하는 수많은 구멍 위에서 화려한 카덴차를 연주할 수 있으리라고 가정하는 일이다.

그러나 에케 씨[146] 말대로 모든 사람이 코린토스에 갈 수 있는 것은 아니라고 말해보자. 슈탈이라고 왜 화학자와 의사[147]로서보다 인간으로서 자연으로부터 더 많은 혜택을 못 받았겠는가? 그는 (저 훌륭한 인간!) 다른 인간들과는 다른 영혼을,

최고의 영혼을 받았을 것임에 틀림없다. 그의 영혼은 '수의隨意'적인 근육에 영향을 행사하는 것으로는 만족하지 못해서 신체 운동 전부를 수월하게 장악하고, 운동을 중단시키고, 진정시키고, 자기가 원하는 대로 자극할 수 있었다! 영혼이라는 전제 군주로서의 여주인은 어떤 의미로는 심장 박동과 순환의 법칙을 손에 쥐고 있으니, 분명 발열도, 통증도, 무기력도, 수치스러운 발기 부전도, 난처한 음경 강직증도 없다. 영혼이 원하면 동력이 작동하거나, 일어서거나, 느슨해진다. 슈탈이라는 기계를 움직이는 동력은 어떻게 그리 일찍 고장이 나고 말았을까! 그처럼 위대한 의사를 제 안에 갖춘 사람이라면 불멸의 존재가 되었을 텐데 말이다.

더욱이 슈탈 혼자만 유기체의 진동 원리를 받아들이지 않았던 것은 아니다. 더 위대한 정신을 가진 사람들도 심장의 작용과 성기의 발기 등을 설명하고자 했을 때 그 원리를 적용하지 않았다. 부르하버의 『의학 강의』[148]를 읽어보기만 해도 저 위대한 인물이 모든 신체가 자기 내부에 그토록 놀라운 힘을 갖는다는 점을 가정하지 않고서도, 자신의 강력한 천재를 쏟아부어 매력적이면서도 결코 쉽지 않은 체계를 창출해냈음을 알 수 있다.

레이덴의 저명한 교수 부르하버는 자기보다 역량은 덜하지만 자연을 진득하게 관찰했던 윌리스와 페로[149]를 말하자면 한 다리를 거쳐 다른 사람을 통해서 알았는데, 뒤의 두 사람은 우리가 말하고 있는 원리보다는, 일반적으로 영혼이 신체 전체에서 발산되고 있다고 전제하고자 했던 것 같다. 그런데 이 가설은 베르길리우스와 모든 에피쿠로스주의자들[150]이 주장했던 것으로 언뜻 보기에는 폴립 이야기가 이 가설을 뒷받침하는 것 같다. 주체가 죽은 뒤에도 계속 존속하는 이 운동은 주체 내부에 내재한 것으로, 피와 정기의 자극이 없이도 수축하는 부분들에 여전히 남아 있는 '영혼의 잔여'에서 온다. 이로부터 우리는 이 저자들이 그들의 견고한 저작들로 모든 철학적 우화들을 지워버렸음을 알 수 있다. 그들이 잘못 생각한 부분이란 물질에 사유의 능력을 부여했던 사람들의 모델을 따랐다는 것뿐이었다. 내 말은 그들이 모호하고 전혀 의미 없는 용어로써 자기 생각을 제대로 표현하지 못했다는 것이다. 사실 이 '영혼의 잔여'라는 말이 라이프니츠주의자들이 원동력force motrice[151]이라는 말로 잘못 표현했던 것이 아니라면 무엇이겠는가? 특히 페로는 이 원동력을 어렴풋이나마 예측했다. 그의 『동물운동론*Traité de la mécanique des animaux*』을 보라.[152]

이제 데카르트주의자들, 슈탈주의자들, 말브랑슈주의자들과, 여기에서 언급할 가치도 없는 신학자들에 반反하여, 물질은 예를 들면 심장 전체에서처럼 유기적으로 구성되어 있을 때는 물론, 심지어 이 유기적 구성이 파괴되었을 때조차 스스로 운동한다는 점이 명백히 증명되었다. 그런 이상 인간의 호기심은 어떻게 한 물체가 본래 생명의 숨결을 타고났다는 이유로 감각의 능력에 더해, 결국 사유의 능력까지 갖추게 되는지 알고 싶은 것이다. 아 빌어먹을! 이 문제를 해결하려고 철학자들이 안 해본 노력이 무엇인가! 그러면서도 나는 이 주제를 횡설수설하고 있는 얼마나 많은 책을 참고 읽어야 했던가!

이 경험으로 우리가 배운 모든 점은 운동은 비록 아주 약하더라도 하나 또는 여럿의 섬유에 남아 있을 때 그 섬유에 자극을 주기만 하면 거의 꺼져버린 그 운동을 되살려 촉진할 수 있다는 것이다.[153] 이 점은 수많은 경험으로 확인할 수 있었으며, 나는 그 경험들을 통해 모든 체계를 압박하고 싶었다. 그러므로 운동과 감정은 신체 전체에서 서로 자극할 뿐 아니라, 완전히 구조가 파괴된 신체에서도 그러하다는 점이 확실하다. 어떤 식물들 중에서도 운동과 감정이 결합된 똑같은 현상이 나타나지만 여기서는 넘어가기로 하자.

그러나 또 얼마나 많은 탁월한 철학자들이 사유란 그저 감각 능력에 불과하며, 이성적인 영혼이란 결국 관념들을 숙고하고 추론하고자 하는 감각적인 영혼에 불과하다는 점을 증명했던가! 이 점만 보더라도 졸중, 마비, 강경증 등에서처럼 감정이 사라지면 사유 역시 사라진다는 점이 증명되리라. 그러므로 영혼이 혼수성 질환에 빠졌어도 사유는 계속하지만 무슨 생각을 했는지는 기억하지 못할 뿐이라는 의견을 개진했던 사람들은 우스꽝스러운 것을 옹호한 셈이다.

이렇게 전개되는 문제에서 그 메커니즘을 시간을 들여 연구하는 것은 어리석은 일이다. 우리는 운동의 본성이나 물질의 본성이나 모르기는 마찬가지이다. 『영혼의 역사』의 저자의 의견을 따라 '실체형상'이라는 이해하기 힘든 고대의 난해한 이론을 되살리지 않는 한 운동이 어떻게 이루어지는지 발견하는 방법은 없다! 그러므로 나는 빨간 유리판이 없이 태양을 바라볼 수 없는 것처럼, 정지해 있는 단순한 물질이 어떻게 운동을 하게 되고 복잡한 기관을 갖추게 되는지 몰라도 그저 마음만 달래는 것이다. 도저히 이해할 수 없는 자연의 다른 경이들, 과거 우리의 협소한 시선으로는 그저 작은 진흙 덩이로밖에 보이지 않았던 존재가 갖게 된 감정과 사유의 산물의 문제에 대해서도 나는 그 정도로 생각한다.

그렇지만 유기물질이 운동 원리principe moteur를 갖추고 있으며 그 원리만이 유기물질을 유기물질이 아닌 것과 구분해준다(아니, 결코 반박할 수 없는 이 관찰에 인정 못 할 것이 하나라도 있는가?)는 것과 모든 동물의 차이는 내가 이미 충분히 증명했듯이 구조organisation의 다양성에 달렸다는 점만은 인정해주셔야 한다. 그것만 있으면 실체의 수수께끼와 인간의 수수께끼를 풀기에 충분하다. 세상에 실체는 하나뿐이며, 인간이 가장 완벽한 실체임은 다 알고 있다. 가장 정신이 발달한 동물인 원숭이와 인간의 관계는 쥘리앙 르 루아[154]의 시계와 하위헌스의 행성 추시계[155]의 관계와 같다. 시간을 표시하거나 반복해서 알려주는 것보다 행성들의 운동을 표시하는 데 더 많은 도구, 더 많은 톱니바퀴, 더 많은 태엽이 필요했던 것이라면, 그리고 보캉송[156]이 『오리』를 제작할 때보다 『플루트 연주자』를 제작할 때 더 많은 기술이 필요했던 것이라면, 무엇보다 새로운 프로메테우스의 손에서라면 더는 불가능하다고 간주되지 않을 『말하는 사람』 같은 것을 제작할 때는 훨씬 더 많은 기술을 사용하는 일이 필요했을 것임에 틀림없다. 그러므로 이와 마찬가지로 자연이 꼬박 한 세기를 심장과 정신의 박동을 표시할 수 있을 어떤 기계를 만들고 유지하는 데 더 많은 기술과 더 많은 장치가 필요했던 것은 당연한 일이다. 맥박으로 시간을 재지는 못한대도 적어도 그것은 열과 활력을 측정해주며, 그런 활기를 통해 영혼의 본성을 판단할 수 있다. 인간의 신체가 시계 같은 것이라고 말할 때 나는 잘못 생각한 것이 아니다. 그것은 거대한 시계이고 그것도 대단한 기술과 솜씨로 만들어진 시계인 것이니, 초를 가리키는 톱니바퀴가 멈춰 서버려도 분을 가리키는 톱니바퀴는 계속 돌아가면서 진행해 나간다. 초와 분을 표시하는 톱니바퀴에 녹이 슬거나 무슨 이유 때문이든 고장이 나 멈춰

섰을 때도, 매 십오 분을 표시하는 톱니바퀴는 계속 돌아가고 다른 톱니바퀴들도 이런 식으로 계속된다. 그렇게 몇몇 혈관이 폐색된다고 기계를 돌리는 부속에서처럼 심장에서 운동이 가장 강하게 이루어지는 부분이 충분히 파괴되거나 중단되는 것은 아니지 않은가? 반대로 유체의 부피가 줄어들면 가야 할 길이 더 짧아지기 때문에 새로 나타난 흐름이 휩쓰는 것처럼 더욱 빨리 주파하게 된다. 심장의 힘이 혈관 말단에서 받는 저항에 비례해서 증가하기 때문이다. 시신경만 압박되어 대상의 이미지가 더 이상 통과되지 않을 때, 그렇게 시각이 상실되었다고 청각 상실이 생기는 것이 아니지 않은가? '[귓속의] 무른 부분portion molle'[157]의 기능에 혼란이 일어났을 때 청각이 상실되는데, 그 때문에 시각 상실이 일어나지 않는 것처럼 말이다. 그렇게 한 사람은 자기가 듣는다고 말할 수 없으면서 듣고(병발倂發 이후가 아니라면), 전혀 듣지 못하는 다른 사람이 뇌 속의 혀舌의 신경이 막힘없이 움직인다면 자기 머리에 떠오르는 모든 꿈을 기계적으로 말하게 되는 것은 아니지 않는가? 개화된 의사들은 이런 현상을 보고도 전혀 놀라지 않는다. 그들은 인간 본성의 연구를 어느 지점에서 멈춰야 할지 알고 있다. 지나가면서 하는 말이지만 의사 두 명이 있다면 내 생각에 둘 중 더 훌륭하고 제일 신뢰를 받아야 할 의사는 자연학이나 인간 신체의 작동을 연구하는 데 온 힘을 다 바치는 사람으로, 그는 영혼이며, 그런 공상 같은 생각으로 바보와 무지한 자들을 떨게 하는 불안은 내버려 두고 오직 순수한 자연론naturalisme에만 진지하게 몰두하는 사람이다.

그러므로 차프 씨라는 자가 동물을 기계로 보았던 철학자들을 계속 조롱하도록 내버려 두자.[158] 나는 얼마나 다르게 생각하는가! 나는 데카르트가 모든 면에서 존경받아 마땅한 사람이리라 생각한다. 만일 그가 개화를 필요로 하지 않을 시대에 태어나 경험과 관찰의 가치와, 그 둘을 도외시할 때 생기는 위험을 알았더라면 말이다.[159] 그러나 내가 이 자리에서 로크의 말을 그저 반복하면서 빈정거리기나 하는 저 형편없는 철학자들과는 달리 저 위대한 데카르트에 성실히 수정을 가하는 것이 부당한 일은 아니다. 그런 철학자들은 후안무치하게 데카르트를 맞대놓고 조롱하는 대신, 데카르트 없는 철학의 장場이 뉴턴 없는 뛰어난 정신의 장에서처럼 아마 여전히 황무지로 남았으리라는 것을 느껴보는 편이 나을 것이다.

저 저명한 철학자 데카르트가 정말 많은 부분에서 틀렸음은 사실이며, 이 점을 부정할 이는 아무도 없다. 그렇기는 하지만 데카르트는 동물의 본성이 무엇인지 알았다. 그는 처음으로 동물이란 순전한 기계임을 완벽하게 증명했다. 그런데 데카르트가 그만한 통찰력이 필요한 저 중요한 발견을 했는데도 그가 범한 오류에 관대하지 않는 것이야말로 배은망덕한 일이지 않겠는가!

내가 보기에 그가 범한 오류는 이런 위대한 시인론認으로 수정된다. 데카르트는 언제나 두 실체는 다르다고 노래를 하지만, 그것은 모든 사람을 놀라게 하는 유사 관계에 감춰진 독毒을 신학자들에게 마시도록 하려는 곡예이며, 문체의 책략임이 분명하다. 사실 그 유사 관계를 보지 못하는 사람들은 오직 신학자들뿐이다. 모든 학자와 올바른 판단을 내리는 사람들이라면 저 강력한 유사 관계를 들어, 인간이라는 이름에서보다는 오만하다는 점에서 뛰어난 저 자존심 강하고 건방진 신학자들이 제아무리 드높은 존재가 되고자 하더라도 결국 그들도 그저 동물이고, 수직으로 기어오르려는 기계에 불과하다는 점을 인정하지 않을 수 없기 때문이다. 기계들은 모두 경이로운 본능을 갖고 있는데, 그 본능이 훈련되면 정신의 일부가 되며, 본능의 자리는 항상 두뇌 안에 있다. 두뇌에 문제가 있을 경우, 그러니까 두뇌가 없거나 골화骨化되었을 때 본능은 연수延髓에는 있어도 소뇌에는 없다. 나는 소뇌에 심각한 손상을 입은 사람을 본 적이 있는데, 다른 사람들은[160]* 그 사람이 경성암硬性癌[161]을 가졌으되 영혼은 계속 기능을 수행하는 것을 보았다.

그러므로 기계가 되고, 느끼고, 생각하고, 청색과 황색을 구분하듯 선과 악을 구분할 줄 알고, 한마디로 말해서 지성이며 확실한 도덕 본능을 갖고 태어난다는 것과 그저 한 마리 동물이라는 것은, 원숭이나 앵무새가 되어 저 스스로 쾌락을 마련할 줄 아는 것 이상으로 모순되지 않는다. 이 말을 할 때가 되어서 하는 말인데 교미 시 분출되는 한 방울의 액체로 더없이 큰 쾌락을 느낄 수 있고, 그로부터 작은 피조물이 태어나, 언젠가 어떤 법칙에 따라 똑같은 열락을 즐길 수 있으리라는 것을 누가 경험 이전에 '선험적으로a priori' 알아챌 수 있을 것인가! 나는 사유가 유기물질과 양립할 수 없다고는 생각하지 않으므로 사유는 전기, 운동력, 불투과성, 연장延長 등과 같은 유기물질의 한 속성인 것 같다.

새롭게 이루어진 관찰들을 알고 싶으신가? 비교해보는 일이 필요하다고 생각했던 모든 것에서처럼, 인간이 기원에서 동물과 완벽하게 닮았음을 증명하는 이론의 여지 없는 사례를 여기 들어보겠다.

나는 우리네 관찰자들이 솔직해지기를 바란다. 그들은 우리에게 인간이란 근본적으로 그저 한 마리 벌레일 뿐이고, 애벌레가 나비가 되듯 그 벌레가 자라서 인간이 되는 것이 사실인지 말해야 한다. 더없이 진지한 저자들[162*] 덕분에 우리는 저 극미 동물의 관찰 방법을 배웠다. 하르트수케르[163]처럼 호기심 많았던 모든 사람이 그 극미 동물이 여성의 종자種子가 아니라 남성의 종자에 있음을 확인했다. 그것이 진짜일까 주저했던 사람은 바보들뿐이었다. 정액이 난소에 사정될 때 그 한 방울마다 무수히 많은 벌레가 들어 있고, 그중 가장 재주 좋고 원기 왕성한 벌레가 여성이 제공하는 난卵 속에 침투해서 착상되고, 난은 그 벌레에게 첫 양식을 제공한다. 이 난이 간혹 팔로프 관[64]에 보일 때도 있는데 결국은 이 관을 거쳐 자궁으로 이동한다. 그리고 밀알이 대지에 뿌리를 내리듯 자궁에 뿌리를 내리게 된다. 그러나 그 난이 자궁에서 아홉 달 동안 경이롭도록 큰 존재로 성장하더라도, 피부라고 할 양막羊膜, Amnios[165]을 제외한다면 다른 암컷들의 난과 전혀 차이가 없고, 단단해지는 일 없이 경이롭게 팽창한다. 제대로 자리를 잡아 태어나기 직전의 태아(나는 운 좋게 출산 직전에 사망한 산모에게서 이를 발견할 수 있었다)와 아주 초기의 다른 작은 배아들을 비교한다면 이 점을 확인할 수 있다. 그때 그것은 항상 껍질 안에 담긴 난이며, 난 속에 든 동물로, 그 안에서 움직임이 불편해지면 기계적으로 그 밖으로 나와 태어나고자 하려 들기 때문이다. 그 밖으로 나오기 위해 머리로 막을 찢기부터 한다. 그다음에 닭이며 조류 등이 그러하듯 껍질을 깨고 나온다. 나는 어디서도 발견하지 못한 관찰 한 가지를 추가하겠다. 그것은 양막이 엄청나게 팽창하더라도 더 얇아지지 않는다는 것이다. 이런 점에서 양막은 자궁과 닮았는데, 자궁을 이루는 실질 자체는 체액이 스며들면서 부풀어 오르는 것으로, 혈관 접속부가 포화répiétion 되었다거나 그 전에 접혀 있었던 부분의 전개déploiement와는 무관하다.

난의 껍질 내부에 들어 있던 인간과 외부로 나온 인간을 살펴보고,[166] 현미경으로 4일 차, 6일 차, 8일 차, 15일 차의 아주 어린 배아들을 관찰해보자. 그 이후에는 육안으로도 충분히 볼 수 있다. 무엇이 보이는가? 머리만 보인다. 작고 둥근 난에는 검은 두 점이 나 있는데, 이것이 눈이다. 이 시기가 되기 전에는 형태가 잡힌 것이 전혀 없고 수질髓質, pulpe médullaire 만 보인다. 이것이 두뇌인데, 그 속에서는 먼저 감각의 원리로 서 신경의 시점始點이 형성되고, 심장은 수질 안에서 벌써 홀로 박동의 능력을 갖추고 있는데, 이것이 말피기가 말하는 '뛰는 점Punctum saliens'[167]이다. 아마 그 활성화된 부분을 갖게 된 것은 신경의 영향 때문일 것이다. 머리에서 목이 길어지고, 목이 확장되면서 흉곽이 먼저 형성되는데, 심장은 벌써 여기에 내려와 있다가 그곳에 자리를 잡는다. 그다음에 격막(횡경막) 으로 분리된 하복부가 온다. 이렇게 확장되는 가운데 하나는 팔, 손, 손가락, 손톱, 털이 되고, 다른 하나는 허벅지, 다리, 발 등이 된다. 이 두 가지에 차이가 하나 있다면 신체를 지탱하 고 균형을 잡아주는 그 부위들의 위치의 차이뿐이다. 이런 생장 과정은 정말 놀랍다. 여기에는 정수리를 덮는 머리카락이 있고, 저기에는 잎이며 꽃들이 있는 것이다. 어디에서나 자연은 한결같은 사치로 번쩍인다. 마지막으로 식물의 지도혼指導魂은 인간의 또 다른 정수精髓라고 할 영혼이 있는 자리에 위치한다.

이런 것이 자연의 단일성으로, 이제 우리는 이 단일성이며, 인간에서 식물로 이어지는 동물계와 식물계의 유사 관계를 느끼기 시작했다. 어쩌면 폴립처럼 생장하면서 움직이거나 동물에 고유한 다른 기능을 하는 식물처럼 동물이면서 식물인 것도 있을 것이다.

이상이 발생에 대해 알려진 거의 전부이다.[168] 위대한 학자들이 썼듯이 서로 끌어당기고, 함께 결합하여 이러저러한 자리를 점하게 된 부분들은 모두 그 본성에 따라 통합되고, 그런 방식으로 눈, 심장, 위장, 그리고 마침내 신체 전체가 형성된다는 점은 가능한 일이다. 그러나 우리는 경험을 통해 이 까다로운 사항들 가운데에서 길을 찾지 못하므로, 나는 내 감각으로 분명하게 드러나지 않는 모든 것을 불가해한 신비로 간주하고 어떤 가설도 세우지 않을 것이다. 두 종자가 성교를 통해 만나는 일은 대단히 드문 일이므로 나는 여성의 종자는 발생에 불필요하다고 생각하려 한다.

그런데 이런 간단한 관계면 아이들이 때로는 아버지를 닮고, 때로는 어머니를 닮는 이유가 대단히 잘 설명되는데 그런 것이 없다면 발생의 현상을 어떻게 설명할 수 있을까? 다른 한편, 설명이 어렵다는 난점 때문에 어떤 사실이 무력화되는 걸까? 내가 보기에 활발하지 않은 암컷과든, 더없이 호색한 암컷과든 모든 일은 수컷이 담당하는 것 같다. 그러므로 부분들의 배치는 태곳적부터 수컷의 종자 혹은 정자 벌레에서 생길 것이다. 그러나 이 모든 것은 더없이 훌륭한 관찰자들이라 할지라도 그들의 능력 밖의 일이다. 그들은 이 점을 전혀 이해할 수 없으니 사슴이 달려간 길을 두더지가 판단할 수 없는 것 이상으로 신체의 형성과 발육의 메커니즘의 작동 방식을 판단할 수 없다.

자연의 운행 과정을 모르기로는 우리는 정말 두더지들이나 같으며, 우리가 가는 길도 저 두더지가 가는 길이나 같다. 한계를 갖지 않는 것에 한계를 부여하는 것은 우리의 오만이다. 우리는 다음과 같이 말할 시계와 같은 경우(우화작가라면 시계를 갖고 가벼운 작품에 주인공을 만들 수 있을 것이다)에 처해 있다. "뭐라고! 나를 만든 자가 저 멍청한 노동자라고! 시간을 분할하고, 태양의 진로를 오차 없이 표시하고, 내가 지시한 시간을 우렁찬 목소리로 반복하는 나를? 아니다. 그럴 리가 없다." 마찬가지로 우리는 참으로 배은망덕하게도 화학자들이 말하는 모든 '계系'의 공통의 어머니를 거들떠보지도 않는다. 반면 우리에게 모든 것을 전부 마련해주었고, 이해할 수 없는 방식으로 진정으로 모든 것을 만들어내었던 그 어머니보다 더 우월한 어떤 원인을 상상하고, 더 정확히 말하자면 그런 원인이 있다고 가정하는 것이다. 그런데 그렇지 않다. 물질을 재료로 만든 가장 눈부시게 빛나는 작품들을 보면서도 물질을 무시하는 천박한 눈을 가진 사람들이나 천하게 생각하는 것을 물질은 전혀 갖지 않았다. 자연은 한계가 뚜렷한 노동자가 아닌 것이다. 시계 제작자가 너무도 수월하게 더없이 복잡한 시계를 만드는 것 이상으로, 자연은 그보다 더 수월히, 더 기꺼이 수많은 인간을 만들어낸다. 자연은 그 이상 비루할 수 없는 곤충을 만들 때나, 그보다 더 멋질 수 없는 인간을 만들 때나 똑같이 역량을 펼친다. 동물계를 만드는 것이 식물계를 만드는 것보다 더 어렵지 않고, 세상 제일의 천재를 만드는 것이 밀 이삭 하나를 만드는 것보다 더 어렵지 않다. 그러므로 우리가 지금 보고 있는 것을 통해 우리의 호기심 많은 눈[目]과 연구에 아직 포착되지 않은 것에 대해 판단하고, 그 이상은 그 무엇이라도 상상하지 말자. 원숭이, 비버, 코끼리 등의 활동을 지켜보자. 그들의 활동이 지성 없이 이루어질 수 없음이 명백하다면, 그 동물들도 지성을 갖는다고 하지 못할 것이 무엇인가? 그러니 광신도들이여, 여러분이 동물들도 영혼이 있음을 인정한다면 여러분은 끝장이다. 그렇다고 여러분이 동물의 영혼의 본성의 문제를 확정하지 않았다고 말해보았자 소용없을 것이다. 그것이 근거 없는 주장임은 누구나 알고 있다. 동물의 영혼이 우리 인간의 영혼처럼 불멸인지 가멸인지 누가 모르겠는가? 그러므로 동물의 영혼은 무엇이 됐건 같은 운명을 겪을 것이니, 이는 "카리브디스를 피하려다가 스킬라에게 사로잡히는" 꼴이 아닌가?

여러분의 편견의 사슬을 끊어내시라. 경험의 햇불로 무장하시라. 자연이 여러분을 방치해 둔 무지의 상태에 머물러 자연에 결함이 있다는 결론을 내리는 대신, 여러분은 자연이 받아 마땅한 영예를 마련해주어야 한다. 그저 두 눈을 크게 뜨기만 하면 된다. 그리고 여러분이 이해할 수 없는 것은 그냥 내버려 두시라. 정신과 지식의 폭이 자기가 낸 밭고랑의 한계를 넘지 못하는 저 경작자나, 가장 위대한 천재나 본질적으로 전혀 다르지 않음을 여러분은 아셔야 한다. 데카르트와 뉴턴의 두뇌를 해부해봤다면 그 점이 증명될 수 있었을지도 모르겠다. 여러분은 재치 만점의 원숭이가 형태만 다른 한 작은 인간이나 같듯, 저능한 자나 우둔한 자는 인간의 모습을 한 짐승과 같다고 확신하실 것이다. 결국 모든 것은 절대적으로 구조의 다양성에 달린 일이므로 신체 조성이 훌륭한 동물이 천문학을 배웠으면 식蝕을 예측할 수 있다. 천재도 있고 혜안도 있는 사람이 한동안 어느 히포크라테스 학파에 들어가서 환자들 침상에 붙어살다 보면 낫느냐 죽느냐를 예측할 수 있듯 말이다.[169] 이런 연속된 관찰과 진리를 차근히 모두 거쳐야 물질에 저 놀라운 사유의 특성을 결부하게 된다. 이 속성의 주제는 절대로 알려지지 않은 것이어서 물질과 사유의 관계를 알 수는 없지만 말이다.

모든 기계가, 그러니까 모든 동물이 완전히 소멸되거나, 죽은 다음에 다른 형태를 갖게 된다고 말하지 말자. 우리는 죽음에 대해 전혀 알지 못하기 때문이다. 그렇지만 불멸의 기계를 그저 공상에 불과하다거나, 그것이 '관념적 존재un être de raison'라고 단언하는 일은 자기와 같은 벌레들의 허물을 보면서 이제 사멸하게 될 자기 종의 운명을 비통하게 한탄할 애벌레의 추론만큼이나 터무니없는 것이다. 이 곤충들의 영혼(모든 동물은 각자 영혼을 가지므로)은 자연에서 이루어지는 모든 변신을 이해하기에는 능력이 너무 제한되어 있다. 이 곤충들 가운데 가장 꾀바른 놈이라도 자기가 나비가 되리라는 것을 전혀 상상도 할 수 없다. 그런데 이 점을 놓고 보면 우리도 매한가지이다. 우리의 기원도 모르지만, 앞으로 우리에게 닥치게 될 운명이 어찌 될지에 대해 우리는 무엇을 아는가? 그러니 우리의 행복이 달려 있지만 극복할 수 없는 무지에 복종하자.

이런 방식으로 사유할 사람은 현명하고, 정의롭고, 자기 운명에 흔들리지 않을 테니 결국 행복할 것이다. 그는 죽음을 두려워하지도 않고 또한 죽음을 욕망하지도 않고 자신의 죽음을 기다릴 것이다.[170] 그는 삶을 사랑하는 사람으로, 도대체 열락으로 가득한 이곳에서 어떻게 권태로 마음이 상하는 일이 있는지 잘 이해하지 못한다. 그는 자연으로부터 자신이 받은 감정과 선행에 비례하여 감사, 애착, 애정이 가득하다. 결국 그는 자연을 느끼고 세상의 매혹적인 장관을 바라보며 행복해하므로, 자기 안에서도 타인들 안에서도 그 자연을 파괴하지 않을 것이다. 내가 무슨 말을 하는가! 인류애로 가득한 그는 자기 적들까지도 그들이 가졌을 자연의 성격을 사랑할 것이다. 그가 타인들을 어떻게 대우할지 판단하시라. 그는 악인들을 증오하지 않고 가엾이 여길 것이다. 그가 보기에 그 악인들은 변질된 존재들일 뿐이니 말이다. 그렇지만 그는 정신과 신체의 조성에서 나타난 결함을 너그럽게 대하면서 그런 이들이 가진 아름다움이며 미덕을 찬미할 것이다. 그는 자연이 호의를 베풀게 될 사람들은 자연이 계모로서 대할 사람들보다 더 큰 존경을 받을 자격이 있다고 생각하리라. 그렇게 해서 유물론자의 입과 마음에서는 태어날 때 받은 자연의 선물이며, 그 후에 얻는 모든 것의 원천에서 영예를 찾는다는 것을 알게 된다. 다른 모든 자는 부당하게도 받아들이지 않는 그 영예를 말이다. 결국 오만한 마음이 무슨 말을 속삭이더라도 자신이 그저 기계나 동물에 불과하다는 점을 납득한 유물론자는 자기와 같은 사람들을 함부로 대하지 않을 것이다. 그는 비인간적인 행동들의 본성을 너무도 잘 알고 있다. 그런 행동들은 항상 앞에서 증명한 유사 관계의 정도에 상응하고, 한마디로 말해서, 그는 모든 동물에게 부여된 자연법을 따라, 타인이 그에게 강요하기를 바라지 않는 일을 타인에게 행하려 들지 않는다.[171]

그러므로 인간은 그저 기계이며, 온 세상에는 다양하게 변형된 단 하나의 실체만 존재한다고 과감하게 결론을 내리자. 여기서 그것은 질문과 가정들로 제시된 가설이 아니고, 편견의 산물도 아니고, 내 이성으로만 만들어낸 것도 아니다. 말하자면 내 감각이 횃불을 들고 내 이성을 비추어, 내가 이성을 따르도록 권하지 않았다면 나는 내가 전혀 믿을 수 없다고 생각하는 길잡이를 무시해버린 것일 수도 있었다. 그러므로 나는 경험이 이성을 대변하는 말을 들었고, 그래서 이 둘을 함께 결합했던 것이다.

그렇지만 여러분은 내가 자연학의 수많은 관찰을 하고 난 뒤에야 어떤 학자도 반박할 수 없을 더없이 엄격하고 더없이 즉각적인 추론을 이끌어내었음을 아셔야 한다.[172] 나는 오직 그분들만을 내가 이끌어낸 결과들을 판단하실 분들로 인정하며, 해부학자도 아니고, 여기서 받아들여지는 철학, 즉 신체의 철학의 사정에 밝지 않은 사람은 누구라도 여기서 배제한다. 단단하고 굳센 참나무에 맞서, 허약한 갈대 같은 신학, 형이상학, 스콜라 철학이 할 수 있는 일이 도대체 무엇이랴. 우리네 체육실에서나 쓰는 플뢰레 검과 같은 유치찬란한 무기로는 펜싱 경기의 즐거움은 얻을 수 있겠지만 적에게 상처를 입히지는 못한다. 이들 공허하고 사소한 관념들에 대해, 지상에 편견이나 미신의 그림자가 남아 있는 한, 사람들은 끊임없이 서로 만나고 서로 움직이는 두 개의 실체를 놓고 그것들이 양립 불가능하다고 내놓는 저 가련하고 진부하기 짝이 없는 추론에 대해 도대체 내가 이 자리에서 말할 필요가 있는가? 이상이 나의 체계이며, 더 정확히 말하자면 내가 대단히 잘못 생각한 것이 아니라면 진리이다.[173] 그 진리는 짧고 단순하다. 이제 원하는 자 논쟁하라!

인간식물론

서문

이 글에서 인간은 식물로 변신하고 있지만 이를 오비디우스의 변신[174]식의 허구라고 생각하지는 말기 바란다. 나는 오직 식물계와 동물계의 유사 관계를 통해서 후자의 주요 부분들이 전자에도 있음을 발견한 것이다. 이 글에서 내가 간혹이나마 상상력을 발휘할 때가 있다면, 그것은 말하자면 진리표真理表를 벗어나지 않는 범위 내에서였다. 내가 치열히 연구하는 장場은 자연의 장이다. 그 장場이 자연의 다양성을 감추어버릴 정도로 별반 특이하지 않았다면 그것은 전부 내 탓이다.

제1장

자연의 통일성이 어렴풋이 보이기 시작한다. 아직 약하기는 하지만 이를 비추는 그 빛살은 자연사 연구에서 왔다. 그런데 이 통일성은 어디까지 나아갈까?

그렇지만 자연을 과장하는 일은 삼가도록 하자. 자연은 대단히 통일적이지는 않아서 간혹 가장 애지중지하는 법칙에서 멀어지는 일도 있다. 그러니 모든 것을 보겠다는 헛된 기대는 하지 말고 존재하는 것만을 바라보도록 노력하자. 허황하고 경박한 정신에게는 세상에 함정이나 암초가 아닌 것이 없다.

주된 두 계^界 사이의 유사성을 판단하려면 식물의 모든 부분과 인간의 모든 부분을 비교하고, 내가 인간에 대해 말하는 것을 동물에게 적용해야 한다.

우리 인간 종도 식물과 마찬가지로 원뿌리와 실뿌리가 있다. 요부腰部의 유미조乳糜槽와 흉관胸管이 원뿌리를 이루고, 유관乳管은 실뿌리를 이룬다. 용도도 동일하고 기능도 동일하다. 이들 뿌리를 통해서 양분이 유기체 구석구석으로 운반된다.

그러므로 인간은 두뇌가 뿌리가 되는 뒤집힌 나무[175]가 아니다. 그 뿌리는 제일 먼저 형성된 복부 혈관들이 하나로 합쳐진 결과이기 때문이다. 적어도 복부 혈관들은 그것을 덮어 피부를 만드는 외피보다 먼저 만들어졌다. 식물의 종자에서는 제일 먼저 잔뿌리부터 보이고 그다음에 줄기가 나타난다. 뿌리는 아래로 향하고 줄기는 위로 솟는다.

폐肺는 인간이 가진 잎사귀들이다. 그 잎사귀들이 식물에서는 인간의 폐를 대신한다. 인간에게 없는 잎사귀들을 우리의 폐가 대신하듯 말이다. 식물의 폐인 잎사귀들이 가지들을 갖는다면 그 너비를 넓혀 더 많은 공기를 받아들이기 위해서이다. 그렇게 식물, 특히 나무가 말하자면 더 수월하게 공기를 흡수하게 된다. 우리에게 잎사귀며 나뭇가지들이 무슨 필요가 있었겠는가? 혈관과 폐소포肺小胞의 양이 우리 신체 전체, 그러니까 신체 전체가 차지하는 둘레에 바싹 맞춰져 있으니 우리에게는 그 정도의 양이면 충분하다. 특히 양서류에서 이 혈관과, 혈관에서 이루어지는 순환을 관찰하는 것은 정말 즐거운 일이다!

그런데 하비 같은 사람들이 발견하고 기술했던 것보다 더 식물학과 닮은 것이 또 있겠는가? 프레데릭 라위스[176] 부르하버 등이 인간에서 발견한 수많은 관을 말피기, 레이우엔후크, 스넬 판 로이엔은 식물에서 발견하지 않았던가? 모든 동물은 심장이 뛰지 않는가? 심장은 기계 전체에 생명과 감각을 운반하는 이 핏줄기들로 혈관을 부풀리지 않는가? 열熱이란 자연의 또 다른 심장이요, 지구와 태양이라는 불덩이로, 시인들은 그 불로 상상력을 자극받아 그것을 그려냈던 것 같다. 이 불이 식물의 관 속으로 수액이 순환토록 하는데 내 말은 그 과정이 우리가 땀을 흘리는 것이나 같다는 것이다. 사실 세상 만물의 싹을 틔우고, 성장하게 하고, 꽃을 피우고, 개체를 늘리는 데 열이 아닌 다른 원인이 있을 수 있겠는가?

공기가 식물에서 만드는 것과 동일한 효과를 인간에서는 미세한 신경액神經液[177]이 만들어낸다. 이 신경액은 수많은 실험을 통해 존재한다는 점이 증명되었다.

이 공기라는 원소가 자극과 탄성을 통해 간혹 식물을 물 위로 자라게 하고, 우리가 손을 쥐었다 펴는 것처럼 봉우리를 여닫게 한다. 이런 현상을 고려해서 에테르가 동물 정기에 들어가 이 둘이 신경 속에서 섞인다고 주장하는 의견이 생긴 것 같다.

꽃에 화판, 혹은 '꽃잎'이 있다면 우리는 이 부분을 우리의 팔과 다리와 동일하다고 간주할 수 있다. 튤립이며, 장미 등과 같은 꽃에서 꿀이 저장된 곳이 넥타리움ᐨnectarium인데 우리 인간 종과 비교해본다면 암컷 식물이 수컷으로 인해 돌게 되는 젖을 저장하는 곳이다. 넥타리움은 둘이며, 그 자리는 각 꽃잎 곁 밑동에 있는데, 인간 종으로 치자면 대단히 큰 근육인 대흉근 상부에 바로 면해 있다.

처녀의 자궁, 더 정확히 말하자면 임신 경험이 없는 자궁, 혹은 이렇게 말하는 것이 좋다면 난소를 아직 수정이 이루어지지 않은 종자로 볼 수 있다. 암술대[178]는 질이고, 외음부며 비너스의 둔덕은 암술머리에 해당한다. 이 부위의 샘腺에서 냄새가 발산된다. 그리고 자궁, 질, 외음부 전체가 암술을 이룬다. 현대의 식물학자들은 암술이라는 말로 식물의 암컷 부위 전체를 가리킨다.

나는 임신 상태의 자궁을 과피果皮에 비유하는데, 자궁의 기능은 태아를 감싸는 데 있기 때문이다. 식물에게 씨앗이 있듯이 우리에게도 씨graine가 있으며, 간혹 너무 풍부하게 갖추는 사례도 있다.

그저 간단히 살피고 넘어가는 것으로 그치고자 한다면 넥타리움의 존재 여부를 통해 성性 구분이 가능하다. 그렇지만 가장 쉬운 연구가 가장 확실한 연구인 것은 아니다. 여성의 정수를 갖추려면 넥타리움에 암술이 이어져 있어야 한다. 넥타리움 없는 암술은 있을 수 있어도 암술 없는 넥타리움은 있을 수 없다. 살집이 상당해서 여성의 것을 닮은 유방을 갖춘 데다, 모르가니를 비롯한 많은 사람이 보고하듯이 심지어 젖이 나오기까지 하는 남자들의 경우가 아니라면 말이다. 내가 여러 번 언급한 가슴이 없는 여성의 경우처럼 생식기를 갖추지 않은 여성도 여성이라고 부를 수 있을지 모르지만 어쨌든 그녀들은 성을 갖지 않은 존재이다. 그것은 포도나무, 특히 재배된 포도나무에서 솟은 싹과 같다.

나는 꽃받침, 더 정확히 말해서 꽃부리corolle에 대해서는 언급하지 않겠는데, 나중에 말하겠지만 인간은 갖추지 않은 것이기 때문이다.

코르넬리우스 아그리파[179]가 이미 이뤄놓은 분야에 발을 들이고 싶지는 않으니 이 정도로 해두겠다. 나는 우리 인간 종의 가장 아름다운 식물, 즉 여성을 식물학적으로 기술했다. 현명한 여성이라면 꽃으로 변했대도 꺾기가 더 쉽지 않을 것이다.

우리 남자들은 그저 잠깐 살펴보고 지나가도 충분하다. 프리아포스[180]의 아들인 남자는 결국 정자 동물이며, 우리의 수술은 원기둥 모양의 관 속에 둘둘 말려 있는데 그것이 음경이며, 정자는 수태를 가능하게 하는 화분花粉이다. 하나의 남성만을 갖는 식물과 닮은 우리는 홑수술monandria이라 하겠으며, 인간의 여성도 질이 하나뿐이니 홑암술monogynia이라고 하겠다. 인간 종은 여성과 남성이 분리되어 있으니 암수 딴 그루die-ciae의 강綱에 들어갈 것이다. 나는 그리스어에서 파생한 단어들을 사용했는데 이는 린네의 고안이다.

나는 식물과, 이미 형성이 끝난 인간 사이에 압도적으로 나타나는 유사 관계를 먼저 제시해야 한다고 생각했다. 그때 유사 관계가 더욱 뚜렷하고 더욱 이해하기 쉬워지기 때문이다. 여기에 발견하기 까다로운 유사 관계가 하나 있는데, 나는 두 계界의 발생 과정을 살피면서 이 관계를 끌어내고자 한다.

식물은 암컷과 수컷이 있고, 사람처럼 성교le congrés[181] 과정에서 몸을 흔든다. 그런데 온전히 자연 전체를 다시 만들어내는 이 중요한 활동은 어떻게 이루어지는가? 꽃의 수술을 덮고 있는 화분花粉 알갱이들에서 무한히 작은 입자들이 나오는데 그 입자들은 이 화분의 외피에 싸여 있다. 니덤[182]의 주장에 따르면 이 외피는 알卵이나 거의 다름없는 것인데, 이는 사실이다. 내가 보기에 우리 남성의 정액 방울은 이들 화분 알갱이들에, 극미동물은 작은 입자에 꽤 잘 대응하는 것 같다. 실제로 인간이 갖는 극미동물은 두 종류의 액체에 들어 있고, 그 대부분은 전립선에서 분비되는 체액le suc으로, 더없이 값진 액체를 감싸고 있는데 이것이 엄밀한 의미의 종자la semance이다. 식물 화분의 알갱이의 예를 따라 본다면 극미동물들은 정말 아주 작은 크기로 만들어진 인간 식물을 포함하고 있다.

나는 그토록 쉽게 볼 수 있는 것을 니덤이 왜 부정할 생각을 했는지 모르겠다. 꼼꼼한 자연학자인 니덤은 오직 경험만을 따른다고 인정되는 학파의 일원이었는데도 한 종種을 관찰하고 나서 동일한 현상이 자기 입으로도 자기가 관찰해본 적이 전혀 없었다고 했던 다른 종에서도 틀림없이 발견될 것이라는 결론을 어떻게 뻔뻔히 내리는 것일까? 그런 결론들은 한 가설 ― 애석하게도 그런 발견이 일어나지 않았으므로 가설이라는 이름만은 쓰지 말아야 하지만― 의 영예를 위해 끌어냈던 것이지만, 내 말은 실상 그 가설을 내세운 저자들에게 전혀 영예가 되지 못한다는 것이다. 니덤처럼 학문에 많은 기여를 한 뛰어난 사람이 조프루아 씨의 기여를 약화시킬 필요는 없었다. 내가 조프루아 씨가 쓴 꽃의 구조와 주요 기능에 대한 논문을 읽고 판단해보건대 그는 식물의 수정이 수술의 화분에 의해 이루어진다는 추정 이상의 것을 세웠다. 말이 나온 김에 이 점을 설명해 보자.

식물의 액은 식물을 수정受精케 하는 물질을 다른 어떤 액보다 더 잘 녹인다. 그래서 이 물질의 가장 미세한 부분만이 목적지에 이를 수 있게 된다.

이는 남성 종자의 가장 미세한 부분이 벌레 인간, 즉 작은 물고기 같은 것을 여성의 난소 속으로 운반하는 것과 마찬가지가 아닌가?

니덤은 수정을 시키는 알갱이들의 작용을 강렬하게 가열된 취관吹管의 작용에 비유한다.[183] 이는 정말 무의미한 생각에 다름없는 것 같다. 자연 자체나 관찰에서는 물론 저 젊고 저명한 영국 자연사가가 식물의 사정射精을 제시해 보여주었던 도판에서도 그렇다.

식물마다 고유하게 가진 수액樹液이, 아무것도 섞이지 않은 물이 그렇게 하듯, 참으로 이해할 수 없는 방식으로 화분 알갱이들에 영향을 주어 작용을 가하는 것이라면, 잠자는 남자의 상상력이 어떻게 발기근과 사정근射精筋에 작용하여 몽정을 일으키는지 더 잘 이해할 수 있지 않을까? 심지어는 간혹 상상력의 도움 없이 그 근육들의 작용만으로 똑같은 일이 일어나기도 한다. 양쪽에서 일어나는 현상들이 한 가지 동일한 원인에서 나온 것이 아니라면 말이다. 나는 여기서 태엽을 일단 감았다가 느슨하게 풀어주는 자극irritation의 원리를 말하려는 것이다. 그래서 아무것도 섞이지 않은 물과 주로 식물의 액이 화분의 알갱이에 영향을 주는 것이나, 피와 정기가 근육과 종자의 저장소에 영향을 주는 것이나 같은 방식의 작용일 것이다.

식물의 사정은 고작 1~2초밖에 지속되지 않는데, 인간이라고 사정이 훨씬 더 오래 지속될까? 나는 그렇게 생각하지 않는다. 금욕 여부에 따라 차이가 나지만 그 차이는 정낭精囊에

축적된 정자의 양이 많은지 적은지에 좌우된다. 날숨을 쉴 때처럼 사정 시간은 더 짧아야 했다. 지나치게 긴 쾌락은 우리를 무덤에 데려갈 수도 있으니 말이다. 공기나 들숨이 부족할 때 각 동물은 생명을 낳기 위해 제 생명을 내놓았을 것이며, 정말 쾌락이 과해서 죽을 수도 있을 것이다.

난소가 있는 것도 동일하고, 난卵이 있는 것도 동일하고, 생식 능력도 동일하다. 아주 작은 정액 한 방울에 무수히 많은 벌레가 들어 있고, 이미 봤듯이 그 한 방울이 수많은 난卵속에 생명을 운반할 수 있다.

양쪽 모두 똑같이 불임이 있고, 똑같이 성적 불능이 있다. 목적지에 이르러 수정을 시키는 알갱이가 너무 적은 것과 같이, 여성의 난卵을 뚫고 들어갈 극미동물의 수도 마찬가지로 적을 수 있다. 그러나 극미동물이 일단 난에 자리 잡으면 거기서 화분 알갱이처럼 영양분을 섭취한다. 그렇게 인간도 식물도 자기 종의 존재를 형성하는 것이다.

난이나 식물의 화분 알갱이를 종자germes로 부르는 것은 적절하지 않은데, 여기서 말하는 화분花粉으로 수태가 되지 않고서는 태아가 되지 않기 때문이다. 이는 남성이 여성의 장기臟器속에 저 자신의 축소판을 쏟아내지 않고서 여성이 아이를 만들 수 없는 것과 마찬가지이다.

이 화분은 어느 정도까지 성숙해야 수분受粉이 가능할까?

인간이 아주 어린 나이일 때 그의 종자는 생식에 적합하지 않다. 우리의 작은 벌레는 니덤의 번역자[184]가 그렇게 추측했던 것처럼 약충若蟲, nymphe의 상태에 머물러 있기 때문일 것이다. 우리가 완전히 녹초가 되어버렸을 때도 똑같은 일이 일어난다. 분명 그때 극미동물은 제대로 영양 공급을 못 받아 죽거나 너무 약하기 때문이다. 동물이 됐든 식물이 됐든 그런 씨를 뿌려봤자 헛일이다. 그런 씨는 수태도 안 되고 아무것도 산출하지 못한다. 때를 가려 아낄 줄 아는 지혜야말로 다산多産의 어머니이다.

양막羊膜, 난포막卵胞膜, 탯줄, 자궁 등은 동물계와 식물계에서 공히 발견된다. 결국 인간의 태아는 오로지 제힘으로 어머니의 감옥에서 나오는 걸까? 식물의 태아, 혹은 신조어를 이용해서 말하자면 배아胚芽, Embrionnée 식물은 성숙해졌을 때 가장 움직임이 적어지게 된다. 이것이 식물의 분만이다.

인간은 다이아나의 나무[185]며, 다른 것들처럼 식물의 방식으로 만들어지는 것은 아니더라도, 적어도 인간은 자궁에 뿌리를 내리는 벌레이기는 하다. 이는 식물의 수정된 종자가 그 자궁 속에 뿌리를 뻗는 것과 같은 것이다. 그런데 이런 생각이 전혀 놀랄 만한 것이 아닌 것이, 니덤이 관찰했듯이 폴립, 삿갓조개[186] 및 다른 동물들도 식물의 방식으로 번식하기 때문이다. 말하자면 이는 인간을 나무처럼 전지剪枝하는 것이 아닌가? 박식하기로 세계에서 으뜸가는 한 저자가 나보다 먼저 이 점에 대해 말했다. 프러시아에는 저 아름다운 남자들이 가득히 숲을 이루고 있는데 이는 작고하신 국왕의 배려와 연구 덕분이다. 관대함은 정신의 영역에서 더 좋은 결과를 낸다. 관대함은 정신의 자극제가 되고, 그것만이 말하자면 마를리 정원의 나무들 모양으로 정신을 다듬을 수 있다. 더욱이 그 나무들이 이전에는 결실을 보지 못했을지라도 앞으로는 더없이 맛 좋은 과일을 맺을 것이다. 그러니 오늘날 문예가 프러시아를 고국으로 삼는대도 놀랄 것이 없다. 또한 정신은 더없이 달콤한 장점을 그토록 많이 가진 군주에게 그것을 기대해도 좋지 않겠는가?

식물 중에도 흑인들이며, 흑백 혼혈인이며, 아마 콜로나 씨의 상상력이 아니라면 전혀 상상력이 관여되었다고 할 수 없는 반점들을 갖고 태어난 존재들이 있다. 기이한 얼룩 반점을 가진 존재며, 괴물이며, 종창腫脹을 달고 태어난 존재며, 갑상선종甲狀腺腫을 가진 존재며, 원숭이와 새의 꼬리를 달고 태어난 존재들이 있는 것이다. 더없이 대단하고 더없이 멋진 유사 관계를 만들어내는 것은 먼로 씨[187]가 증명했던 것처럼 식물의 태아는 배아 난생 동물과 태생 동물의 혼합 메커니즘에 따라 영양을 취한다는 점이다. 식물계와 동물계의 유사 관계에 대해서는 이것으로 충분하다.

제2장

나는 이제 식물계와 동물계의 차이의 문제를 다루는 본 저작의 2부로 넘어왔다.

식물은 땅에 뿌리박고 있고 땅은 식물에 영양을 공급한다. 식물은 욕구라고는 전혀 없고 스스로 수정受精하고 스스로 움직이는 기능은 전혀 없다. 예전에는 식물을 움직이지 않는 동물로 봤지만, 식물은 지성도 없고 감정도 없다.

동물을 움직이는 식물로 보더라도, 동물은 식물과는 완전히 다른 종에 속한 존재로 간주될 수 있다. 동물에게는 스스로 움직일 힘이 있고, 동물에게 운동은 전혀 힘든 일이 아니고 운동을 하게 되면 그 운동을 담당하는 신체 기관들이 '건강'해지기 때문만은 아니다. 동물은 느끼고, 생각하고, 자기에게 닥친 무수한 욕구를 채울 수 있다.

이런 다양성의 이유는 내가 이제 말할 법칙과 그 다양성 자체에서 찾을 수 있다.

그 첫 번째 법칙은 어떤 유기체가 더 많은 욕구를 가질수록 자연은 유기체에 그 욕구를 채워주는 수단을 부여했다는 점이다. 다양한 정도의 명민함이 그 수단인데 이것은 동물에게는 본능이라는 이름으로, 인간에게는 영혼이라는 이름으로 알려진 것이다.

두 번째 법칙은 어떤 유기체가 필요로 하는 것이 더 적을수록 먹고 자라는 데 어려움이 더 적고, 지성이 차지하는 몫은 훨씬 적어진다는 것이다.

세 번째 법칙은 욕구를 갖지 않은 존재들은 또한 정신을 갖지 않은 존재라는 것인데, 이 세 번째 법칙은 앞의 두 법칙에서 나온다.

유모의 젖을 물고 계속 젖을 빠는 아이를 보면 꼭 식물과 같다는 생각이 든다. 식물은 땅의 젖먹이로, 죽어서야 땅의 가슴을 떠난다. 식물은 생명이 지속되는 동안 땅과 일체를 이루고 땅과 식물의 장기臟器는 하나가 되어 억지로 힘을 가하지 않고서는 분리할 수 없다. 그러므로 식물은 먹고살 것을 얻을 걱정도, 불안도 없게 되니, 그 결과 이 점에 있어서는 욕구가 전혀 없다.

식물의 사랑은 어렵지 않게 이루어진다. 식물은 발생의

두 가지 도구를 제 안에 모두 갖추어 스스로 수태가 가능한 자웅동체이거나, 꽃마다 성性이 나뉜대도 꽃들이 서로 너무 멀리 떨어져 있지만 않으면 충분히 결합할 수 있기 때문이다. 간혹 둘이 떨어져 있거나, 심지어는 지나치게 멀리 떨어져 있어도 두 성의 결합이 이루어질 때도 있다. 폰타누스의 종려수188가 원거리에서 수정이 되는 나무들의 유일한 사례인 것은 아니다. 식물의 사랑의 전령인 바람이 수컷 식물의 정자를 암컷 식물로 가져온다는 것은 오래전부터 알려진 사실이다. 물론 인간의 여성과 남성은 아무리 바람이 심하게 분대도 이와 같은 위험을 겪지 않는다.

땅은 식물의 유모일 뿐인 것은 아니다. 어떤 의미로는 식물을 위해 일하는 노동자이기도 하다. 식물에 젖을 주는 것으로 그치는 것이 아니라 옷도 입힌다. 땅은 식물을 먹이는 수액으로 몸을 감싸는 의복을 지을 줄 안다. 그 의복이란 내가 이미 언급했던 꽃부리로, 더없이 아름다운 색들로 장식되어 있다. 남성도 그렇지만 특히 여성은 낮 동안에는 의복이며 다양한 장신구를 갖췄다가, 밤이면 실오라기나 하나 걸친 꽃들과 같다.

우리 인간 종이라는 식물과 대지를 수놓은 식물은 얼마나 다른가! 밤하늘에 빛나는 별들의 경쟁자들인 식물은 다채로운 빛깔의 화려한 초원을 만들어낸다. 그렇지만 고통도 즐거움도 느낄 줄 모른다. 무엇하나 균형이 잘 맞춰지지 않은 것이 없다! 식물은 살아가고 죽으면서도 살고 죽는 것을 느끼지 않는다. 즐거움 없이 살아가는 자가 죽을 때는 고통을 느껴야 한다는 것은 부당한 일이다.

식물은 영혼이 없을 뿐 아니라, 영혼이라는 실체는 식물에 불필요하다. 동물적 삶이 필요로 하는 것은 전혀 갖지 않고, 어떤 종류의 불안도 없다. 마음 쓸 일이며, 처신할 일이며, 욕망이며, 지성의 일말의 흔적도, 맹인에게 빛이 그렇듯 식물에게는 불필요하다. 철학적인 증거가 부족하대도 우리 감각이 마련하는 그런 근거로는 식물에 영혼이 있다고 할 수 없다.

바위나 배船에 단단히 붙어 있거나 지구 내부에서 형성되는 모든 물질은 더더군다나 본능이라는 것이 없다.

광물은 아마 인력의 법칙[189]에 따라 만들어지는 것 같다. 그래서 철은 금을 끌어당기지 않고, 금도 철을 끌어당기지 않으며, 모든 이질적인 부분들은 서로 밀치고, 오직 동질적인 부분들만이 결합하거나 서로 하나의 물체를 만들어낸다. 그렇지만 이런 발생에 대해 다들 아무것도 모르고 있으니 그 무엇도 단정 지어서는 안 된다. 나는 화석이 어떻게 만들어지는지 모른다. 그렇다고 이 물체들이 어떻게 형성되는지 설명하기 위해 영혼이라는 것을 내세우거나 더 정확히 말하자면 영혼이 존재한다고 가정해야 할까? 멋진 일이지 않은가? 내 말은

(특히 사람처럼 많은 혈관을 가진 유기체의 외피를 벗겨낸 다음이라면) 물체들에 단순하고 개략적이고 압축적인 하나의 구조를 부여하는 일은 멋진 일일 것이란 말이다!

이 모든 영혼이 모든 계界에 차고 넘친다고 보았던 상상력이여, 저 고대의 환상이여! 미세한 숨결을 불어 넣어 그 영혼을 되살려내고자 했던 현대인들의 어리석음이여! 그들의 이름과 망자의 혼이 고이 잠들도록 내버려 두자. 독일인들의 갈레노스라 할 세네르트[190]는 지나치게 가혹한 평가를 받았으리라.

나는 그들이 했던 모든 말을 난해difficiles nugae[191]하다는 가치밖에 없는 철학적 유희며 하찮은 짓일 뿐이라고 간주한다. 돌石보다 비교도 할 수 없을 만큼 빨리 이루어지는 식물의 성장을 설명할 목적으로 영혼의 도움을 받아야 할까? 가장 무른 물체에서 가장 단단한 물체까지 모든 물체의 생장 과정에서 모든 것은 정도의 차이는 있지만 대지에서 나온 영양액sucs nourriciers에 달린 것이 아닌가? 그 영양액이 다양한 정도의 강도로 더 단단하거나 덜 단단한 더미에 가해진 것이다. 그러므로 사실 나는 백 년 동안 바위가 커지는 것보다 일주일 동안 식물이 생장하는 것이 더 빠르다는 점을 알고 있다.

그렇기는 해도 고대인들이 일반 영혼과 개별 영혼이 있다고 생각했던 것을 용서해야 한다. 고대인들은 실험 물리학이며 해부학을 몰랐으니 물체의 구조와 조직을 깊이 탐구하지 않았다. 그래서 고대인들은 아이들이나 야만인들처럼 이 모든 것을 이해할 수 없었음이 틀림없다. 아이들이나 야만인들의 경우 처음으로 시계를 보고 시계가 태엽으로 돌아간다는 것을 몰라서 그것이 살아 있거나 자기들처럼 영혼을 가졌다고 생각하는 것이다. 우리라면 시계라는 단순한 장치, 그러니까 그 인공 기계를 눈으로 바라보기만 해도 충분하지만 말이다. 저 인공 기계는 정말이지 그 기계에 고유한 영혼이 아니라, 지성을 가진 노동자의 영혼을 전제로 한다. 그 노동자가 아니라면 우연이라도 태양의 진행과 시간을 표시하기란 불가능하다.

우리는 세상에는 신과 운동 말고 다른 영혼이 존재하지 않으며, 식물에는 열熱 말고 다른 영혼이 존재하지 않는다는 것을 보여준 자연학을 통해 훨씬 더 개화되었고, 해부학의 칼로 우리 인간과 동물만큼이나 식물에서도 성공적으로 실행된 해부 작업을 통해 더욱 개화되었고, 식물의 발생 과정을 발견케 했던 현미경 관찰로 더 많은 것을 배웠다. 그러니 비록 우리가 앞에서 인간과 식물 사이에 대단히 큰 유사 관계가 있음을 제시하기는 했지만, 그래도 인간과 식물이 서로 닮은 이상으로 서로 다르다는 점을 알아야 우리는 크게 눈을 떠 수많은 발견을 할 수 있다. 사실 인간은 지금까지 알려진 모든 존재 가운데, 당연히 그래야 마땅했던 것처럼 가장 많은 영혼을 가진 존재이다. 식물은 광물을 제외한다면 모든 존재

가운데 영혼을 갖기는 했어도 가장 적은 영혼을 가진 존재이다. 그러니 어떤 대상에도 집착하지 않고, 아무런 욕망도 갖지 않고, 정념, 악덕, 미덕은 물론, 무엇보다 욕구라곤 없는 아름다운 영혼이라면 제 신체에 영양분을 공급할 생각조차 하지 않을 것이다.

영혼 없는 물체corps sans âme인 식물과 광물 다음에 살아 움직이기 시작하는 존재들이 나타난다. 폴립이 그런 존재들이며, 지금까지 알려지지 않았어도 시간이 흘러감에 따라 트랑블레와 같은 사람들이 운 좋게 발견하게 될 동물이면서 식물인 존재들이 오는 것이다.

내가 말하는 동물이면서 식물인 존재들은 식물의 본성을 더 많이 가질수록, 본능은 더 적어지고, 신체 작용의 분별력도 더 적어진다.

반면 그 존재들이 동물적인 성격을 더 많이 갖거나 우리 인간과 같은 기능을 더 많이 수행하게 될수록 이 값진 선물을 더욱 넉넉히 갖출 것이다. 이 존재들은 식물계와 동물계 사이에서 나온 아이들이므로 나는 그들을 인접한 존재 혹은 혼합된 존재로 부르는데, 한마디로 말해서 먹이를 찾기 위해 더 많이 움직이지 않을 수 없으므로 그만큼 더 많은 지성을 갖게 될 것이다.

위에 말한 동물이면서 식물인 존재들 가운데 나타나는 가장 정신적인 존재 다음에, 동물 중에서 가장 낮고 가장 하등한 동물, 실제로 이런 유의 모든 존재 가운데 가장 움직임이 적거나 먹이나 암컷을 찾는데 가장 수고를 덜 들이는 존재들이 나타난다. 그렇지만 이런 존재들도 동물이면서 식물인 존재들에 비한다면 조금 더 많이 움직이고 조금 더 많은 수고를 들인다. 그래서 가장 하등한 동물은 간발間髮의 차이만큼 더 많이 움직인다고 해도 더 많은 본능을 갖게 될 것이다. 다른 모든 동물의 경우도 마찬가지이다. 그 동물들을 괴롭히는 불안에 비례하여 더 많은 본능을 갖는다. 필요에 따라 획득되는 이런 지성이 없었다면 이 동물은 목을 길게 늘일 수도 없을 것이고, 저 동물은 기어갈 수 없을 것이고, 다른 동물은 고개를 숙이거나 위쪽으로 들고, 날고, 헤엄치고, 걸을 수 없을 것이다. 그들이 그런 행동을 하는 것은 분명히 먹이를 찾기 위한 것이다. 노력을 하지 않기에 가장 땀을 덜 흘리는 짐승들이 끊임없이 생기는 손실을 회복할 능력이 없다면 그 동물의 모든 개체는 계속 살아갈 수 없어서, 태어나는 족족 죽어 나갈 것이고, 말하자면 베르길리우스가 그의 꿀벌 시편에서 멋지게 찬양했던[192] 신의 일부라고 할 영혼을 신이 모두에게 부여하지 않았다면 결국 생명체는 태어나보았자 아무런 소용이 없을 것이다.

제3장

    이런 생각을 해보는 것보다 더 매혹적인 것은 없다. 눈으로는 분간할 수도 없이 작은 단계로 이루어진 사다리를 자연은 그 모든 다양한 산물 중에 말하자면 한 단계도 건너 뛰어가는 일 없이 정확히 그 모든 단계를 밟아 나아간다는 생각 말이다. 세상의 장관은 정말이지 우리에게 엄청난 그림을 보여주지 않는가! 그곳에서는 모든 것이 조화롭고 무엇 하나 단절된 것이 없다. 백白에서 흑黑으로 나아갈 때 무수한 작은 차이들이며 단계들을 거침으로써 마련되는 색의 이러한 이행은 너무도 보기 좋다.

    인간이 백이면 식물은 흑인 식이다. 네발동물, 조류, 어류, 곤충, 양서류는 우리에게 중간색들을 보여주면서 두 색의 선명한 대조를 완화한다. 그 중간색들이 없었다고 해보자.

나는 그것을 이런 말로 표현해보고 싶은데, 동물들의 서로 완전히 다른 작용들이 없었다고 해보자. 저 오만한 인간이란 동물은 저 역시 다른 모든 동물처럼 진흙으로 만들어졌으면서도 자기가 지상의 신이라고 믿고, 오직 자기만을 숭배했을 것이다.

외형상으로는 그토록 약하고 비천한 동물도 없으니 인간이라는 동물을 바라볼 때 철학자의 자기애는 줄어들고 만다. 우연히 우리가 사다리의 최고 상단에 올랐다고 하더라도 모든 인간의 영혼이 자리 잡고 있는 두뇌(라이프니츠주의자들을 제외한다면)에 정말이지 별것도 아닌 한 가지가 더 많고 적음에 따라 우리는 바로 밑으로 추락할 수 있다는 점을 생각해보고, 우리와 동일한 기원을 갖는 존재들을 무시하지 말자. 사실 그 존재들은 그저 뒷자리에 밀려 있다 뿐, 더욱 안정적이고 더욱 단단히 그 자리를 차지하고 있다.

가장 정신적인 인간으로부터 가장 비천한 식물까지, 심지어 화석으로까지 내려가 보고, 이들 중 가장 낮은 것으로부터 최고의 천재로 다시 올라가 보자. 그렇게 모든 계가 이루는 원圜을 한눈에 바라볼 때 우리는 어디에서나 자연의 저 단일한 다양성uniforme variété을 발견하고 감탄하게 될 것이다. 정신의 끝이 여기인가? 바로 그곳에서 정신이 막 꺼지려는 것이 보인다. 그것은 태울 것이 떨어진 불火이고, 그 불은 다른 곳에서 다시 타오른다. 우리 안에서 빛나는 그 불은 또한 모든 동물의 길잡이인 것이다.

이 자리에 자연사의 기이한 한 부분을 삽입하여 모든 동물의 지성은 그들의 욕구에 비례한다는 점을 증명해볼 수도 있을 것이다. 하지만 수많은 사례며, 수많은 사실을 늘어놓아봤자 무슨 소용일까? 그런 것들은 우리의 지식을 늘리지도 못하면서 부담만 지우고 말 것이다. 더욱이 이 사실들은 내가 정말 자주 철학자들의 일꾼이라고 부르는 지칠 줄 모르는 관찰자들의 책에 전부 실려 있다.

자연의 경이란 경이를 전부 끌어들여 우리를 지겹게 만들고 싶은 사람이라면 그렇게 즐기시라. 어떤 이는 곤충 관찰에 평생을 보내고, 다른 이는 어떤 물고기들의 아가미 막에 작은 뼈들이 몇 개인지 세면서 평생을 보낸다. 원한다면 다른 보잘것 없는 일들은 덮어두고 벼룩이 얼마나 높이 뛸 수 있는지 측정하면서 평생을 보낼 수도 있다. 관심 분야가 철학밖에 없고, 애석한 일이라고는 철학의 한계를 넓힐 수 없다는 것뿐인 나로서는 언제나 능동적인 자연이라는 단 하나의 관점만을 취할 것이다. 나는 자연을 멀리서, 거시적으로 보는 것이 좋다. 일반적인 관점으로 보는 것이 좋지, 개별적인 관점으로, 세부적으로 보는 것은 싫다. 세부 사항들을 살피는 일은 어떤 지점까지는 모든 학문에 필요한 것이기는 하지만 그것은 해당

분야에 전념하는 사람들에게 천재성은 없다는 점을 보여준다. 사물을 바라보는 바로 이런 방식만이 인간이 전적으로 식물이 아닐뿐더러, 이 동물이 아니듯 저 동물도 아니라는 점을 확신할 수 있다. 왜 그런지 이유를 반복해서 말해야 할까? 무한히 더 많은 욕구를 갖기 때문에 무한히 더 위대한 정신을 갖게 되는 것임이 틀림없기 때문이다.

지독히도 보잘것없는 원인으로 인해 엄청난 결과가 만들어졌음을 누가 믿을 수 있겠는가? 매 순간 우리의 비참한 기원과 조건을 떠올려주는 생의 저 모든 성가신 필요들에 딱하게도 예속되어 있음을 누가 믿을 수 있겠는가? 내 말은 그런 원리가 우리의 행복과 존엄성의 원천이요, 더 나아가 신체의 관능보다 훨씬 우월한 정신의 관능의 원천일 수 있음을 누가 믿을 수 있겠느냐는 것이다. 확실히, 우리의 욕구가 신체 기관의 구조의 필연적인 귀결임을 의심할 수 없다면 우리의 영혼이 직접적으로 우리의 욕구에 좌우된다는 것이 명백하다. 그래서 영혼은 욕구가 발생하자마자 그보다 우선인 것이 없이 이를 알리고 만족시킨다. 의지조차 욕구에 복종한다는 점이 틀림없다. 그러므로 우리의 영혼은 욕구의 수에 비례하여 힘과 통찰력을 얻는다고 말할 수 있다. 싸워야 할 적의 수가 많을수록 그만큼 더 용맹해지고 책략을 갖게 되는 군대의 장군과 같다.

치아를 제외한다면 원숭이가 다른 수많은 점에서 인간과

닮았음은 나도 알고 있다. 이 점은 비교해부학으로 증명된다. 그런 닮은 점들만으로도 린네는 인간을 네발짐승의 자리(사실은 그 맨 꼭대기)에 충분히 올릴 수 있기는 했다. 그렇지만 원숭이가 아무리 유순하게 따른다 한들, 네발짐승들 가운데 가장 정신적인 존재인 인간은 배울 수 있는 훨씬 더 수월한 능력을 갖추고 있다. 동물의 탁월한 신체 활동을 칭찬하는 것은 옳으며, 동물의 신체 활동이 인간의 신체 활동에 육박한다고 볼 만하다. 데카르트는 동물들의 활동 능력을 제대로 보지 않았고, 그에게는 그럴 이유가 있었다. 그렇지만 이 문제에 대해 무슨 말을 하고, 아무리 경이로운 사례들을 들지라도, 동물들은 우리 인간 영혼의 우월성에 흠집 하나 내지 못한다. 확실히 영혼이라고 다른 반죽을 썼던 것이 아니고 제조법이 달랐던 것도 아니다. 그렇지만 질적으로는 절대 그렇지 않다. 인간이 동물의 왕이 되고, 인간만이 사회를 만들어 사는 유일한 존재이고, 인간의 재간이 언어를 고안했고, 인간의 지혜로 법과 풍속을 고안했던 것은 바로 인간 영혼이 질적으로 대단히 우월한 데다, 신체 활동의 결과로 인한 초과분의 지식을 가진 덕분이다.

이제 내가 받을 수 있는 한 가지 반박에 대처하는 일만 남았다. 내게 이렇게들 말할 것이다. 당신의 원리가 보편적인 진리였고, 신체의 욕구가 정신의 척도였다고 하자. 그런데 인간은 역으로 출생에 가까울수록 그만큼 성장 속도가 빠르므로 일정 나이까지 그 어느 때보다 더 많은 욕구를 갖게 된다. 그런데 왜 인간은 그 나이까지도 본능이라는 것이 없다시피 해서 끊임없는 보살핌을 받지 않으면 십중팔구 죽음에 이르는 반면, 동물들은 어떻게 태어나자마자 이미 상당한 직감을 갖느냐고, 가설에서는 물론 진실에서도 동물들에게는 거의 욕구라는 것이 없느냐고 말이다.

이런 논변은 무시해야 하는 것은 동물들이 세상에 태어날 때 벌써 어머니 뱃속에서 그들의 짧은 생의 긴 시간을 보냈음을 고려해야 하기 때문이다. 바로 그런 이유에서 동물은 태어날 때 완전히 형성을 마쳤으므로, 예를 들면 태어난 지 하루가 된 새끼 양은 아비와 어미처럼 초원을 뛰어다니고 풀을 뜯는다.

태아로서의 인간의 상태는 상대적으로 더 짧다. 태아가 어머니 뱃속에서 보내는 시간은 그의 긴 일생의 고작 $\frac{1}{25}$에 불과하다. 그런데 인간의 태아는 충분히 형성된 상태가 아니므로 생각을 할 수 없고, 신체 기관들이 단단해지고, 본능의 빛을 만들어내는 그런 힘이 생길 시간이 필요하다. 자갈이 단단하지 않다면 자갈을 부딪쳐도 불씨가 나오지 않는 것도 같은 이유에서다. 갖춘 것 없는 부모로부터 태어난 인간은 동물보다 갖춘 것이 없고 더 약하니 그렇게 빨리 지성을 얻을 수 없다. 그러므로 지성이 한쪽에서는 늦고, 다른 쪽에서는 조숙한 것이 당연하다. 그렇지만 기다린다고 잃을 것은 전혀 없다. 자연은 인간에게 더 변화가 많고 더 섬세한 신체 기관을 마련해주면서 받은 것 이상을 보상해준다.

그러므로 자연은 우리 인간과 같은 분별력을 형성하기 위해서 동물의 분별력을 갖춰주는 데 들인 것 이상의 시간이 필요했다. 이성을 갖추기 위해서는 유년기를 거쳐야 했으며, 인간의 특징을 이루는 장점들을 끌어내기 위해서는 동물로서의 결함과 고통을 대가로 치르지 않을 수 없었다.

태어나는 인간에게 짐승들의 본능을 갖춰준대도, 그의 요람을 에워싼 모든 결함을 보상하는 데는 충분하지 않다. 짐승의 꾀는 사라지고 말 것이다. 반대로 아이에게 가장 꾀가 많은 동물의 본능을 주어보시라. 그 아이는 탯줄을 묶을 수 없음은 물론 유모의 젖도 더 찾기 힘들 것이다. 반면 동물에게 우리 인간이 갖는 최초의 불편을 주어보시라. 동물들은 모두 죽고 말 것이다.

나는 영혼을 생명을 가진 존재들의 자연사의 일부로 고려했다. 그렇지만 나는 한쪽에서 다른 한쪽으로 점차적으로 연속되어 있고, 그러한 점진적인 연속이 그 이유만큼 새로운 것으로 간주하지 않으려고 노력했다. 얼마나 많은 철학자가, 심지어는 신학자들조차 동물도 영혼이 있다고 했는가. 그래서 그들 중 한 명에 따르면[193] 인간의 영혼과 짐승의 영혼의 관계는 천사의 영혼과 인간의 영혼의 관계와 같고, 이런 식으로 올라가다 보면 신의 영혼과 천사의 영혼의 관계와 같게 된다.

옮긴이 해제[194]

본 번역은 쥘리앙 오프레 드 라 메트리Julien Offroy de La Mettrie, (1709~1751)의 대표작 『인간기계론』과 『인간식물론』을 완역한 것이다. 라 메트리는 사망 직전에 자신의 전 작품을 묶어 펴내고자 했는데, 뒤에 언급하겠지만 예기치 않은 사고로 갑자기 사망하는 바람에 그의 생전에 출판된 『철학작품집Œuvres philosophiques』은 제1권뿐이다. 본 번역은 앞의 책을 프랑신 마르코비치가 편집하여 출간한 Œuvres philosophiques, t. I, Fayard, 1987을 주 대본으로 삼고, 여기에 프랑스 철학자이자 정신분석학자인 폴 로랑 아순Paul-Laurent Assoun이 상세한 주석과 해설을 붙여 출간한 비평판 『인간기계론』(Eds. Denoël/Gontier, 1981; Gallimard, 1999)을 같이 보았다. 본 번역의 『인간기계론』에 붙인 주석 중 (A)표시를 한 것은 아순의 판본에서 가져온 것이다. 이 표시가 없는 주석은 모두 번역자의 것이다.

　라 메트리는 프랑스 서북부 브르타뉴 지방의 항구도시 생말로 출신으로, 동시대 수학자이자 천문학자였던 모페르튀(1698~1759)의 동향인이다. 라 메트리의 아버지는 아들을 성직자로 만들고 싶어서 얀센주의 학교에 넣어 신학을 배우게 했지만 그는 이내 신학을 그만두고 의사가 될 작정으로 파리대학 의학부에 등록했다. 그는 품행 단정하고 성실한 학생은 아니었다. 파리에서 의학 학위 취득이 힘들겠다는 생각이 들자 1733년에 랭스로 옮겨 의학 박사학위를 받았다. 당시 랭스는 의학 학위를 훨씬 수월하게 발부해주는 곳이었다. 그 뒤에 그는 네덜란드 레이덴으로 가서 당시 유럽에서 가장 이름난 의사였던 부르하버를 사사했다. 라 메트리보다 다소 일찍 스위스 베른 출신의 알브레히트 폰 할러도 부르하버 밑에서 공부했다. 라 메트리는 『인간기계론』을 할러에게 헌정하는데 할러는 이 헌사를 모욕으로 받아들여 공개적으로 거절했다. 할러는 『주르날 데 사방*Journal des savants*』지 1749년 5월호에 공개 편지를 실어 자신의 입장이 이 유물론 철학자와는 전혀 무관함을 공식적으로 선언했다.
　할러는 부르하버의 강의록을 편집하고 자신의 주석을 달아 1733년부터 1744년 사이에 일곱 권으로 『의학 강의』를 출판하는데, 라 메트리는 바로 할러가 편집한 라틴어 판본을 토대로 삼아 이를 프랑스어로 번역하고, 자신의 주석을 추가하여 여덟 권으로 출판(1743~1750)했다. 사실 할러와 라 메트리의 만남이 있었다면 부르하버의 저작을 사이에 둔 것이었다. 번역자로 의사–철학자의 이력을 시작한 라 메트리는 『영혼의 자연사』(1745) 및 『인간기계론』(1747~1748)의 출간으로 단번에 위험한 사상을 가진 인물로 단죄된다. 이때 그의 동향인으로 베를린 아카데미를 주재하던 모페르튀가 프리드리히 2세를 설득해 라 메트리를 베를린으로 초청하도록 했다. 덕분에 그는 3년 동안 프로이센 계몽 군주의 보호를 받았지만 정작 그를 죽음으로 몰고 간 것은 그의 탐식과 식도락이었다. 어느 날 한 만찬에서 과식으로 인한 소화불량이 원인이 되어 이 철학자는 42세의 나이로 요절했다. 디드로는 라 메트리의 유물론 이론을 기본적으로 취하면서 그가 제시한 의학적 사례를 광범하게 참조했지만 그에 대한 경멸은 초기부터 후기까지 한결같았다. 디드로는 그가 출판한 마지막 저작 『클로디우스와 네로 치세에 대한 시론』에서 라 메트리를 언급하며 "부도덕하고, 파렴치하고, 우스꽝스럽고, 알랑거리기나 하는 [라 메트리는] 궁정 생활을 하고 위인들의 호의를 받기 위해서 태어난 자이다. 폭식과 광기의 희생자로 그는 자기가 죽어야 할 죽음을 맞았다"[195]고 썼다.

라 메트리 저작들을 관통하는 일관된 체계나 사상의 주된 흐름을 파악하기란 어렵다. 그는 필명이나 익명으로 저작을 출판했는데, 한 저작에서 자신의 다른 저작을 언급하면서 비판하는 경우도 자주 있다. 어떤 곳에서는 데카르트주의자로 자처하고, 다른 곳에서는 데카르트의 입장을 단호히 거부한다. 무신론자들과 이신론자들의 '위험'한 논의를 형이상학과 신학이 제대로 비판하지 못하고 있다고 말하면서 정작 그가 공격하는 대상은 무신론과 이신론의 체계가 아니라 무능한 동시대 형이상학과 신학 자체가 된다. 어떤 곳에서는 자연법의 존재를 확신하고 이를 따라야 한다고 주장하는 한편, 다른 곳에서는 교육의 필요성과 가치를 강조한다. 이는 그의 저작들의 목적이 견고한 체계를 제시하는 데 있지 않고, 그가 공격하려는 주제를 무력화하는 동시에, 위험한 사상을 주장하고 있다고 몰릴 수 있는 부분에서는 슬쩍 발을 빼면서 일종의 줄타기를 하고 있기 때문이다. 어떤 점에서는 여러 가지 입장들을 절충하고 있다고 볼 수 있겠지만 디드로와는 달리 그의 '절충'은 개인의 변덕과 유희를 위한 것이다.

그의 주저 『영혼론』과 『인간기계론』에서 라 메트리가 공격하는 주요 주제는 바로 영혼이다. 그리고 그는 신체와 영혼을 구분하면서 이들 각각에게 연장과 사유라는 속성을 부여한 데카르트의 체계를 문제 삼는다. 수동적인 물질을 운동하게 만드는 물질과는 완전히 다른 속성을 가진 어떤 실체가 존재한다면 그것은 도대체 우리 몸속 어디에 존재하는가? 이 문제는 서구 철학사 및 의학사에서 언제나 논쟁적인 것이었다. 라 메트리는 영혼의 자리를 송과선松科腺, la glande pinéale에 두었던 데카르트의 견해를 반박하면서 『영혼론』에서 "데카르트의 주장에 따르면 신체와 영혼은 완전히 상반된 두 개의 본성을 갖는데, 신체는 운동만 가능하고 영혼은 지식만 가능하다. 그러므로 영혼이 신체에 작용하는 것도, 신체가 영혼에 작용하는 것도 불가능하다. 신체가 움직인다고 가정해보자. 영혼은 그 운동을 받아들이지 못하므로 어떤 영향도 받지 않는다. 영혼이 사유한다고 가정해보자. 신체는 운동만을 따르므로 어떤 영향도 받지 않는다"[196]고 쓰면서 상이한 속성을 가진 두 실체가 있다면 이들은 서로 고립되어 있을 뿐 상호 작용이 불가능하다는 점을 강조한다.

물론 이러한 비판이 라 메트리의 독창적인 생각은 아니다. 『성찰』의 여섯 번째 성찰에서 데카르트는 "신체는 본성상 가분적이고 정신은 전적으로 불가분하다는 점에서 정신과 신체 사이에는 대단히 커다란 차이가 있"[197]음을 전제한 뒤, "정신이 신체의 모든 부분의 자극을 즉각적으로 받는 것이 아니라, 단지 뇌로부터, 혹은 뇌의 가장 작은 부분 중 하나의 자극을 받"[198]는다고 본다. 여기서 데카르트가 말하는 뇌의 가장 작은 부분은 둘로 나뉜 좌뇌와 우뇌 사이에 존재하는 송과선이라는 아주 작은 샘腺이다. 그런데 이 문제에 대해 데카르트의 동시대 철학자였던 가상디는 데카르트의 송과선이 아무리 작더라도 그것은 결국 연장을 가질 수밖에 없다고 지적한다. 가상디는 연장을 갖지 않는 영혼을 전제하는 데카르트의 체계에서 설령 이 송과선을 "수학적인 점"으로 생각한대도 문제는 해결되지 않는다고 본다. 신체의 모든 신경이 데카르트가 말하는 아주 작은 한 점에 이른다고 가정한다면 신경 역시 물질이므로 물질이 모이는 자리가 연장을 갖지 않을 수는 없다. 더욱이 신경을 통해 흐르는 동물 정기들 역시 물질이기는 마찬가지이므로 수학적인 점 같은 장소를 지날 수 없다. 가상디에 따르면 "물체는 장소가 아닌 곳에 있을 수 없으며, 수학적인 점 같은 장소가 아닌 곳을 지날 수 없"[199]기 때문이다.

　라 메트리가 데카르트의 신체와 영혼의 결합 문제와 신체 내부에 존재하는 영혼의 자리 문제를 반박할 때 그는 바로 이런 가상디의 비판을 그대로 따르는 것 같다. "영혼의 자리가 어떤 연장을 갖는다면" 영혼은 "신체라는 다른 거대한 연장과 즉각적으로 맞닿아 있으므로 어떻건 연장을 가져야 한다."[200] 그렇게 되면 이제 "영혼이 물질이 아니기에 신체에 영향을 미칠 수 없거나, 영혼은 신체를 여러 가지 방식으로 접촉하고 움직이므로 사실상 물질인 것"이라는 양자택일의 선택만 남는다.

사실상 이 문제에 대한 라 메트리의 추론이 치밀하지 못하다는 점을 인정해야 한다. 그러나 그는 추론의 결함을 자기 스스로 반복적으로 수행한 다양한 의학 실험을 통해 상쇄한다. 여기가 능동적인 운동의 동인으로서의 영혼의 존재와 기능을 인정했던 소위 유심론 철학자들인 "데카르트주의자, 슈탈주의자, 말브랑슈주의자 및 여기서 언급할 가치가 전혀 없는 신학자들"과 분명한 선을 그으면서 "물질은 예를 들면 온전한 심장에서처럼 유기체일 때뿐 아니라, 그 유기체가 파괴되었을 때에도 스스로 움직인다"[201]고 선언하는 부분이다. "사유는 감각 능력에 불과하며, 이성적인 영혼은 관념들을 숙고하고 추론하는 데 적용된 감각적인 영혼에 불과"하다. 라 메트리에 따르면 "졸중, 가사假死상태, 강경증强硬症"은 이 문제에 대한 훌륭한 사례가 된다. "감각의 소멸은 곧 사유의 소멸"[202]인 것이다.

그런데 라 메트리가 이런 방식으로 자신의 입장을 반反데카르트주의로 확정 짓는 것은 아니다. 그가 데카르트의 동물기계론을 인간기계론으로 연장하는 것이 그 한 예이다. 데카르트는 동물의 신체를 무한히 섬세한 톱니바퀴와 태엽으로 구성된 기계로 보고 있다. 신의 피조물인 동물을 구성하는 내부의 모든 기관 중, 개체의 자기 보존과 종의 영속이라는 절대적 목적에 불필요한 부분은 전혀 없다. 또한 이 기계들은 우리의 관찰과 실험으로 이해할 수 없는 복잡한 방식이 아니라 가장 단순하면서도 가장 일관된 방식으로 작동한다고 본다. 그러면서 데카르트는 이러한 동물의 구조l'œconomie animal를 인간의 구조와 비교한다면 복잡성의 정도를 제외하고는 대동소이하다고 주장한다.

> [···] 우선 내가 기술할 기계 전체의 일반 개념을 제시하기 위해 나는 여기서 기계가 거대한 태엽과도 같은 심장에 열을 품고 있으며 기계 내부에 존재하는 모든 운동의 원리를 갖는다고 말하겠다. 그리고 혈관은 관管으로, 신체의 모든 부분들의 피를 심장으로 이끌어내고 피는 심장에서 열을 유지하게 된다. 위장과 창자는 여러 군데에 다수의 구멍을 갖고 있는 훨씬 커다란 관과 같고, 이 구멍을 통해 음식의 즙이 혈관으로 흘러 들어가고 혈관은 그것을 곧장 심장으로 인도하는 것이다.[203]

사실 데카르트의 동물기계론은 사유하는 능력을 인간에게 국한시키면서 동물에 대한 인간의 절대적인 우위를 선언하기 위한 것과는 무관하다. 그가 말하는 기계로서의 동물은 마치 본능적이고 불수의적不隨意的, involontaire이기라도 하듯 자기보존을 목적으로 치밀하게 계산되고 수행되는 부분들로 이루어진 하나의 전체이다. 더군다나 데카르트는 이런 점에서 인간의 신체 역시 기계와 다를 바 없다고 본다. 물론 여기서 기계라는 용어에는 부정적인 데가 전혀 없다. 오히려 인간을 기계에 비유한다는 것은 생명 보존이라는 하나의 목적으로 각 부분들이 긴밀하게 이어져 있다는 점을 강조한다는 데서 인간의 신체적 구조가 단순한 원리를 기초로 상상도 할 수 없는 복잡한 기능을 수행하고 있음을 강조하는 것이다.

한편, 수많은 태엽이 내부에 존재하므로 우리는 해부를 통해서가 아니면 그 구조를 볼 수 없고, 더욱이 그 태엽을 움직이게 하는 동력원이 무엇인지는 아직 밝혀지지 않았다. 그래서 캉길렘의 지적처럼 데카르트가 "동물에게서 영혼, 즉 이성을 거부했다고 그것이 심장의 열로 구성되는 생명을 거부하는 것으로 환원되는 것은 아니"[204]다. 이런 생명의 과정은 완벽히 기계적인 것으로 동물이나 인간에게 공히 발견된다. 설령 우리가 이런 생명의 과정을 경이롭다고 생각할 수 있더라도 결국 그 과정이란 태엽들의 결합이며, 물질 운동의 일반 법칙을 수미일관 따른 결과이다. 동물이 위험을 감지하고 달아난다면 그것은 동물이 어떤 사유나 의지를 따르기 때문이 아니다. 감각을 통해 본능적으로 위험을 감지하게 될 때 동물 정기의 운동이 자동적으로 일어나, 근육에 자극을 전달하여 자기 보존을 위해 위험으로부터 멀리 달리게 만드는 것이다. 설령 우리에게 동물의 어떤 행동이 인간과 동일한 방식으로 사유한 결과처럼 보일지라도, 이는 자신의 행동이 의지와 사유에 의한 것임을 확신할 수 있는 주체로서의 인간이 자신의 방식으로 동물의 운동을 유추한 결과이다.

결국 데카르트의 동물기계론은 역설적이지만 동물이 인간처럼 사유하고 의지에 따라 행동하는지 주체로서의 나는 알 수 없다는 회의론으로 귀결한다. 『성찰』에 대한 여러 철학자와 신학자들의 반박에 답하면서 데카르트는 이 문제를 두고 "나는 […] 동물들에는 어떤 생각도 존재하지 않는다고 주장한 것이 결코 아니"[205]라는 점을 명백히 밝힌다. 예를 들어 나는 내 눈앞에서 운동하는 동물들이 대단히 복잡하고 섬세하게 만들어진 기계임을 해부학과 생리학의 설명을 통해 증명할 수는 있다. 그러나 나는 동물의 내부로 들어가 동물의 운동이 어떤 방식으로 이루어지는지 직접 살펴볼 수 없으므로 동물이 나처럼 사유하는 영혼을 가진 존재라는 점을 입증할 수는 없다.

라 메트리는 데카르트의 이런 회의론을 교묘하게 자신의 방법으로 채택한다. 동물과 인간이 공히 기계처럼 무한히 많은 기계 부속 장치들의 결합과 연동의 결과라면, 그리고 동물의 운동과 인간의 운동 방식에는 절대적인 차이가 아니라 정도의 차밖에 없다면 동물이나 인간이나 모두 기계라고 해도 무방하지 않겠는가? 그래서 라 메트리는 『인간기계론』에서 인간과 동물 사이에 근본적인 차이가 있다는 주장을 반박하며 "다른 모든 동물에게 거부된 한 줄기 빛이 인간에게만 비쳤음을 우리가 확신할 수 있는 경험이 하나라도 있는가? 그런 경험이 하나도 없다면 우리의 존재 내부에서 작용하는 것을 느낄 수 없는 것 이상으로 동물들 내부에서 무슨 일이 일어나는지 알 수 없다"[206]고 잘라 말한다. 사실 데카르트의 논리를 따르자면 우리가 동물의 사유 능력을 받아들이지 않는 이유는 동물이 사유한다는 결정적인 증거를 우리가 갖지 못했기 때문이다. 그런데 티에르 공티에의 지적처럼 이 문제는 동물뿐 아니라 인간을 똑 닮게 제작한 기계를 볼 때 우리가 이 자동인형이 과연 인간처럼 사유할 수 있는지 확신할 수 없다는 점으로 확장될 수 있다.[207] 라 메트리가 언급하는 보캉송의 자동인형처럼 인간처럼 말하고, 움직이고, 음식을 섭취하고, 음악을 연주하는 존재가 그것을 바라보는 주체로서의 내게는 인간인지 자동인형인지 너무 닮아서 구분할 수 없다면, 도대체 어떤 기준을 통해 그 존재를 사유하는 인간인지 기계 운동만을 반복하는 자동인형인지 결정할 수 있는가? 라 메트리는 『영혼론』에서 이미 "내가 감각한다는 것을 확신하는 내 자아의 외부에서 다른 사람들도 감각을 갖는다는 증거가 없다"[208]고 단언한 바 있다. 감각 주체로서의 나는 의심할 수 없이 내가 감각한다는 것을 안다. 그러나 내 감각의 확실성을 내 외부에 존재하는 다른 사람들에게서도 확인할 수 있을까? 나와 그럴듯하게 닮은 그들이 복잡한 기계 장치가 스스로 조작되는 방식으로 운동하고 행동하는 것이 아니라는 점을 어떻게 입증할 수 있을까? 결국 라 메트리는 이런 방식으로 데카르트의 동물기계론을 인간기계론으로 확장하면서 대체한다.

그러므로 『영혼론』과 『인간기계론』에서 라 메트리의 관심은 형이상학과 신학에서 영혼에 부여한 생명의 능동적 원리이자 의지의 원인을 기각하고자 하는 데 있다. 영혼을 물질로 환원한 뒤, 자기 보존을 위한 생명을 가진 존재들의 본능적인 운동에서 어떤 의지와 사유의 기능도 개입할 여지가 없음을 밝히고자 하는 것이다. 이에 대해 라 메트리는 『인간기계론』에서 자신의 생각을 "완전히 충족시키는 실험들"[209]로서 열 가지 사례를 제시한다. 이 사례들은 라 메트리에 따르면 "섬유나 유기체를 이루는 각각의 부분은 그것에 고유한 원리로 움직이며, 그 운동이 혈액 순환과는 무관한 부분들에서 이루어지므로 수의隨意, volontaire 운동처럼 신경에 의존하지 않는다는 점을 이론의 여지 없이 입증"[210]한다. 따라서 적출된 심장의 운동이나 사망 이후에도 신체의 일부에서 나타나는 여전한 운동은 물질 자체의 영혼과는 무관한 '동력인le principe moteur'의 존재를 증명한다.

그런데 라 메트리의 이 주장은 다분히 의도적이다. 여기서 앞서 잠시 언급했듯이 라 메트리가 『인간기계론』의 첫머리에 할러에게 보내는 헌사를 실었음을 기억해보자. 이 헌사는 겉으로 보기에 할러의 학문과 그 깊이에 대한 라 메트리의 존경심이 가득 들어 있는 듯 보이지만 이 헌사의 곳곳에서 괴팅겐대학 의학 교수에 대한 라 메트리의 노골적인 조롱의 표현들을 지적할 수 있다. 부르하버를 공동의 스승으로 삼았던 라 메트리와 할러는 결국 그들의 입장이 서로 다르다는 점을 이해한다. 라 메트리가 보기에 할러는 데카르트의 기계론을 따랐던 부르하버의 체계를 수정하면서 오히려 그들의 스승의 체계와 근본적으로 대립한 반 헬몬트와 슈탈의 입장으로 퇴행하고 있었다. 그렇지만 라 메트리가 1751년 말에 급사하는 바람에 이 문제에 대한 할러와의 논쟁은 이루어지지 않았다.

할러는 1752년에 그의 유명한 논문 『인간 신체 부분들의 감수성과 민감성Se partibus corporis humani sensilibus et irritabilibus』을 발표했는데, 여기서 1751년에 스코틀랜드 출신의 의사 로버트 휘트가 에딘버러에서 출판한 『동물의 생기와 다른 불수의적 운동에 관하여An Essay on the vital and other involontary Motions of Animals』를 비판하고 있다. 이렇게 촉발된 할러와 휘트의 논쟁은 유럽 의학계의 비상한 관심을 끌었다. 앞에 인용한 논문에서 할러의 주장은 인간 신체의 여러 부분을 외부 자극에 보이는 반응에 따라 서로 독립된 두 속성인 민감성과 감수성을 구분해야 한다는 것이다. 예를 들어 그의 분류에 따르면 두뇌, 척수, 신경과 같은 부분은 감수성을 속성으로 갖는 반면, 근육, 심장, 위장, 방광, 생식 기관 등은 민감성을 속성으로 갖는다.

나는 인간 신체에서 어떤 외부의 사물이 조금 강하게 자극했을 때 더욱 짧아지는 부분을 민감하다irritable고 부른다. 외부 접촉이 동일하다고 가정할 때 섬유는 더욱 짧아지므로 그만큼 민감성은 더욱 강하다. 그래서 가벼운 접촉으로 대단히 짧아지는 부분은 대단히 민감한 것이다. […] 나는 자극을 받을 때 그 접촉의 자극을 영혼에 전하는 섬유를 감각적sensible이라고 부른다. 우리가 영혼을 갖고 있는지 전혀 확신할 수 없는 동물들에게서 그 섬유의 민감성이 그들에게 고통과 불편의 확실한 신호를 일으키게 된다. 반대로 완전히 죽음에 이를 때까지 불에 데고, 잘려지고, 찔리고, 상처를 받을 때도 아무런 고통도, 신체 상황에 아무런 변화도 일으키지 않을 때 나는 그것을 무감각하다insensible고 부른다. 이 정의는 우리가 알고 있듯이 고통스러워하는 동물이 상처를 일으키는 원인에 상처 부위를 감추고자 한다는 것에 근거하고 있다. 동물은 상처를 입은 다리를 거두고, 누가 그 다리를 찌르면 몸을 흔들고 그 동물이 고통스러워한다는 점을 우리에게 증명해주는 다른 신호들을 보낸다.[211]

할러가 민감성과 감수성을 구분할 때 이 둘의 근본적인 차이는 후자가 자극을 영혼에 전한다는 데 있다. 그는 데카르트를 따라 동물의 경우 영혼이 존재한다고 생각하지 않으므로 인간과 달리 동물은 민감성만을 갖는다고 본다. 그러므로 할러에 따르면 감수성은 인간만의 것이다. 그는 물질과 영혼으로 인간이 구성되어 있음을 확신한다. 물론 그는 인간의 신체를 이루는 일부 물질들이 외부의 자극에 따라 자발적인spontané 움직임을 보여준다는 점을 인정한다. 그러나 신체에서 분리된 후에도 일정 시간 심장이나 근육이 외부의 자극에 감응하여 운동을 계속하는 것은 할러에 따르면 앞서 말한 신경계와 독립되어 있는 그 부분들이 감수성과는 다른 속성을 갖고 있기 때문이다. 수축성과 탄성은 비단 동물이나 인체의 부분이 아니더라도 모든 물질이 동일하게 갖고 있는 속성이다. 그러나 앞의 인용문에서처럼 감수성은 신경을 통해 두뇌에까지 연결되어 있는 섬유가 갖는 속성으로, 동물 정기는 이 신경계를 거쳐 영혼을 자극하게 된다. 이런 점에서 프랑수아 뒤셰노는 할러의 민감성과 감수성의 구분은 "신경 활동의 요인으로서 영혼의 이론과 신경계에 부여된 기능"을 전제로 하며, 이를 토대로 할러는 "영혼을 의식하는 주체로 인정"[212]한다고 말한다. 다시 말하면 할러의 감수성은 의지와 지성의 실현 원리로 물질의 운동 법칙만을 따르는 민감성과 구분된다는 점에서 기계론과 유물론의 입장과 대립한다.

한편 휘트는 할러가 물질의 운동 원리만을 가질 뿐 생명 원리로 인정하지 않는 민감성의 여러 사례를 연구한 뒤, 할러처럼 불수의적인 운동의 원인인 민감성과 수의적 운동의 원인인 감수성을 구분하는 대신, 신체의 운동은 불수의적 운동이나 혼합적 운동으로 분류해야 한다고 주장한다. 여기서 혼합적 운동이란 휘트에 따르면 "호흡 운동이나 눈 깜박임"[213]처럼 원칙적으로는 의지와는 무관하게 외부의 자극에 불수의적으로 반응하는 운동이면서도, 의지의 작용을 통해서 어느 정도 조절이 가능한 운동을 가리킨다. 예를 들어 외부의 자극은 그대로이지만 숨을 억지로 참거나 눈꺼풀을 내리지 않게끔 노력하는 것이다. 그러므로 휘트에 따르면 인간의 신체는 민감성을 가진 부분과 감수성을 가진 부분으로 나뉘는 것이 아니라 애초에 이 둘은 분리 불가한 하나의 전체이다. 그에게 "감각 원리는 신체의 모든 부분에 펴져 있고, 그 모든 부분을 움직이고, 그 부분들에 […] 감각의 모든 능력을 부여한다."[214]

그러므로 휘트는 할러처럼 신경계와 비신경계의 구분을 통해 동물과 인간, 물질과 영혼의 차이를 부각하는 대신, 우리의 감각은 우리 신체 전체에 퍼져 있는 신경에 전적으로 작용하게 되는데, 이것이 바로 영혼의 능력이라고 주장한다.

그런데 할러의 생리학 체계를 비판하는 휘트의 논의에서 영혼을 비물질로 간주하는 입장을 제거한다면, 이 영국 생리학자의 생각은 라 메트리의 주장에 접근한다. 라 메트리 역시 영혼은 신체 전체에 퍼져 있으므로 어느 한 곳에 영혼의 자리를 고정시킬 수 없으며, 동물과 마찬가지로 인간 역시 복잡한 기계가 작동하는 것처럼 의지와 사유와는 무관하게, 자극이 주어졌을 때 신체를 구성하는 내적 기관들의 결합과 연쇄를 통해 불수의적인 운동을 한다고 주장하고 있기 때문이다. 라 메트리가 『인간기계론』에서 의지의 역할과 능력을 깎아내리면서 노골적으로 성적 욕망의 폭발적인 발현을 예로 삼는 것은 그야말로 할러가 여전히 붙잡고 있는 전통적인 영혼의 개념을 조롱하기 위해서이다.

가벼운 자극titillation이 좀 전까지 전혀 신경을 쓰지 않았던 것을 내가 열렬히 원하게 만든다면, 그리고 이번에는 뇌 안의 어떤 인상이 동일한 욕망과 동일한 욕구를 불러일으킨다면 무엇 때문에 명백히 하나인 것을 두 개로 나누는가? 의지력에 경탄하는 것은 무의미하다. 의지가 내리는 하나의 명령에 대해, 의지는 그 백배의 구속을 받는다. 피와 정기의 격류가 강요하기 때문에 건강한 상태의 몸이 의지에 복종하는 것은 얼마나 놀라운 일인가! 의지는 항상 자신에게 봉사할 준비가 되어 있는 대리자를 가지는데 그것은 보이지 않지만 번개보다 더 빠른 엄청난 양의 체액이다. 그러나 의지의 힘이 작용하는 것도 신경에 의해서이고, 멈추는 것도 신경에 의해서이다.[215]

물질로서의 신체, 즉 가장 작은 단위의 분자들로 구성된 신체가 외부, 혹은 내부에서 일어난 자극에 반응하고 그 반응이 두뇌에 전달되어 신체를 운동하게 만든다면, 그 운동의 원인은 영혼의 기능으로서의 사유, 상상력, 의지가 아니라 물질 자체의 법칙을 따른다고 보아야 한다. 이때 사유, 상상력, 의지는 감각하고 운동하는 물질의 결과들을 나중에 분류하고 해석한 것일 뿐이다. 마치 우리가 동물의 어떤 반응을 보고 그것이 동물의 사유 혹은 의지의 결과라고 해석하는 것처럼 말이다. 그러나 그 원인이 무엇이 되었든 영혼의 모든 기능은 어떤 물질적 자극이 피와 정기의 운동을 촉발한 결과이지, 그 반대가 아니다. 라 메트리에 따르면 할러가 인간을 동물과 다르게, 영혼을 물질과 다르게 만들어주는 보편적 속성으로 감수성을 제시할 때 그는 스승인 부르하버의 기계론을 배반하고 지난 세기 슈탈주의자들이 주장하는 불가사의한 생명의 원리로서의 영혼의 존재를 스스로 인정한 셈이다.

미주

〈출판업자의 일러두기〉

1. 『인간기계론』은 네덜란드 레이덴 소재 엘리 드 뤼작Élie de Luzac 출판사에서 1747년 말에 저자의 이름을 밝히지 않고 출판되었다. 일러두기에서 출판업자가 자기 이름을 올렸다고 말할 때 이는 엘리 드 뤼작이라는 자기 이름으로 된 출판사를 명기했다는 말이다. 이 시기 위험한 사상을 내포한 저작물은 저자의 이름은 물론 출판사도 표기하지 않을 때가 많았다(역자 주). 출판 연도는 이듬해인 1748년으로 되어 있다. 이 일러두기는 라 메트리 자신이 이 저작이 가져올 논란을 먼저 예상하면서 이 책의 내용이 위험하지 않다는 점을 강조하기 위해 쓴 것이다. 그렇지만 이 일러두기에 제시된 몇몇 주제들은 그저 전략적인 목적에 그치지 않고, 라 메트리가 그의 저작들에서 제시된 내용이 진리이며 유효성을 갖추고 있음을 드러내고 있다. 라 메트리는 이 주제들을 3년 후 출간된 『철학저작집』의 서문에서 다시 가져와 발전시킨다.

첫 번째로 종교적 관점에서 철학 저작이 갖는 결과들을 중요하게 부각한 것이다. 라 메트리는 이 저작이 위험하지 않다고 선언한다. 물론 라 메트리는 이를 실제로 독실한 신앙을 가진 사람들에 맞설 무기로 고려하고 있으며, 그것의 비판적 역량을 충분히 믿고 있다. 그렇지만 이 부정에는 술책 이상의 것이 있다. 『철학저작집』의 서문에서 라 메트리는 "철학이 도덕과 종교와는 완전히 상반되지만, 흔히 그렇게들 생각하듯 사회를 이루는 이 두 가지 관계를 무너뜨릴 수 없을 뿐 아니라 그 관계들을 점점 긴밀하게 하고 강화한다"(OP, I, p. 1)고 썼다. 더군다나 라 메트리는 철학, 도덕, 종교, 정치 분야들이 서로 무관하다는 점을 강조한다. 그래서 철학자들이 자연의 질서를 연구하면서 발견한 진리가 필연적으로 다른 영역들과 관련을 맺는 것은 아니게 된다. 라 메트리는 이 두 번째 관점에서 철학은 시민 사회의 토대인 "지혜롭고 성스러운 관계들"(OP., I, p. 41)을 무너뜨릴 수 없음을 확인한다.

두 번째로 그런 까닭에 라 메트리가 말하는 진리의 주장은 무조건적이면서 동시에 회의적이기도 하다. 진리는 말하기 쉽고 말해져야 하는 것이다. 이것이 '과감함이 왜 필요한가'의 이유이다. 그런데 두 가지 한계가 이 충격을 제한하게 된다. 그 첫 번째는 진리는 '대중적'일 수 없다는 점이다. 진리는 언제나 민중의 무관심과 몰이해를 받게 된다. "유물론자들이 설령 인간이 기계일 뿐임을 입증해도 민중은 전혀 그렇게 믿지 않을 것이다"(OP, t. I, p. 18). 다른 한편 라 메트리는 '두 개의 진리'라는 놀라운 이론을 내세운다. "내 집에서 나는 내게 진실로 보이는 것을 쓰고, 다른 사람들의 집에서 나는 내게 선하고, 유익하고, 유용하고, 유리해 보이는 것을 말한다. 여기서 나는 철학자로서 진리를 선호하고 다른 곳에서는 시민으로서 오류를 선호한다. 사실 오류란 모든 사람이 저지를 수 있는 것이다"(OP, t. I, p. 38). (A)

2. 프랑스어에서 religionnaires라는 단어는 종교 개혁기이자 종교 전쟁기인 16세기에 등장했다. 이는 프랑스의 프로테스탄트들을 가리키는 말로 réformés와 같은 의미로 쓰였는데, 17세기 시인 게 드 발자크Guez de Balzac는 이 단어가 프랑스어에 존재하지 않았다고 주장하며, 교황의 교시를 무비판적으로 따르는 교조주의자doctrinaire라는 단어를 모방해서 만들어진 단어로 보았다. 그렇지만 여기서 쓴 irréligionnaire라는 단어는 현대에 이르기까지 프랑스어 사전에 등재된 적이 없다. 접두사 ir가 붙은 이 단어는 오히려 무신론자를 가리키는 것 같다. 프로이트는 하이네를 언급하면서 이 독일 시인이 스피노자를 자신의 비非종교적 동지Unglaubensgenossen; co-irreligionnaire라고 불렀다고 지적한 바 있다.

3. 코르네유, 『르 시드Le Cid』, 2막 2장. 코르네유의 이 작품(1637)은 주인공 동 로드리그의 연인 쉬멘느의 아버지가 주인공의 아버지를 모욕한 일로 시작된다. 동 로드리그의 아버지는 아들에게 자신을 대신해 복수를 할 책임을 맡긴다. 그러나 복수의 상대자는 무술에 뛰어난 동 고메즈로, 동 로드리그의 결투 제안에 자신이 당연히 승리하겠지만 그 승리는 너무 쉽게 얻을 수 있으므로 자신의 명예가 오히려 떨어질 것이라고 말하며 그를 돌려보내려 한다. 코르네유가 이 문장을 쓸 때 세네카를 염두에 두고 있다고도 볼 수 있다. "검투사는 열세에 놓인 자와 관련해서 불명예를 판단하고, 위험 없이 패배하는 자는 영광 없이 패배하는 자임을 안다gnominiam judicat gladiator cum inferiore componi, et scit eum sine gloria vinci qui sine periculo vincitur"(세네카, 『섭리에 대하여De

Providentia』, 11장).

4. 장 바티스트 부아예 다르장스Jean-Baptiste Boyer d'Argens(1704~1771)는 몽테
   스키외의『페르시아인의 편지』를 모델로 한 서한체 소설『유대인 편지*Le
   ttres juives*』(1736)와『신비철학의 편지*Lettres cabalistiques*』(1741)의 저자이
   다. 다르장스는 군복무를 마치고 네덜란드로 은퇴했다가, 프리드리히
   2세의 부름을 받고 베를린으로 갔다. 그가 겪은 파란만장한 생애를
   보면 라 메트리와 닮은 점이 많다. 그는 1734년에 군인으로서의 이력을
   끝내고 아버지의 상속권도 박탈당한 뒤 작가의 길을 걷게 된다. 그는
   유물론과 이교도異教徒 전통을 따르고 박식한 지식을 동원하여 반기독교
   적인 팸플릿을 썼다.『양식良識의 철학*Philosophie du bon sens*』을 출판했고,
   로마 황제 율리아누스 2세의 저작 및 유물론에 영향을 받은 그리스
   저작을 여러 권 번역했다.

   라 메트리가 <일러두기> 말미에 다르장스 후작을 언급했을 때
   그는 유물론 철학자인 다르장스 후작은 물론 간접적으로 프리드리히
   2세까지 염두에 둔 것이다. 다르장스는 프리드리히 2세의 시종이자,
   왕이 설립한 한림원장을 맡았기 때문이다. 19세기에 나온『철학 학문
   사전*Dictionnaire des sciences philosophiques*』(1885)은 유심론적 색채가 다분한
   저작인데, 이 사전은 라 메트리와 다르장스 후작을 비난조로 언급하면
   서 18세기 "철학의 미아迷兒"(p. 91 및 p. 907)라고 표현한 것도 우연은
   아니다. 이 사전은 다르장스 후작의 '행동의 기벽奇癖'과 '자유분방한
   정신'을 강조하면서 후작의 철학을 "더없이 조잡한 유물론"으로 요약
   한다. 이 문제에 대해서는 E. Johnston,『다르장스 후작. 생애와 작품들*Le
   Marquis d'Argens, sa vie et ses œuvres*』(1928)을 참조.

   한 가지 더 추가하자면 라 메트리는 다르장스 후작을 함부로 대했다.

또한 다르장스 후작 역시 "[라 메트리의] 모든 저작은 광기 없이는 아무런 생각도 할 수 없는 사람의 것이다. [⋯] 라 메트리는 문자 그대로 미친 자^{fou}이다"(『오켈루스 루카누스$^{Ocellus\ Lucanus}$』, 1762)라고 생각했던 것 같다. 그러니까 『인간기계론』의 수령자는 라 메트리를 교양도 없고 흥미도 없는 자라고 논박한 사람인 것이다. (A)

5. 여기서 라 메트리가 쓴 "[속여] 조롱하는 일$^{un\ persiflage}$"은 18세기 사교계에서 자주 쓰인 말로 정작 당사자는 무슨 뜻인지 알지 못하지만 주변 사람들은 모두 그것이 그를 조롱하는 일임을 알기 때문에 당사자를 영문도 모르게 당황스러운 상황에 빠뜨리는 말이나 행동을 가리킨다. 18세기 프랑스에서 이 단어의 사회·문학적 역사에 관해서는 엘리자베트 부르기나$^{Elisabeth\ Bourguinat}$의 연구 『조롱의 세기(1734~1789)$^{Le\ siècle\ du\ persiflage(1734~1789)}$』, PUF, 1998)를 참조. 여기서는 다르장스 후작이 영문도 모른 채 유물론이 노골적으로 드러난 저작을 받게 되어 후작이 졸지에 『인간기계론』의 저자이거나 최소한 그의 생각에 동의하여 책을 주문한 위험한 사상을 가진 인물로 간주되도록 라 메트리가 장난을 쳤다는 의미이다.

〈괴팅겐 의학 박사 할러 씨에게〉

6. 라 메트리가 『인간기계론』을 스위스 출신 의사이자 생리학자였던 알브레히트 폰 할러(1708~1777)에게 헌정하면서 그를 "괴팅겐 의학 박사"로 부른 것은 할러의 두 이력이 베른 시대(1734~1736)와 괴팅겐 시대(1736~1753)로 나뉜다는 점을 고려한 것이다. 괴팅겐대학은 영국

왕이자 하노버 선제후인 조지 2세의 후원으로 설립된 대학이다. 자유로운 과학 연구를 중시해서 자연과학과 특히 의학 분야로 유명했다. 할러는 이 대학이 설립되었을 때부터 재직했으나 도중 사임하고 스위스로 돌아갔다.

7. 라 메트리가 자신의 저작을 할러(1708~1777)에게 헌정한 까닭은 자신의 저작이 당대 유럽에서 명성이 높았던 할러의 권위를 내세우는 동시에, 두 사람의 공동의 스승인 부르하버 학파의 체계를 따르고 있음을 강조하면서 이 저작이 초래할 수 있는 위험을 벗어나기 위한 것이다.

『인간기계론』이 1747년에 출간되기 몇 달 전에 할러는 *Primae Linae physilogiae*를 내놓았는데 그가 이 책에서 생리학을 의학과는 독립된 고유의 학문으로 다루고 있으므로 엄밀한 의미에서 최초의 생리학 저작으로 볼 수 있다. 라 메트리 사망 후 약 십 년 후에 할러는 당대 생리학을 총망라한 *Elementa physilogiae corpris humani*(1757~1766)를 여덟 권으로 펴냈다.

다른 한편 할러는 부르하버 학파를 대표하는 최고 권위자였다. 그는 튀빙겐에서 의학 공부를 시작(1723)한 뒤, 1727년에 네덜란드의 레이덴으로 유학을 떠나 부르하버를 사사하고 의학 박사학위를 받았다. 부르하버가 1738년에 사망하자, 할러는 그의 강의록을 정리하고 주석을 붙여 *Commentari ad Hermanni Boerhaave praelectiones academicas in suas rei medicae institutiones*를 여섯 권으로 출판했다(1739~1759). [라 메트리는 할러의 이 판본을 바탕으로 부르하버의 『의학강의』를 프랑스어로 번역 출판했다. (역자 주)] 디드로와 달랑베르의 『백과사전』「생리학」항목(t. XII, 1765, p. 538)은 할러를 부르하버의 가장 위대한 제자로 공언하면서 그가 부르하버의 강의록을 정리하는 동시에 수많은 관찰을 바탕으로 주석을 붙여 풍부하게 만들었음을 지적한다.
(A)

8. 라 메트리는 할러가 구체화한 생리학에 준거하여 서두를 열고 있으며, 동시에 부르하버의 기치를 내세워 그의 『인간기계론』을 일종의 생리학 저작으로 소개한다. 이때 생리학은 19세기의 마장디와 클로드 베르나르 이후의 생리학과 구분되어야 한다. 디드로와 달랑베르가 편집한 『백과사전』에서는 "생리학이라는 말은 *phusis*(자연)과 *logos*(담화)의 합성어로, 생명은 어떻게 구성되어 있고, 건강이라는 것은 무엇이고, 그 결과는 어떠한지 다루는 의학의 한 분과"로 정의한다. 제네바의 칼뱅주의 목사이자 자연사가였던 장 세느비에르Jean Sénebier는 할러를 위해 쓴 『추모사』(1778)에서 생리학은 "그 학문에 종사하는 이에게 기계의 자연 상태를 제시하여 기계를 고장 내는 위협을 예측하고, 고장이 발생하면 이를 고치면서 그 기계를 유지하도록 한다"라고 썼다. 할러는 그의 저작 『개요*Elementa*』의 서문에서 생리학을 "살아 움직이는 기계를 자극하는 운동의 기술記述"로 정의하면서 "생리학은 동물의 신체 내부의 운동을 제시해야 한다"고 썼다. 세느비에르는 생리학을 자연학의 분과로 고려하면서 그 학문에는 "거의 모든 다른 학문들의 지식이 필요하다"고 말했다. 그러므로 이런 의미에서 할러의 용어를 따라, 이 시대의 생리학은 "살아 움직이는 해부학anatomie animée"으로 간주되었음을 지적하자.

반면, 19세기 생리학은 기능la fonction의 우위를 도입한다. 클로드 베르나르는 『의학에 적용된 실험 생리학 강의*Leçons de physiologie expériment ale appliquées à la médecine*』에서 할러의 앞의 정의를 들면서 다음과 같은 주석을 덧붙인다. 일단 해부학의 위치를 측정한 뒤에 "기능은 어떤 의미로는 주검에 대한 부분들의 정확한 해부학적 지식의 결과처럼 추론된다." 그러므로 라 메트리가 할러를 따라 내세우고 있는 생리학은 유기적 기계론mécanique organique이다. 기관이 주어지면, 기능은 기관들의 움직임처럼 그것에 덧붙여 생겨난다. 생리학이 갖는 이런 수행 유형을 라 메트리의 인류학적 메커니즘의 기초로 볼 수 있다.

그렇기는 해도 라 메트리가 할러에게 헌정한 이 헌사를 가감해서cum grano salis 받아들여야 한다. 할러가 이 헌사에 기뻐하기는커녕 이를 거절했다는 점에 주목하자. 그는 두 통의 거부 편지를 써서 하나는 『주르날 데 사방Journal des savants』 지에 싣고, 다른 하나는 라 메트리에게 직접 보내, 이 위험한 경쟁 상대와 확실한 선을 긋고 사과를 요구했다. 두 사람 모두의 친구였던 모페르튀가 직접 나서서 할러를 달래려 했어도 소용없었다. 다음이 1749년 5월에 『주르날 데 사방』 지에 실린 할러의 편지이다. "『인간기계론』의 익명의 저자는 위험할 뿐 아니라 근거도 미약한 저작을 내게 헌정했으니, 나는 지금 신과 종교와 나 자신을 위해 이렇게 발언해야 한다고 믿고서, 『주르날 데 사방』의 필자들에게 이 발언을 넣어줄 것을 부탁했다. 나는 내 생각과는 전혀 반대되는 이 저작을 받아들이지 않는다. 나는 이 저자의 헌사를 그가 익명 뒤에 숨어 많은 정직한 이들을 모욕했던 것 이상으로 간주한다. 그리고 나는 독자께서 『인간기계론』의 저자와 본인은 아무런 관계도, 친분도, 서한도, 우정도 없었음을 확신해 주실 것을 부탁드린다"(폴 아자르, 『18세기 유럽의 사상La pensée européenne au XVIIIe siècle』, 1946, pp. 171~172에서 재인용).

그렇다면 왜 라 메트리는 이렇게 장난을 친 것일까? 라 메트리는 1752년의 『서문Discours préliminaire』에서 "내가 「할러 씨에게 보내는 헌사」를 써볼 생각을 한 것은 나 자신을 숨길 필요가 있어서였다. 나는 『인간기계론』과 같은 대담한 저작을 내가 한 번도 만나본 적이 없는 학자에게 우정의 어조로 헌정한다는 것이 참으로 황당한 생각이고, 쉰 살이 된다 해도 유년기에 가졌던 모든 편견을 벗어던질 수 없었음을 알고 있다. 하지만 나는 내 문체를 통해 내 모습을 드러냈다고는 생각하지 않았다"(OP, t. I, p. 60)고 쓰고 있다. 그리고 그는 그 뒤에 이 헌사가 "독자와 작가들"에게 불러일으킨 "대단한 찬사들"을 고려해봤을 때 "헌사를 받은 사람이 그토록 소리를 지르고 한탄을 하고 부인했던 이 글을 삭제"할 용기가 없었다는 말을 추가한다. 랑에는 이렇게 말한다. "더 좋은 반응을 얻기 위해서든지, 자신을 더 잘 숨기기 위해서든지 라 메트리는 할러에게 헌사를 썼다. 할러는 원치 않았던 이 헌사로 인해 논쟁은 과학의 문제와 결부되었다." 솔로빈은 자기를 숨기는 병풍 같은 것만큼이나 라 메트리의 유쾌한 본성에서 나온 장난에 주목한다. "라 메트리가 익명성을 더욱 잘 지키기 위해서든 자신의 적에게 악의 있는 장난을 치기 위해서든" 할러를 골랐을 텐데, 그것은 이 학자의 "유심론적 개념들과 깊은 신앙을 모르는 사람이 없었기 때문"이라고 지적했다.

어쨌든 장난 이상이 있는 것 같다. 첫 번째는 어떤 권위를 이용해서 자신을 보호하고자 하는 정세를 고려한 전략적인 의도이다. 두 번째는 그 자체로는 불확실했던 이 전략이 가능하게 되었던 것은 공통된 과학 내용을 준거로 했기 때문이다. 여기에는 부르하버의 직계 자리를 다투는 경쟁이 작용하고 있다. 라 메트리는 할러보다 7년 늦게 부르하버를 만났다. 1734년부터 1741년까지 라 메트리 저작의 핵심은 부르하버 저작의 번역과 주석 작업이었다. 그러므로 부르하버의 프랑스 제자가 자신의 작품을 역시 부르하버의 스위스 제자에게 헌정하면서 두 사람의 공통된 자격을 강조하는 것이다. 세 번째로는 이데올로기적 목적이 있으며, 우리가 보기에는 이것이 이 헌사의 궁극적인 의미 같다. 라 메트리는 부르하버의 유물론적 후계자이고 할러는 유심론적 후계자였다. 두 사람의 충돌은 부르하버가 의학과 생리학에서 성취한 과학적 기여에 대한 이데올로기적인 해석의 차이의 문제이다. (A)

9. 라 메트리는 "연구의 숭고한 관능의 본성"에 대해 질문하면서 관능의 기원으로 거슬러 올라간다. 인간의 모든 동기는 결국 관능에 기초해 있고, 철학의 로고스는 그것에 특유한 관능, 말하자면 본래적인 의미에서의 "진리에 대한 사랑"을 전제한다. 그때 진리는 에로스가 투입되는 실제적인 대상이 된다. 라 메트리 유물론의 제1 원인$^{primum\ movens}$은 진리를 말하는 데서 특별한 즐거움을 얻는 것으로, 그의 과감성은 여기에서 나온다. '사랑스럽'지 않다고 공언해야 할 진리란 없다는 것이 사실이라면 말이다. 그래서 전통적으로 담화와 진리가 맺는 관계가 수정된다. 진실한 것을 말해야 하는 것은 그것이 그 자체로 진실하기 때문이 아니라, 진실한 것을 말할 때 엄청난 관능을 얻기 때문이다. 진리란 자신을 사랑하는 연인으로서의 철학자들의 욕망의 대상으로 그 존재가 뒷받침되었을 때 비로소 존재하게 된다. 바로 이 점이 유물론의 진리를 전개하기에 앞서, 담화의 뿌리가 진리에 대한 뜨겁고 관능적인 강렬한 욕망 속에 내리고 있음을 보여주는 사랑의 신앙 고백으로부터 시작해야 했던 이유이다.

흄은 『인간 본성에 대한 논고』의 '호기심 또는 진리에 대한 사랑에 대하여'(2권, 3부, 10절)에서 진리에 대한 사랑을 아주 특수한 종류의 감정으로 본다. 그는 "진리의 종류는 두 가지이다. 한 가지는 관념들

자체의 비율을 발견하는 데 있고, 다른 것은 대상에 대한 관념이 그 대상의 실체와 합치하는 데 있다. 앞의 진리가 단지 진리이기 때문에 욕구되는 것은 아니다. 또 그 결론의 정확성만으로는 쾌락을 주지 않는 것은 틀림없다 [⋯]. 가장 심오한 대수학의 문제와 진리와 확신의 본성이 동일한 산술적 계산에서도 쾌락은 아주 경미하거나 오히려 고통으로 전락한다. 이런 사실은 우리가 이따금 진리를 발견함으로써 얻는 만족이 단지 진리의 발견 자체뿐만 아니라, 진리의 발견이 수반하는 어떤 성질에서만 나온다는 데 대한 명백한 증거라고 하겠다"(흄, 『인간이란 무엇인가』, 김성숙 역, 동서문화사, 2011, pp. 487~488)라고 썼다. 연구에서 즐거움을 얻는다는 주제를 라 메트리의 쾌락주의와 결부시킬 때 그 주제는 라 메트리와 디드로가 중요시했던 또 다른 주제와는 모순된다. 그 주제는 "우리는 본래 학자가 되려고 태어난 것이 아니다"와 "우리가 학자가 된 것은 우리가 타고난 유기적인 능력nos facultés organiques을 잘못 사용해서"라는 것이다. 그러므로 연구에서 얻는 즐거움은 "타고난 유기적인 능력"을 억누르면서 산출된 것이므로 타락한 즐거움이다. (A)

10. 지롤라모 프라카스토로Girolamo Fracastoro(1478~1553)를 가리킨다. 그는 이탈리아 인문주의자로 시인이자 의사였다. 베로나에서 출생했고, 볼로냐대학에서 법학을 공부했는데 그곳에서 코페르니쿠스를 만났다. 그 뒤 파도바대학으로 옮겨 폼포나치를 사사하면서 수학, 철학, 의학을 공부했다. 전염병이 어떻게 확산되는지에 대한 이론을 제시De contagionibus et contagiosis morbis et eorum curatione(1546)했고, 매독에 대한 시Syphilidis, sive morbis gallici libre tres(1530)를 지어 저명한 시인이 되었다. 그는 "매독이라는 신종 전염병 치료제로 수은을 추천했다. 수은은 위장

장애, 잇몸 부종, 침 과다분비, 신경독성을 일으키지만 이런 증상들은 모두 매독이 효과적으로 치료되는 과정으로 간주되었"(재컬린 더핀, 『의학의 역사』, 신좌섭 역, 사이언스북스, 2006, p. 152)다. 여기서 라 메트리는 시인이자 과학자였던 프라카스토로를 인문주의자의 전형으로 제시한다.

11. 라 델바르la Delbar는 18세기 시인이자 극작가 알렉시스 피롱Alexis Piron(16 89~1773)의 아내였다. 피롱의 시 작품 중 「프리아푸스에게 보내는 오드L'ode à Priape」가 있는데, 라 메트리는 『관능』에서 이 시를 인용했다. (A)

12. 프랑수아 르벨(1701~1775)은 프랑스의 바이올린 연주자이자 작곡가로, 역시 작곡가였던 장 페리 르벨Jean-Féry Rebel(1666~1754)의 아들이다. 1757~1767년, 1772~1775년 사이에 파리 오페라에서 지휘를 맡았다.

13. 『메로프Mérope』는 볼테르의 5막 비극으로 1743년에 코메디 프랑세즈에서 초연되었다. 볼테르에 따르면 고대 그리스 극작가 에우리피데스의 작품 중에 『크레스폰테Cresphonte』라는 제목의 비극이 있는데 분실되어 지금은 전하지 않지만, 고대 아테네에서는 이 작품을 에우리피데스의 최고 걸작으로 인정했다고 한다. 그중에서도 메로프와 그의 아들 에지스트가 서로를 알아보는 장면은 걸작으로 꼽힌다. 르네상스 이후에 에우리피데스의 이 분실된 작품을 되살려보고자 하는 시도가 여러 번 있었는데 볼테르는 이 모든 작품이 실패로 끝났다고 판단한다. 볼테르에 따르면 그 실패의 주요 원인은 여주인공 메로프가 보여주는 모성의 숭고한 소박성을 다들 이해하지 못했기 때문이었다.

14. 영국 화가 조너선 리처드슨Jonathan Richardson(1667~1745)을 가리킨다. 당대 런던에서 손꼽히는 초상화 화가였고, 회화 이론서로 『회화

이론 시론*An Essay on the Theory of Painting*』(1715) 등을 썼다. 그의 이론은 18세기 영국의 저명한 초상화가이자 미술 비평가였던 조슈아 레이놀즈*Joshua Reynolds*(1723~1792)에게 큰 영향을 주었다. (A)

15. 『시학』의 저자 쥘 세자르 스칼리제르*Jules César Scaliger*(1484~1558)는 박학한 인문주의자의 전형으로, 기독교의 3대 죄악 중 하나인 앎에 대한 욕망*Libido sciendi*을 강조함으로써 연구하는 삶을 찬양한 것으로 알려져 있다. (A)

16. 말브랑슈가 데카르트의 저작을 읽고 흥분 상태에 빠졌다는 유명한 일화를 암시한다. 말브랑슈는 1664년에 생 자크 거리의 한 서점에서 우연히 데카르트의 『인간론*Traité de l'homme*』을 발견하고 이 책을 읽기 시작했는데 너무 가슴이 뛰어 여러 차례 독서를 중단하지 않을 수 없었다고 한다. (A)

17. 다시에 부인*Anne Dacier*(1654~1720)은 어렸을 때부터 그리스와 라틴 고전문학에 열중했고, 1680년대에 아리스토파네스와 테렌티우스를 프랑스어로 번역했다. 그녀는 역시 당대 고전문학의 대가였던 앙드레 다시에와 1690년에 결혼한 후, 오래전부터 그녀의 꿈이었던 호메로스의 번역을 실현한다. 이 시대까지 호메로스는 라틴어 번역본이거나 라틴어에서 프랑스어로 중역되었을 뿐이고, 그마저 완역본이 없던 상태였다. 그녀는 1699년에 『일리아드』를, 1708년에 『오뒷세이아』의 프랑스어 완역본을 출간했고, 이 번역으로 인해 호메로스의 평가가 쟁점이 되었던 제2차 신구논쟁이 불붙는다.

18. 라 메트리는 할러에게 바치는 헌사에서 관념의 생산과 자연의 생산을 비교한다. 새로운 관념이 만들어지는 방식을 자연의 발생 방식과 비교함으로써 연구에서 얻는 지성적인 관능을 성적 관능과 같은

차원에 놓는다. 경건한 프로테스탄트였던 할러로서는 라 메트리의 이런 대담하고 노골적인 서술이 자신에 대한 모욕이라고 느끼지 않을 수 없다.

19. 기원전 212년 아르키메데스의 죽음을 암시. 시칠리아의 그리스 식민지 시라쿠사와 로마의 전쟁 당시 모래 위에 수학증명에 몰두하다가 사망했다고 전한다. (A)

20. "깨어나라, 나의 세인트 존이여! 모든 보다 저차원의 일들은 / 저속한 야망을 좇는 자들에게나 허세 부리는 왕에게 맡기자 / (인생이 주위를 돌아보고 죽는 것밖에는 / 우리에게 주는 것이 없으니) / 모든 인간 세상을 자유로이 편력이나 하자. / 거대한 미로! 그러나 계획이 없지는 않아, / 잡초와 꽃들이 무성히 자라는 황무지를, / 또는 금단의 열매로 유혹하는 정원을"(알렉산더 포프, 『인간론』의 도입부. 김옥수 역, 지만지, 2010, p. 82).

21. 장서藏書를 가리키는 표현.

22. 키케로는 『아르키아를 위한 웅변Orato pro Archia』에서 연구하며 보내는 휴식otium et studium을 찬양했다. 김창성에 따르면 휴식을 의미하는 라틴어 otium에는 세 가지 의미가 있는데, "먼저 에피쿠로스 사상가들이 말하는 의미로 쾌락voluptas과 관련해 '편안한 삶'을 지칭한다. […] 두 번째 의미는 공사다망한 생활에서 잠시 나와 재충전하기 위해서 쉬는 것을 말한다. […] 이런 경우는 저술과 대화를 통해서 생산적인 활동을 하는 것이므로 공공 생활에 기여하는 것이다. 마지막으로 '국내의 안녕' '법질서' 등으로 번역될 수 있는 경우인데, 흔히 키케로가 이상적인 상태를 '권위를 지닌 질서otium cum dignitate'라고 표현한 것이 이에 해당한다"(키케로, 『국가론』, 김창성 역, 한길사, 2021,

p. 100. 각주 12번).

23. 린네(1707~1778)는 남부 스웨덴의 로스홀트에서 출생한 자연사가로 1728년부터 1733년까지 웁살라대학에서 의학 및 식물학을 공부했다. 그는 프랑스 식물학자 세바스티앵 바양Sébastien Vaillant(1669~1722)이 내놓은 이론에 매료되었는데 식물은 유성 생식하며 동물의 생식기에 해당하는 암수 생식기가 있다는 생각이었다. 그는 의학 공부를 계속하면서 꽃 피는 식물의 생식 기관을 가지고 식물을 분류하고 정리해 볼 생각을 하게 된다. 그 결과 생물 분류학에서 種의 학명學名을 라틴어로 속명Genus과 종명Species을 조합해서 표기하는 방법을 제시했는데, 이는 그가 1735년에 출판한『자연의 체계Systema naturae』에서 처음 언급되었다. 그는 1735년에 네덜란드 하르데르베이크대학에서 의학 박사학위를 받았는데 바로 그 해에 그의『자연의 체계』가 출판되었다. 그는 꽃의 수술 모양과 위치, 개수에 따라 식물을 24종의 강으로 구분했다.

24. 피에르 루이 모로 드 모페르튀(1698~1759)는 프랑스의 수학자이자 천문학자로, 1728년 런던 체류 시 뉴턴을 발견하고 돌아와 그의 이론과 체계를 프랑스에 소개했다. 대부분 데카르트주의 기하학자들로 구성되었던 프랑스 왕립과학아카데미에서 뉴턴의 이론을 증명할 목적으로 1736년에 원정대를 이끌고 현재의 핀란드 지역으로 가서 위도 1도를 관측하는 데 성공했다. 이 값을 적도로 떠난 원정대의 계산과 비교함으로써 뉴턴의 이론이 옳았음을 증명할 수 있었다. 여기서 라 메트리가 모페르튀에 대해 언급하면서 "영광을 다른 나라에서 누렸다"는 말은 모페르튀가 1740년부터 베를린 아카데미에 선출되었던 사실을 말한다. 라 메트리와 모페르튀는 공교롭게도

생 말로 출신 동향인이었다.

25. 제우스 신의 아들들을 디오스쿠로이^{Dióskouroi}라고 하는데, 그중 폴리
데우케스와 카스트로의 우애가 유명하다. 테세우스가 여동생 헬레네
를 납치했을 때 폴리데우케스는 동생과 함께 아테네를 침공하고
테세우스의 어머니 아이트라와 여동생 클리메네를 노예로 잡아 왔다.
또한 아르고호 원정, 칼리돈의 멧돼지 사냥에도 함께 참여했다.

26. 라 메트리는 이 주목할 만한 표현을 통해 신체의 학문과 별^星의
학문을 연결하는 오래된 생각과, 이제 결정론을 확보한 과학적 의학
의 새로운 생각을 기이하게 결합하고 있다. 히포크라테스 이후, 신체
에 규칙적으로 나타나는 위급한 변화 과정과 점성술의^{astrologique} 시간
이 연결되었는데, 이는 의사라는 존재와 신 존재를 예후와 해석학이
라는 동일한 과학 안에서 연결하는 일이었다.

　그런데 18세기 의학에서 결정적인 변화가 나타나는데 이를 통해
의학은 베살리우스에서 할러에 이르는 해부생리학이라는 신체의
학문에 근거를 마련할 수 있었다. 기예^{art}였던 의학이 과학이 되었다
고 자부하기 시작하는 것이다. 이제 의학은 기계론적 혁명의 방향으
로 코페르니쿠스와 갈릴레이가 이룩한 천문학^{astronomie}을 바라보는
것이다. 그러므로 식^蝕이 일어날 때를 예측한다는 것은 엄격하게
결정된 법칙에서 출발해서 건강하거나 건강하지 않은 신체에서
일어나게 될 일을 정확하게 예측하고자 하는 의학에 상응한다. 의학
의 지식과 능력에서 어떤 우발성도 제거할 수 있기를 갈망하는
것이 라 메트리와 같은 기계론적 의학의 특징이다. 인간이 기계라면
모든 사건은 천구를 움직이는 법칙을 따르는 것과 마찬가지로 인간의
경우에도 필수적인 법칙을 따라야 한다. (A)

〈인간기계론〉

27. 볼테르, 서한시 XVII, 「질병에 관하여Sur une maladie」에서 가져온 제사題詞.

28. 이는 계몽주의 시대의 공리이다. 칸트는 1784년의 『계몽이란 무엇인가』에서 "감히 알려고 하라sapere aude! 너 자신의 지성을 용기 있게 사용하라. 이것이 계몽주의의 신조이다"라고 썼다. 이는 용기를 갖고 진리를 말하고, 누가 되었든 이성의 이름으로 이의를 제기해야 함을 전제로 한다. 라 메트리는 피에르 벨이 『역사 고증 사전Dictionnaire historique et critique』에 실은 <카티우스> 항목(rem. D)에서 언급한 다음의 원칙을 따른다. "이 [문인] 공화국은 대단히 자유로운 국가이다. 그곳에서는 진리와 이성의 지배만을 인정한다. 그리고 진리와 이성의 지도하에 우리는 누가 적이 될지라도 전쟁을 벌이지만 악의는 조금도 갖지 않는다 […]. 그곳에서는 각자가 주권자임과 동시에 각자의 심판의 대상이다."(1734년 판, t. II, p. 364) 라 메트리는 『체계의 요약』(1751)에서 벨의 언급을 참조하고 있다. 그는 『서론』에서 다음과 같이 썼다. "바다에 암초가 가득하여 난파가 잦은 것으로 유명할수록 나는 그곳에서 숱한 위험을 넘어 불멸을 구하는 일이 그만큼 더 아름다운 일이리라 생각한다. 그렇다. 나는 내 생각을 자유롭게 그리고 용기 있게 말할 것이다. 몽테뉴의 모범을 따라, 바로 내 앞에 있기라도 한 것같이 세상 사람들이 바라보는 앞에서 사물을 올바로 판단 내리는 이들은 그보다 더 과감할 수 없는 내 의견을

듣고 나를 유죄가 아니라 무죄로 보고, 내가 내 결함을 고백할 때조차 덕성스럽다고 생각할 것이다. 그러므로 자유롭게 글을 쓰자. 한 공화주의자의 자랑스러운 독립성을 보여주자."(in *Œuvres philosophiques*, éd. Francine Markovits, t. I, Fayard, 1987, p. 45 — 이후 이 판본에서 인용할 경우 간단히 OP로 표기하기로 한다 — 역주). 라 메트리는 "소심하고 자중하는" 저자들을 아무짝에도 쓸모없는 저자로 비판한다. 그런 저자는 "저 스스로 족쇄를 차 걷지 못하게 된" 사람이며, 그런 점에서 그는 "납으로 된 신발 밑창을 간 신을 신은 달리기 선수나, 겨드랑이 사이에 물이 가득 든 부레를 찬 수영 선수"나 같다. 반대로 "저자라면 대담하게 글을 쓰든지, 아니면 그렇지 않은 사람들처럼 굽실대며 기어갈 각오를 해야" 하며, "책략과 술책" 따위는 무시하고 소위 "숭고한 이성을 가졌다는 폭군들"에 전쟁을 선포할 것이다(OP, t. p. 46). 사실 "진리가 항상 말하기에 좋은 것이 아니었다면 그것은 얼마나 끔찍한 선물일 것인가?"(OP, t. I, p. 18) 그러므로 이로부터 철저한 결론을 끌어내야 한다. 그래서 『인간기계론』의 결론은 이런 것이다. "인간이 기계라고 '과감하게' 결론 내리자. 온 세상에 존재하는 것이란 다양하게 변형될 수 있는 하나의 실체뿐이다." 이런 과감성이 라 메트리와 신중하게 언어를 사용하는 철학자들을 구분해 준다. (A)

29. 라 메트리는 체계라는 말을 가설에 기초한 철학적 구축물 및 형이상학적 상상력으로 인한 이성의 남용이라는 의미로 쓴다. '체계'라는 말은 1552년부터 등장하지만 널리 사용된 것은 18세기의 일이다. 『아카데미 프랑세즈 사전』(1694)은 체계라는 말을 "하나 혹은 여러 개의 원리들의 가정으로, 이로부터 결론을 끌어내고, 이들 가정에

기초하여 의견, 교리, 도그마 등을 세운다"고 정의한다. 『트레부 사전』(1704)이 지적하듯이 이 용어는 천문학에서 가져온 것이다. "체계는 어떤 학문에서든 일반적으로 원리들과 결론들의 배치, 연쇄 및 각 부분이 서로 이어지고, 서로 따르고, 서로 의존하는 한 교의 전체를 의미한다." 그러므로 체계란 "어떤 난점이나 문제를 설명하는 해석 혹은 일반적인 교의이거나, 언술들의 체계적인 연관"을 가리킨다(이 문제에 대해서는 로베르 사소, 「17세기의 체계와 철학적 담화」, in *Recherches sur le XVIIe siècle*, éd. CNRS, 1978를 참조).

무엇보다 데카르트주의자 피에르 실뱅 레지스가 1690년에 내놓은 『철학의 체계_{Système de philosophie}』는 자연의 질서와 담화의 내적 연관성으로서의 체계성_{systématicité}을 사유한 저작이다. 반면 이 세기의 형이상학자들은 어떤 특별한 난점을 해결해줄 수 있는 '고안_{invention}'의 의미로 이 말을 사용했다.

이러한 점을 기억해본다면 라 메트리가 체계라는 말을 어떻게 사용하고 있는지 이해할 수 있다. 그는 때로는 설명적인 가설이라는 느슨한 의미로 이 말을 취하기도 하고, 때로는 실재를 고스란히 추론하고자 하는 시도라는 엄격한 의미로 취하기도 한다. 이 두 번째 의미로 봤을 때 체계는 허구의 동의어이고, 실험적인 진리에 등을 돌리는 사람들에게 논쟁적으로 적용된다. 그런 이들은 "라이프니츠와 볼프처럼, 원칙이 거짓이고 공상에 불과할지라도 경이롭게 추론된 결과들의 긴 연쇄"(OP, t. I, p. 40)나 만들어낼 뿐이다. 콩디야크에서처럼 라 메트리도 체계라는 용어가 반박과 경멸의 의미를 갖는 것은 이런 의미에서이다.

그렇지만 첫 번째 의미로 본다면 어떤 설명이든 실재를 담화로

조목조목 표현할 수 있게 해주는 가설로 이해된 체계가 필요하다. 그래서 '유물론 체계'와 '유심론 체계'라는 표현은 체계라는 용어의 첫 번째 의미로 쓴 것이다. 라 메트리는 <출판업자의 일러두기>에서 언급했듯이 "영혼과 신체가 결합되어 있음을 설명하려고 할 때마다 나타나는 여러 어려움"을 설명해 보려고 노력하기 때문이다. 그러나 『인간기계론』의 궁극적인 목적은 유심론이란 그저 형이상학적인 허구가 뒷받침하는 거짓된 가설에 불과함을 보여주는 데 있다. 그러므로 유심론은 결국 이 용어가 갖는 나쁜 의미로서의 체계일 뿐이며, 라 메트리는 유물론만이 이 용어의 첫 번째 의미의 풍요로운 체계가 되어 자연의 진리를 밝혀줌과 동시에 두 번째 의미의 "체계들"을 몰아낸다고 본다. (A)

30. 로크는 "우리는 물질 관념과 생각 관념을 갖고 있다. 그렇지만 어쩌면 어떤 한 단순한 물질적 존재자가 생각하는지 생각하지 않는지 결코 알 수 없을 것이다. 우리가 우리 자신의 관념을 숙고함으로써 전능한 존재가 적당하게 배열된 어떤 물질 체계에 지각하고 생각하는 능력을 부여하지 않았는지, 아니면 그렇게 배열된 물질에 어떤 생각하는 비물질적 실체를 연결하고 고정시켰는지를 계시에 의하지 않고 발견할 수 없다"(로크, 『인간지성론 2』, 4권 3장 6절, 정병훈·이재영·양선숙 역, 한길사, 2014, p. 201)고 쓰면서 불가지론의 입장을 취한다. "따라서 비록 몇몇 이는 영혼의 비물질성의 찬반 문제에 과도하게 열중하여 세인들에게 이 문제에 대해 어떤 식으로든 결정을 내리는 것이 긴요하다고 믿게끔 했지만, 사실 이런 결정이 그렇게 긴요한 것은 아니다. 그런 이들 중 일부는 물질에 함몰된 생각에 탐닉하여 그만 물질적이지 않은 것의 존재는 용인할 수 없게 된 이들이고,

일부는 물질의 자연적 능력을 매우 주의 깊게 반복하여 검토했으나 그 안에서 사유 작용을 발견하지 못하여 전능자 자신도 […] 견고한 실체에 지각과 생각을 부여할 수 없다고 자신 있게 단정해버린 이들이다. 감각이 연장된 물질과, 또는 존재가 연장성을 갖지 않은 사물과 얼마나 조화되기 어려운지를 생각해본 이라면 영혼이 무엇인지를 전혀 확실히 알 수 없다고 고백할 것이다. 내가 보기에 이 문제는 우리 지식의 범위 밖에 놓여 있다"(로크, 『인간지성론 2』, 4권 3장 6절, 앞의 책, p. 203).

31. 라 메트리가 형이상학의 굵직한 "체계들"을 열성적으로 신봉하는 이들을 지적하고 있음을 지적해야 한다. 그들은 라이프니츠주의자, 데카르트주의자, 말브랑슈주의자와 같은 분파들로서 경험의 한계를 넘어섰다고 주장한다. 라 메트리가 암시하는 라이프니츠의 아류들은 정확히 라이프니츠-볼프를 절충하는 입장을 가진 사람들이다. 볼프는 프리드리히 2세가 왕위에 올랐던 1740년부터 국왕의 요청으로 할레대학에서 논리학, 존재론, 심리학, 자연 신학을 포괄하는 혁신적인 형이상학을 가르치면서 영예를 한껏 누린 뒤 1754년에 사망했다. 『인간기계론』의 시대에 프랑스에서도 일부 철학자들은 이런 라이프니츠식의 합리적 종합의 매력에 끌렸는데, 여기에서 라 메트리는 부분적으로 이런 라이프니츠-볼프주의를 비판하고 있다. 라 메트리의 『체계들의 요약』 3-4절은 라이프니츠와 볼프에게 할애되어 있다. "라이프니츠는 본질, 존재, 혹은 실체가 […] 모나드에 있다고 보았다. […] 샤틀레 부인을 통해 라이프니츠주의자들이 이 사실을 알게 된 후 이제는 모나드라는 것을 모르는 사람이 없다"(OP, t. I, p. 256). 이 대목을 보면 라 메트리가 이 시대의 어떤 유형의 라이프니츠주의자

들을 암시하고 있는지 알 수 있다. 볼테르의 연인이자 뉴턴의 『프린키피아』를 프랑스어로 번역했던 샤틀레 부인은 라이프니츠주의에 경도된 때가 있었다. 뉴턴주의자였던 볼테르의 설득에도 쾨니히라는 인물에 의해 입장을 바꾼 것이다. 샤틀레 부인의 『자연학 강의*Institutions de physique*』(1740)에는 뉴턴주의 자연학의 지지와 동시에 뉴턴 형이상학의 신조가 기이하게 결합되어 있다. 라 메트리는 『체계들의 요약』에서 앞에서 요약된 모나드 비판을 다소 발전시킨다. 라 메트리는 모나드를 상상에 불과한 것으로 규정한다. "모나드가 실재에 부합하는 일이 가능은 하지만, 우리는 실재와 모나드가 일치한다는 점을 확신할 방법이 전혀 없다"(OP, t. I, p. 257). 라이프니츠의 예정조화설과 존재의 단순한 요소들인 모나드의 변형에 대해서 라 메트리는 다음과 같은 결론을 내린다. "물질이란 무엇이며, 내 신체는 어떤 메커니즘에 따라 구성되어 있는지 내게 묻는다면 나는 이 문제에 대답하겠다. 그렇지만 그 사이에 여러분은 내가 우리의 관념 혹은 지각이 신체의 변형과 다른 것이 아님을 믿게끔 해 주셔야 한다. 물론 나로서는 이런 변형들이 어떻게 사유하고 지각하는지 전혀 이해할 수 없지만 말이다"(OP, t. I, p. 259). 이와 마찬가지로 라 메트리는 볼프의 "체계의 정신*esprit de système*"에, 뉴턴과 부르하버와 같은 진정한 천재를 맞세운다. 뉴턴과 부르하버는 "항상 자연의 수레를 따랐다."(OP, t. I, p. 263) 이상이 라 메트리가 반反라이프니츠주의를 내세우는 이유이다. (A)

32. 왕립과학아카데미의 종신 서기였던 퐁트넬과 같이 형이상학의 회의주의를 수용하는 자연학의 데카르트주의자들과 대립하는 형이상학의 데카르트주의는 퐁트넬에 이어 왕립과학아카데미 서기(1741~174

3)가 된 도르투 드 메랑 및 반反유물론주의이면서 말브랑슈주의자였던 폴리냑 주교가 대표한다. 폴리냑 주교의 『반反루크레티우스』(저자 사후인 1747년에 출판)은 말브랑슈-데카르트주의의 지침서라고 말할 수 있다. 그리고 할러는 라 메트리를 다시 올바른 길로 이끌기 위해 그에게 이 책을 권한다. 라 메트리 사망 후, 말브랑슈주의는 테라송 신부, 르라르주 드 리냑, 로슈 신부, 특히 드 케랑플레슈 신부와 더불어 체계를 갖춘다.

데카르트와 말브랑슈는 『체계들의 요약』 1장과 2장에서 검토되었다. 라 메트리는 데카르트를 다룬 1장 첫머리에서 데카르트를 "존재의 추상적인 관념들을 이해할 수 있게끔 해준다고 생각된 모든 존재론적인 표현들"로부터 철학을 정화하고 "그러한 혼란을 쓸어버렸던"(OP, t. I, p. 249) 로크처럼 소개한다. 그런데 데카르트는 "로크처럼 존재와 실체에 대한 아무런 관념도 갖고 있지 않았음"을 인정해 놓고서 "그 관념을 정의했던 것"이며, "죽음 이후에 영혼의 운명이 어떤 것인지 전혀 확신할 수 없"다고 인정해 놓고서 "정신적이고, 연장을 갖지 않고, 불멸하는 영혼"이라는 "눈이 백 개 달린 소르본의 아르고스를 잠재우기 위한 헛소리들"(OP, t. I, p. 251)을 내세웠다. 라 메트리의 결론은 다음과 같다. "데카르트가 영혼을 언급한 이유는 그 문제를 언급하지 않을 수 없었기 때문이다 […]. 데카르트는 물질이 갖는 놀라운 속성들을 거부하지 않고, 그가 물질에 부여했던 정의를 영혼으로 옮기기만 했다면 수많은 오류를 피할 수 있었을 것이다"(OP, t. I, p. 252). 이런 식으로 라 메트리가 보기에 유물론은 데카르트의 방법은 물론, 형이상학적이며, 말브랑슈주의며 심지어는 스피노자주의의 결론과 대립하는 자연적인 결과와 양립 가능하다.

『체계들의 요약』에서 라 메트리는 말브랑슈의 가설들을 "광신적인 두뇌"가 낳은 "진지하게 반박될 가치가 없는 환상들"(OP, t. I, p. 255)로 기각한다. 말브랑슈가 말하는 기회원인론과 신 내부에 내재한 시각이라는 의견은 라 메트리에게는 이원론적 체계의 극단적 표현에 불과한 것으로 부조리한 것이다. 라 메트리는『영혼론』의 첫머리에서 이미 "당신의 영혼이 무엇인가를 가르쳐줄 사람은 아리스토텔레스도, 플라톤도, 데카르트도, 말브랑슈도 아니다. […] 인간과 동물 영혼의 본질은 물질과 신체의 본질과 마찬가지로 알려지지 않고 있으며 앞으로도 영원히 그러할 것이다. 나는 한 걸음 더 나아가 추상화를 통해 신체로부터 분리된 영혼은 아무런 형상도 갖추지 않았다고 고려된 물질과 유사하다고 말한다. 그런데 사람들은 이 말을 이해하지 못한다. 영혼과 신체는 붓질 한 번에 그렇게 된 것처럼 한순간에 함께 만들어졌다"(OP, t. I, p. 125)고 말한 바 있다. (A)

33. 말브랑슈는『진리의 탐구에 대하여』에서 "우리가 우리의 의식 혹은 우리 스스로 가진 내적 감정에 의해 우리의 영혼이 위대한 어떤 것임을 알고 있다는 점은 사실이다. 그러나 우리가 알고 있는 것이 영혼이 영혼 안에 실제로 갖고 있는 것과 거의 다를 수도 있는 것이다"(3권, 7장, 4절, Bibliothèque de la Pléiade, t. I, p. 350)라고 말한 뒤, 곧 다음과 같은 말을 추가한다. "우리가 우리의 영혼에 대해 완전한 관념을 갖지 못하더라도, 우리가 양심과 내적 감정에 의해 가진 영혼은 그것의 불멸성, 영성靈性, 자유, 그리고 우리가 반드시 알아야 하는 어떤 다른 속성들을 증명하는 데 충분하다. 신이 우리에게 신체를 알게 하는 것처럼 영혼을 그것의 관념에 의해 알게 하지 않는 것이 필경 이 때문이다"(앞의 책, p. 351). 그러나 라 메트리는

말브랑슈의 이 지적은 고려하지 않았다.

34. 『자연의 스펙터클』의 저자 플뤼쉬 신부Noël-Antoine Pluche(1688~1761)를 가리킨다. 그의 저작 『자연의 스펙터클』은 1732년부터 1742년까지 아홉 권으로 출간되었는데 이 책의 부제는 "젊은이들의 호기심을 자극하고 그들의 정신을 도야하는 데 더없이 적합한 것으로 보이는 자연사의 특성들에 대한 대화Entretiens sur les particularités de l'histoire naturelle qui ont paru les plus propres à rendre les jeunes gens curieux et à leur former l'esprit"이다. 1732년에 첫 권이 나오자마자 대단한 성공을 거두었고, 대부분의 유럽 언어로 번역되어 유럽 전역에 소개되었다. 과학을 주제로 다루고 있지만 엄밀히 말하자면 과학 서적이라고는 볼 수 없고 대중을 위해 과학의 내용을 쉽게 풀어쓴 것이다.

35. 라 메트리는 『체계들의 요약』 마지막 14장을 다음과 같이 마무리한다. "영혼의 불멸성에 대해서는 충분히, 그것도 필요 이상으로 논했다. 오늘날 이는 종교의 핵심 교의이지만 예전에는 기독교가 한 분파에 불과했던 것과 같이 그저 순전히 철학의 한 문제였다. […] 영혼이 영疊적이기는 해도 가멸적이라거나, 물질적이지만 불멸한다고 생각할 수 있었다. 그러나 오늘날 영혼이 영적이지 않다고 생각하는 것은 금지되어 있다. 영혼의 영성이라는 것이 어디에도 드러나지 않는데도 말이다. 설령 영혼이 영적이라고 해도 계시를 믿어야 하는데, 이는 철학자에게는 사소한 일이 아니다. 시도는 해보겠지만 어려운 일이다hoc opus, hic labor est"(OP, t. I, p. 277).

36. 에반젤리스타 토리첼리(1608~1647)는 수은을 이용해 대기압을 측정한 이탈리아의 과학자이다. 그의 실험은 한쪽 끝이 막힌 1미터 높이의 유리관에 수은을 채우고, 이를 수은 그릇에 거꾸로 세우면, 수은이

그릇으로 쏟아지다가 높이 76센티미터 되는 곳에서 정지한다는 점을 증명한 것이다. 파스칼은 이 실험을 퓌 드 돔에서 다시 실시해서 수은주를 지탱하는 것이 대기의 압력이라는 것을 다시 한번 밝혀냈다. 이로써 아리스토텔레스가 주장한 자연은 진공을 싫어한다는 진리가 무너지게 된다. 아리스토텔레스에 따르면 자연은 공간을 빈 채로 두지 않으려 들기 때문에 빈 곳은 바로 물질로 채워지게 되므로 진공은 존재할 수 없다고 주장했는데, 이것이 17세기까지 진리로 간주되었다.

37*. [저자의 주] 그는 분명히 선결문제 요구의 오류petitio principii를 범한 것이다.

38. 선결문제 요구의 오류petitio principii는 증명이 필요한 문제부터 해결해야 한다는 뜻으로, 어떤 주장에서 문제를 해결하지 않은 채 그 주장을 사실로 가정하는 오류를 말한다.

39. 19세기 초 프랑스 의사이자 관념학자였던 카바니스는 "로크가 의사였음을 살펴봐야 한다. 그는 자연학자의 연구를 통해 형이상학, 도덕, 사회적 기술의 준비를 했다"(Cabanis, *Des rapports du physique et du moral de l'homme*, t. I, Paris, 1805, p. 38)고 쓴 바 있다. 로크는 먼저 의학 공부를 시작했다가 나중에 철학으로 연구 분야를 바꾸었다.

40. 이 표현은 샤틀레 부인의 저작 『자연학 강의*Institutions de physique*』에 등장한다. "내 아들아, 자네의 연구 전체에서 경험이란 자연이 우리 다른 맹인들에게 선사한 지팡이임을 기억하도록 해라. 그것이 우리의 연구에 길잡이가 되는 것이다. […] 우리는 경험으로 자연의 특질을 알 수 있으며, 우리의 이성으로 우리의 앎과 지식을 끌어내기 위해 그 경험을 사용하는 것이다"(1740, p, 10).

41. 『체계들의 요약』에서 라 메트리는 1장부터 4장까지 데카르트, 말브랑
슈, 라이프니츠, 볼프를 언급했고, 그 대안으로 로크와 부르하버(5-6
장)를 배치했다. 그리고 7장에서 스피노자가 언급된다. 이 저작의
원제목은 『『영혼론』을 보다 쉽게 이해하기 위한 체계들의 요약』이다.

　　라 메트리의 이 『체계론』과 콩디야크가 1749년에 출판한 『체계
론』을 비교해 볼 만하다. 『인간기계론』은 콩디야크의 저작보다 겨우
몇 달 앞서 출판되었다. 콩디야크는 협소한 체계의 정신을 "잘못
결정된 원리, 다시 말해 실제로는 우리가 갖지 않은 것인데도 우리가
다른 지식을 얻게 해주는 최초의 지식으로 간주하는 관념들에 따라
추론하는 습관"(ch. IX)이라고 비판한다. 오류는 실재를 "올바로 확인
된 사실"(ch. I)이 아니라 어떤 "일반적이고 추상적인 원칙들"이나
"가정들"로 환원하면서 생기게 된다. 이 책에서 콩디야크는 "추상적인
체계들의 남용"에 대한 여덟 가지 사례를 들고 있는데, 라 메트리가
『영혼론』에서 말하듯이 이는 "공중에 지은 성"(『영혼론』, OP, t. I,
p. 201)과 다를 바가 없다. 물론 라 메트리는 체계들을 비판하지만
이는 그가 콩디야크의 감각론을 지지해서가 아니라 사실들로부터
추론된 유물론 체계를 세우기 위한 것이다. (A)

42. 라 메트리는 여기서 자기 자신의 생각을 수정하고 있다. 라 메트리는
1745년 『영혼의 자연사』를 네덜란드의 헤이그에서 출판하면서, 이
책의 저자는 영국인 차프Chap로, 원래 영어로 쓴 책인데 과학아카데미
의 고故 H*** 씨가 프랑스어로 번역했다고 적었다. 여기서 그가
말하는 H***씨는 해부학자였던 프랑수아 조셉 위노François-Joseph Hunau
ld(1701~1742)일 수 있다. 물론 이는 라 메트리가 자신에게 닥칠 비판과
위험을 피하기 위해 이 시대 많은 작가가 사용했던 흔한 수법을

사용한 것이다.

<동물의 감각적 영혼>을 제목으로 달고 있는 『영혼론』 9장에서 "우리는 많은 실험을 통해 영혼이 동물에 고유한 감각의 영향을 받는 장소가 뇌라는 사실을 알게 되었다. 뇌가 상당히 손상되면 동물은 더 이상 감정도, 분별력도, 지식도 갖지 못하기 때문이다. 상처 입고 결찰※된 부분의 위쪽에는 그곳과 뇌 사이의 감각과 운동이 보존되지만, 결찰된 부위와 밑단 아래쪽으로는 항상 감각과 운동이 상실된다. 신경과 두뇌의 절단이나 부패, 혹은 이 부위에 가해지는 압박으로 갈레노스도 같은 진실을 배웠다. 따라서 이 학자는 영혼의 자리가 어디인지, 감각 작용을 갖기 위해서는 신경이 절대적으로 필요함을 완벽하게 알았다. 다음이 그가 알고 있던 사실이다. 1. 영혼은 두뇌에서가 아니라면 동물 고유의 감정에 진정으로 영향 받지 않는다. 2. 영혼은 동물 정기로부터 현재 받는 인상만큼만 감정과 의식을 가진다.

여기서 우리는 아리스토텔레스, 크리시포스, 플라톤, 데카르트, 비외상스, 로세, 윌리스, 란치시 등의 견해를 보고하려는 것은 아니다. 우리는 항상 진리 그 자체인 갈레노스로 돌아와야 한다. 히포크라테스도 영혼의 자리가 어디인지 모르지 않았던 것처럼 보인다"(『영혼론』, OP, t. I, pp. 152~153)고 썼다.

그리고 라 메트리는 히포크라테스에서 데카르트로 나아간다. 데카르트의 『방법서설』 6장에서는 다음과 같은 언급이 있다. "이는 지상의 열매와 모든 편의를 노고 없이 제공해 주는 무수한 기술의 발명을 위해 바람직할 뿐만 아니라, 의심할 여지 없이 이 삶에서 으뜸가는 선이자 다른 모든 선의 기초인 건강의 유지를 위해서도 바람직한 일이다. 왜냐하면 정신조차도 신체의 기질과 기관의 배치에 의존하는 바가 아주 크므로 인간을 전체적으로 지금보다 현명하고 유능하게 만드는 수단을 발견할 수 있다면, 그것은 다름 아닌 의학에서 찾아야 한다고 생각되기 때문이다 [⋯]"(데카르트, 『방법서설』, 이현복 역, 문예출판사, 1997, pp. 220~221).

43. 여기서 세네카와 페트로니우스는 각각 스토아주의와 에피쿠로스주의의 대표자로 언급되었다. 먼저 세네카는 『마음의 평정에 관하여De tranquillitare animi』 14절에서 율리우스 카누스를 언급하며 그를 "탁월한 인물"로 평가한다. "그가 칼리굴라 황제와 한참 동안 격론을 벌이다가 떠날 때, 이 제2의 팔라리스가 그에게 말했네. 그대가 허튼 희망을 품지 않도록 내가 이미 그대를 처형하라는 명령을 내려두었네. 그러자 그는 감사합니다, 가장 훌륭하신 제일인자시여!라고 대답했네. 그가 무슨 뜻으로 그러한 말을 했는지 나로서는 확실히 알 길은 없네. 여러 가지 생각이 떠오르니 말일세. 죽음이 그에게 자선이 될 만큼 칼리굴라의 지나친 잔학성을 빈정대며 알려주려 한 것일까? 아니면 그의 일상적인 광란을 나무랐던 것일까? 자식이 살해당하고 재산이 몰수된 사람도 그에게 고마워해야 했으니 말일세. 아니면 자신의 자유를 감사하는 마음으로 받아들인 것일까? 무슨 뜻이든 간에 그것은 위대한 대답이었네"(세네카, 『마음의 평정에 관하여』, 14절, 『그리스로마 에세이』, 천병희 역, 숲, 2011, p. 252).

44. 세네카와 페트로니우스는 네로 황제의 횡포를 벗어나려고 자살했다. 그런데 생테브르몽(『세네카, 플루타르코스, 페트로니우스에 대한 평가Jugement sur Sénèque, Plutarque et Pétrone』)부터, 일부 리베르탱 사상가들은 세네카의 장엄한 죽음과 페트로니우스의 우아한 죽음을 대립시

킨다. 생테브르몽에 따르면 페트로니우스만이 "자신의 죽음에 유연
함과 무관심을 가져왔다"(Saint-Evremond, Œuvres mêlées, t. I, Londres,
Jacob Tonson, 1705, p. 227). 라 메트리도 생테브르몽처럼 페트로니우
스의 죽음을 선호한다. 이렇게 고려할 때 자연법과 윤리학 영역의
결론이 준비된다는 점에 주목해야 한다. 『인간기계론』의 다른 곳에
서 사용한 "아름다운 영혼"(본문 p. 28)이라는 표현은 특히 세네카가
율리우스 카누스를 가리켰던 *magnus animus*의 번역어 같다. 그러므로
라 메트리가 『반反세네카 혹은 행복론』을 쓰고, 더 나아가 『에피쿠로
스의 체계』를 쓴 것도 우연이 아니다. 라 메트리는 1660년 이후로
퍼진 세네카 스토아주의의 극단적인 옹호에 맞서 반反스토아주의의
흐름에 합류하는 것이다(Henri Busson, *La Religon des classiques*, ch.
VIII. De Sénèqe à Pétrone). 리베르탱 사상가들은 스토아주의의 엄격함
에 반대한다. 그래도 라 메트리는 다른 곳에서 세네카를 찬양하기도
한다. "한편으로 세네카는 일관성이 없는 사람이었지만, 자기가
필요할 때 죽을 줄 알았던 사람이다"(『반세네카』, OP, t. II, p. 268).
(A)

45. 18세기 초에 정신질환 연구를 되살린 의사들은 부르하버의 제자들로
서, 조지 체인(1671~1743), 로버트 휘트(1714~1766), 윌리엄 컬런(171
2~1790) 등이다. 특히 컬런은 신경증^{neurosis}이라는 말을 만들어냈는데
이는 신경과민^{nervousness}이라는 용어를 라틴어화 한 것이다. 컬런은
"신경증이 신경을 통해서 전달되는 외부 자극에 대한 고도의 민감
반응에서 초래되는 기능적 상태라고 보았고, 고대부터 알려졌던
우울증, 히스테리, 심기증, 성적 일탈 등이 여기에 속하다고 했다"(재
컬린 더핀, 『의학의 역사』, 앞의 책, p. 412).

46. "잠의 직접적인 원인은 두뇌 피질에서 뻗어 나온 신경 섬유의 약화가 아닌가 한다. 신경 섬유를 약화시키는 것은 뇌수를 압박하는 유체 흐름의 증가나, 순환의 약화만은 아니다. 그것만으로는 신경을 이완시키는데 충분하지 않다. 그 밖에도 동물 정기의 소산疏散이나 소진, 자극 원인이 소멸되어 생기는 휴식과 평온함, 뇌 안으로 침투가 되지 않는 진한 체액이 운반되어 잠을 자게 되기도 한다. 결국 잠의 모든 원인은 신경 섬유의 약화로 설명된다.

완전히 잠들었을 때 감각적 영혼Ame sensitive은 사라져버린 것 같은데, 영혼이 감각 작용을 갖게 되는 각성 상태의 능력 전체가 두뇌가 압박되는 이 상태에서는 완전히 차단되기 때문이다.

불완전하게 잠들었을 때는 각성 상태의 능력 중 일부만이 정지되거나 중단된다. 그때 이 능력들이 산출하는 감각 작용은 불완전하거나, 항상 어딘가에는 결함을 갖게 마련이다. 따라서 이런 감각 작용이 산출하는 꿈과, 깨어 있는 영혼에 영향을 미치는 꿈이 구분된다. 깨어 있을 때 우리의 보다 정확하고 명료한 의식을 통해 혼란스럽고 불완전한 관념의 혼돈에 의해 형성된 꿈의 본질이 밝혀진다. 영혼이 꿈을 꾸면서 자신의 오류를 인식하게 해 줄 수 있는 어떤 확실한 진리를 깨닫는 경우는 참으로 드물다"(『영혼론』, 12장 5절, OP, t. I, pp. 203~204).

47. 『리슐레 사전』(1740)은 '스위스식 꿈꾸기rêver'라는 표현의 의미는 "아무것도 꿈꾸지 않기"라고 설명한다. 『아카데미 프랑세즈 사전』은 5판(1798)에서야 이 표현을 등재하면서 "무엇인가를 생각하는 기색이지만 사실은 아무 생각도 하지 않는 것"으로 정의한다.

48. "깨어 있고자 하지만 아편을 받아먹은 사람을 생각해보자. 저 놀라운

약은 기분 좋은 감각을 마련하여 결국 잠에 이르게 한다. 더구나 그의 의지도 대단히 큰 변화를 겪어 영혼은 어쩔 수 없이 잠을 잘 것을 명령하게 된다. 짐승들은 아마 '의지행위volitions'만을 이용하는 것 같으니, 그것은 도덕적으로 선하지도, 악하지도 않다. 따라서 아편은 신체와 함께 영혼을 잠재우며, 아편을 다량으로 취하면 광포해진다. 가뢰cantharide를 복용하면 사랑에 대한 정념이 생기고, 그 정념을 채울 수 있는 능력도 갖는데, 그러다가 큰 대가를 치를 때가 많다. 공수병에 걸린 개에게 물린 사람의 영혼도 공수병에 걸린다. 푸스트poust는 인도 무갈에서 사용하는 독약으로 신체를 마르게 하고 무력하게 만들며, 이성적인 영혼을 조금씩 빼앗아 감각적 영혼이 아니라 식물 상태의 영혼으로 바꾸어놓는다. 독약의 모든 역사를 보면 고대인들이 말한 사랑의 미약媚藥도 그저 꾸며낸 가공의 이야기가 아니며, 의식을 포함하는 영혼의 모든 능력은 오로지 신체에 달린 것임이 충분히 입증된다'(『영혼론』, 12장 2절, OP, t. I, p. 194).

49. 라 메트리는 영구 운동의 이론을 참조하여 인간 신체를 한 번 운동이 가해지면 외부 에너지를 받지 않아도 기능하는 기계, 혹은 스스로 태엽을 감는 자동인형처럼 제시하고 있다. 그러나 이 시대에 이탈리아의 수학자이자 기계 기사였던 지롤라모 카르다노(1501~1576), 네덜란드의 기계 기사 스테빈Simon Stevin(1548~1620), 갈릴레이 등이 영구 운동은 불가능하다는 점을 증명했다. 1775년에 왕립과학아카데미는 입방 배적 문제la duplication du cube, 각의 3등분la trisection de l'angle, 원적 문제la quadrature du cercle, 영구 운동 기계의 문제를 더 이상 논의하지 않겠다고 선언한다.

50. 18세기에 육류 섭취를 비판하고 건강 유지를 위해 채식을 권하는

입장이 자주 등장한다. 영국의 조지 체인은 『식이요법에 대한 시론*Essai sur le régime alimentaire, avec discours médicaux, moraux et philosophiques*』(1740)에서 자신은 육류를 전혀 섭취하지 않으며 채식이 건강 유지에 도움이 된다고 주장했다. "절대적으로 채소와 우유만으로 식이 요법을 해야 하는 여러 경우가 있는데, 통풍, 류머티즘, 암, 선병질瘰癧質, 장통腸痛, 간질, 히스테리 발작, 멜랑콜리, 결핵, 모든 만성 질환 말기가 그런 경우이다." 루소는 『에밀』에서 "농촌 여자들은 도시 여자들보다 고기를 덜 먹고 야채는 더 많이 먹는다. 이러한 채식 요법은 그녀들과 아이들에게 해롭기보다는 유리한 듯하다"(『에밀 1』, 이용철, 문경자 역, 한길사, 2007, p. 97)고 말하면서 채식을 옹호했다. 반면 티소는 일방적인 채식 식단은 위험할 수 있음을 지적한다. "보통 지식인 사이에선 영양 공급원으로 채소를 좀 더 선호합니다. 플루타르코스는 고기를 아예 입에 대지도 않으려 했는데, 고기를 먹으면 지능이 떨어진다고까지 말했답니다. 이와 같은 식단을 정당화하기 위해 제논이나 플로티노스처럼 고기를 전혀 먹지 않고 채소만 섭취한 유명한 철학자의 사례를 인용할 수도 있겠습니다. […] 하지만 분명 어떤 사람에게는 불편할 수 있는 일방적인 채식 식단은 아무리 지식인이라도 위험할 수 있습니다"(사뮈엘 오귀스트 티소, 『읽고 쓰는 사람의 건강*De la santé des gens de lettres*』, 성귀수 역, 유유, 2021, p. 142).

51. 여기서 라 메트리가 사용한 sellette라는 단어를 법률적인 의미로 피고석으로 번역했다. 퓌르티에르 사전은 이 단어를 다음과 같이 정의한다. "특별히 범죄인들을 앉히는 나무로 된 작은 의자를 말한다. 그들을 그 위에 앉히고 판사들 앞에서 최후의 신문을 하는 것이다.

이런 일은 이들에게 국왕의 검사장들이 체형體刑의 평결을 내릴 때만 이루어진다. 그것과 다른 경우라면 그들은 변호사석 창살 뒤에 서서 답변하기 때문이다. '피고석'에서의 신문은 형사 재판 심리에서 가장 중요한 부분이다." 그래서 피고인이 피고석에 앉는다면 그가 체형을 받는다는 말이다.

52. 벨기에의 화학자이자 의사였던 장 바티스트 판 헬몬트(1577~1644)의 영혼 이론을 가리킨다. 그는 의화학학파를 대표하는 인물로, 영혼은 지성적 영혼과 감각적 영혼의 이중 구성으로 되어 있다고 생각했다. 감각적 영혼은 지성적 영혼의 저장소로, 비장과 위장을 연결하는 공간인 유문幽門, 즉 위장 상부의 관管에 자리한다. 이 장소는 두 기관의 경계에서 두 영혼의 공동 지배가 있음을 보여준다. (A)

53. 『백과사전』에서는 "피부색의 변화를 동반한 전신 쇠약 질병"(ENC, art. maladie, X: 936)으로 정의한다. 철분 결핍에 의한 빈혈을 가리킨다.

54. 리옹의 사료 편찬관이었던 자크 페르네티 신부(1690~1777)의 저작으로 1748년에 출판되었다. 자연 과학에 흥미를 가졌던 그는 관상학을 창시한 라바터의 선구자 격이다. 『백과사전』은 관상학을 "얼굴에 나타난 특징으로 사람의 기질, 성미, 성격이 어떤지 알도록 가르치는 기술"(ENC t. XII, p. 538)로 정의한다. (A)

스위스 취리히 태생의 목회자, 시인, 의사였던 요한 카스파르 라바터 Johann Kaspar Lavater (1741~1801)는 『관상학에 대하여Von der Physiognomik』(1772) 및 『관상학 단상Physiognomische Fragmente』(1775~78)을 통해 관상학을 체계화했다. 그의 주저 『관상학』은 원래 취리히 자연과학학회 강연을 토대로 한 것으로 그의 친구인 치머만Johann Georg Zimmermann의 도움으로 출판되었다. 이 책은 그야말로 대성공을 거두어서 1770년대와 1780년대에 독일어로 여덟 번 재판되고 프랑스어로 번역되었다. 1780년대에는 독일어 16판, 프랑스어 15판, 영어 4판, 네덜란드어 1판이 출판되었다(설혜심, 『서양의 관상학. 그 긴 그림자』, 한길사, 2002의 5장을 참조).

55. 라 메트리는 자신이 위인으로 생각했던 세 명의 인물, 로크, 부르하버, 모페르튀에 리처드 스틸Richard Steele(1672~1729)을 추가했다. 스틸은 『더 태틀러The Tatler』지와 특히 애디슨Addison과 공동으로 펴낸 『스펙테이터Spectator』지의 창간인이다. (A)

56. 여기서는 볼테르를 가리킨다. 볼테르는 라 메트리의 생전은 물론 사망 후에도 그를 비방했다. 볼테르는 관상학을 인간의 외적 진실로 본 라 메트리에게 동의할 수 없었다. 라 보멜La Baumelle은 『모페르튀의 생애Vie de Maupertuis』에서 볼테르가 "『인간기계론』에서 한 저명한 시인의 관상에 프로메테우스의 불과 야바위꾼의 풍채가 섞여 있다고 했던 라 메트리를 혐오했다"고 지적했다. 이 시기에 볼테르는 그의 문학적 명성의 정점에 서 있었고, 라 메트리는 어떤 종류에든 상관없이 권위에 맞서기를 좋아했다. (A)

57.* [저자의 주] 『동물과 인간의 역사Histoire des animaux et des hommes』에는 아이들의 정신과 신체에 미치는 아버지의 종자의 영향력이 입증되어 있다.

58. '비교해부학'이라는 용어는 영국의 의사이자 식물학자 니어마이어 그루Nehemiah Grew(1641~1712)가 1675년에 출판한 식물학 저작 The Comparative Anatomy of Trunks에서 처음 쓴 말이다. 그렇지만 16세기부터 동물의 해부학적 구조의 비교 연구가 본격화되었고, 18세기에 도방통의 연구를 통해 이 분야의 획기적 발전이 이루어졌다. (A)

59. 이 점에 대해 디드로는 라 메트리의 의견에 동의하지 않는다. 디드로는 『생리학 기초*Eléments de physiologie*』에서 "모든 동물 중에서 인간의 두뇌가 가장 크다는 것은 사실이 아니"라고 말했다. 장 메예르가 지적한 대로, 뷔퐁은 『동물의 본성에 대한 논고*Discours sur la nature des animaux*』에서 "동물처럼 인간의 두뇌는 신체의 체적과 비교하면 심지어 더 크기도 하다 […]"고 썼을 때 라 메트리를 따르지만, 『네발동물들*Quadrupèdes*』의 <육식 동물> 편에서는 "대부분이 주장하듯이 인간의 두뇌가 다른 어떤 동물들보다 더 큰 것은 아니다. 신체의 체적과 비교해본다면 원숭이와 고래의 몇몇 종의 두뇌는 인간보다 더 크다"고 의견을 수정하면서 디드로를 따른다(Jean Meyer, *Elements de physiologie*, ch. V, p. 81, note 1). (A)

60. 토마스 윌리스는 1664년에 『두뇌 해부학*Cerebri anatom*』을 발표해서 인간은 물론 수많은 동물의 두뇌를 해부하고 그 실험 결과를 실었다. 그는 해부를 하면서 동시에 혈관에 특수 물질을 주입해 뇌 영역들 간의 연결성을 관찰하는 염색 기법을 통해 생각을 가능케 하는 것이 외부 경계를 이루는 영역들이 접히면서 조성된 텅 빈 공간으로서의 뇌실이 아니라 뇌 자체를 구성하는 물질이라는 결론에 도달한다. 또한 그는 뇌를 이루고 있는 물질의 복잡한 구조적 특성을 두고 뇌가 구불구불하고 심하게 굴곡진 틀을 갖추고 있다고 설명했다. 이 내용에 대해서는 매튜 코브, 『뇌 과학의 모든 역사』, 이한나 역, 푸른숲, 2021, p. 68을 참조.

61. 뇌량*corps calleux*은 좌우의 대뇌반구를 연결하는 신경 섬유 다발을 말한다.

62. 이탈리아의 해부학자 조반니 마리아 란치시*Giovanni-Maria Lancisi*(1654~1

720)는 교황의 주치의로 일했다. 『돌연사에 대하여*De Subitaneis mortibus*』(1707)와 『늪지대의 유해한 악취에 대하여*De Nosciis paludum effluvius*』(1717)의 저자이며, 유작인 『혈액 순환과 대동맥류에 대하여*De Motu cordis et anevrismatibus*』(1728)가 그의 대표작이다. 란치시는 바로 다음에 언급되는 드 라 페로니처럼 영혼의 자리가 뇌량에 있다고 생각했는데, 이때 뇌량의 역할은 데카르트가 『정념론』에서 영혼의 자리를 송과선에 부여한 것과 유사하다.

프랑수아 지고 드 라 페로니*François Gigot de La Peyronie*(1678~1747)는 루이 15세의 수석 의사로, 1731년에 왕립외과학아카데미 설립 허가를 받아내고, 1743년에 외과 의사와 이발 외과의를 결정적으로 분리하는 왕명을 끌어냈던 점에서 외과학사에서 중요한 한 페이지를 장식한 인물이다. 그는 「영혼이 기능을 수행하는 두뇌의 진정한 자리를 발견하고자 노력하는 두뇌의 질병에 대한 여러 관찰에 대한 논고*Mémoire contenant plusieurs observations sur les maladies du cerveau, par lesquelles on tâche de découvrir le véritable lieu du cerveau dans lequel l'âme exerce ses fonctions*」(1708)에서 란치시와 마찬가지로 영혼의 장소가 뇌량에 있다고 보았다. (A)

영혼의 자리에 대한 라 메트리의 입장은 그것을 배타적으로 한곳에 둘 수 없다는 것이다. 심지어 그는 영혼이 신체 전체에 퍼져 있다는 입장에 동의한다. "모든 신경에는 두뇌의 피질의 마지막 소동맥이 끝나는 지점에 각자의 기원이 있다. 따라서 그 기원은 수질髓質 섬유가 보이기 시작하는 장소이며, 이 섬유는 작은 관에서 나오는데, 이 작은 관이 생기고 그곳에서 나오는 것은 현미경도 필요 없이 육안으로 볼 수 있다. 여기가 대부분의 신경의 기원인 것 같으며, 신경들은 그곳으로 서로 모이고 감각 본체도 그곳에 보호되어 있는 것 같다.

동물의 감각과 운동을 동맥에서 찾는 일이 이성적인 것일까? 이 관은 그 자체로는 감각이 없고, 아무리 의지를 통해 애를 쓴대도 변하는 법이 없다. 또한 뇌수와 이어지는 아랫부분의 신경도 감각이 없다. 상처 부위나 다른 경우의 관찰을 통해 이 사실이 확인된다. 운동은 동맥과 연결된 신경의 연속 부위 아래에는 전혀 이루어지지 않는데, 신경은 의지에 의해 움직이는 까닭이다. 따라서 감각 중추^{senso} ^{rium}는 수질 안에 자리 잡고 있고, 그 수질의 소동맥이 시작되는 곳까지 연장된다. 이로부터 다시 한번 영혼의 자리는 우리가 생각하는 것보다 더 광범위한 자리를 차지한다는 결론이 나온다'(『영혼론』, 10장 7절, OP. t. I, p. 167).

63. 영국의 의사 토머스 윌리스$^{Thomas\ Willis}$(1622~1675)는 옥스퍼드에서 자연 철학, 런던에서 의학을 강의했다. 그의 의학적 입장은 의화학과 의기계론을 종합하고자 하는 것이었다. 그는 첫 번째 저작 『발효에 대하여$^{De\ fermentatione}$』(1659)에서 반 헬몬트의 입장을 취하면서 자연현상 및 생명 현상을 증류와 발효의 순환 과정으로 본다. 그에 따르면 인간의 생명 활동은 심장에서 뜨거워진 피가 두뇌로 올라오는 증류 과정이다. 이후 윌리스는 두뇌와 정신의 관계를 연구하면서 갈레노스의 여러 낡은 개념들을 거부했다. 신학 논쟁에 휘말릴 것을 두려워했던 그는 『짐승들의 영혼에 대하여$^{De\ anima\ brutorum}$』(1672)에서 인간은 이성적이고 불멸의 영혼을 갖지만, 동시에 자연적이고 동물적인 두 번째 영혼도 갖는다고 보았다. 그래서 '짐승의 영혼'은 두 부분으로 나뉘어, 한 부분은 혈액 속에 위치하여 생명력을 관리하고, 다른 부분은 신경과 두뇌에 위치하여 감각과 운동을 통제한다.

64. 히포크라테스는 인체가 혈액, 점액, 황담즙, 흑담즙으로 이루어져

있고, 이 네 액체의 조화가 깨진 것을 질병으로 보았다. 이런 히포크라 테스의 이론을 체액병리론이라고 한다. 반면 아스클레피아데스는 인체를 무수한 원자들의 집합으로 보고, 이 원자의 흐름에 이상이 생기는 것을 질병으로 보는데, 이를 고체병리학이라고 한다. 이 대목에서 라 메트리는 서양 의학 전통의 이 두 입장을 종합하고자 한다.

65. 『퓌르티에르 사전』에서 아르고스는 신화에서 "백 개의 눈을 가졌다는 전설적인 인간 [⋯]"을 가리키는데, 또한 "이 단어는 신체의 눈으로 멀리 보고, 정신의 눈으로 모든 사물을 고려하는 신중하고 혜안을 가진 사람을 뜻하는 말로 사용되었다"는 설명이 있다.

66. 퐁트넬의 『신新 죽은 자들의 대화*Nouveaux Dialogues des morts*』(1683)에 실린 카를 5세와 에라스뮈스의 대화를 가리킨다. 에라스뮈스가 "지성은 전혀 우연의 산물이 아냐"라고 말하자, 카를 5세는 "그게 우연과는 전혀 무관하다고 했소? 아니, 지성이 어떤 특정 방식의 두뇌 형성에 따른 것이 아니란 거요? 그리고 제대로 장치된 두뇌를 지니고 태어나는 것이 왕인 아버지로부터 태어나는 것보다 우연의 개입을 덜 받는다는 거요? 당신은 대단한 재능의 소유자였소. 하지만 모든 철학자에게 물어보시오. 당신이 멍청하고 얼빠진 사람이 아니었던 이유가 어디에 있었는지 말이오. 그건 이유랄 것도 없는 것 아니겠소. 말하자면 신경 배치상의 미미한 차이가 아니겠소. 요컨대 가장 세밀한 해부를 통해서도 결코 살펴볼 수 없는 그 무언가가 있는 게 아니겠소"(퐁트넬, 『신新 죽은 자들의 대화』, 신용호 역, 케이시아카데미, 2005, pp. 152~15 3).

67. 현대 의학 용어로는 사구체四丘體, corpora quadrigemina라고 한다. 중뇌中腦 의 등 쪽에 위치한 두 쌍의 혹 모양의 돌기물을 말하는데, 앞쪽의

한 쌍은 상구라고 하며, 시각적 반사의 중심이고 뒤쪽의 한 쌍은 하구라고 하며, 청각적 반사의 중심이다. 다시 말하면 상구는 빛이나 색깔의 자극이 있을 때 머리나 눈을 자극의 원인 쪽으로 돌리게 만들고, 하구는 소리의 자극이 있을 때 머리나 눈을 자극의 원인 쪽으로 돌리게 만든다. 조류 이하의 척추동물에는 하구가 없고 상구만 가지므로 이 부분을 이구체라고 부른다.

68. 여기서 라 메트리는 라이프니츠의 예정조화설harmonie préétablie을 염두에 두고 있다.

69. 라 메트리는 "관습 언어, 즉 말은 감정을 가장 잘 표현해 주는 기호라고는 할 수 없다. 인간과 동물이 공통으로 갖는 다른 언어가 있으며, 그것이 보다 확실하게 감각을 표현한다. 나는 탄식, 외침, 애무, 도피, 한숨, 노래, 한마디로 말해서 고통, 슬픔, 혐오, 두려움, 과감, 복종, 분노, 쾌락, 즐거움, 애정 등을 나타내는 표현들인 정서적 언어langage affectif를 말하는 것이다. 대단한 에너지가 넘치는 언어는 데카르트의 모든 궤변보다 더 강력하게 우리를 설득한다"(OP t. I, pp. 139~140)고 썼다. 관습 언어에 대해 자연 언어를 우위에 놓는 것은 18세기 사상의 특징이다.

   그런데 여기서 라 메트리의 주장은 동물 기계도 언어의 학습이 가능하다는 것이다. 인간의 언어는 선천적인 능력이 아니라 사회에서 경험을 통해 획득한 것이므로, 조음 기관이 충분히 갖춰지지 않은 동물이라고 해도 언어 학습이 불가능하다고 볼 수 없다. 이때 조음 기관의 부재, 혹은 결함이 극복될 수 있다는 증거로 선천적 농아聾啞의 언어 학습 사례를 들 수 있다. 라 메트리는 농아가 말을 배울 수 있다면, 동물도 말을 배울 수 있을 것이고, 이를 통해 곧 기계가 말할 수 있고 사유할 수 있다고 추론한다. "[…] 우리는 아이들이 극소수의 단어와 관념밖에는 배우지 못하는 새들과 같다고 생각한다. 그 이유는 두뇌가 무르기 때문이다. 판단은 기억의 뒤를 따라 천천히 나아간다. 관념들을 배치하고 결합하기에 앞서 우선 관념들이 뇌 안에서 형성되고 각인되어야 한다. 우리는 추론의 능력과 지적 능력이 있다. 지적 능력은 그것을 가진 사람과 교류하면서 높아지고, 타인의 생각이나 지식과 소통하면서 훌륭해진다. 청년기가 지나면 어떻게 될까? 언어와 학문을 배우기 어려워진다. 그 이유는 섬유가 탄력을 잃어서, 젊을 때처럼 새로이 습득한 지식을 즉시 받아들이거나 보존하지 못하기 때문이다"(『영혼론』, 14장, OP, t. I, p, 223).

70. 숲속에서 야생 상태로 살았던 인간 아이와, 몸의 구조상 인간과 가까운 원숭이들을 모두 "야만인homines feri"이라는 이름으로 불렀다. 라틴어 *ferus*는 '야만의', '야생의', '길들이지 않은' 등의 의미이다.

71. 요한 콘라드 암만Johann Conrad Amman(1669~1730)은 스위스 취리히 출신 의사로, 『말하는 농아*Surdus loquens*』와 『말에 대한 논고*Dissertatio de loquela*』(1700)에서 농아聾啞의 교육 방법을 제시해서 명성을 얻었다. 분절된 목소리와 발성에 대한 생리학적 이론을 담은 이 저작들은 이후 레페 신부l'abbé l'Epée의 작업에 길을 터주었다. 라 메트리는 『영혼론』의 마지막 15장에서 농아들에게 말하는 법을 가르치고자 했던 암만의 방법을 상세히 소개한다. "농아聾啞로 태어난 사람들에게 짧은 시간 안에 말하는 법을 가르친 암만의 방법은 다음과 같다. 1. 학생은 선생이 말할 때 후두에 손을 대고, 촉각을 통해 발성 기관이 진동한다는 관념이나 지각을 습득한다. 2. 학생은 동일한 방식으로 자신의 후두에 손을 대고 촉각으로 느낀 동일한 운동을 모방하도록 노력한다. 3.

(암만의 생각에 따르면) 농아의 눈이 귀의 역할을 한다. 즉 농아는 선생이 한 문자를 발음할 때 혀, 턱, 입술의 다양한 움직임을 주의 깊게 관찰한다. 4. 농아는 거울 앞에서 동일한 움직임을 따라하고, 완벽히 실행할 때까지 반복한다. 5. 선생은 학생의 콧구멍을 가볍게 쥐고 막아 입을 통해서만 공기가 들어가는 데 익숙해지도록 한다. 6. 선생은 학생이 발음한 문자를 써서 학생이 그것을 배우게 하고 특히 계속해서 발음하도록 시킨다'(『영혼론』, 15장, OP. t. I, p. 229). 여기서 라 메트리가 말하는 암만의 책은 『말에 대한 논고*De loquela*』이다. (A)

72*. [저자의 주] 『영혼의 자연사』 등의 저자.

73. 윌리엄 템플William Temple(1628~1699)은 외교관, 정치인, 문인으로, 회고록을 써서 명성을 얻었다. 『걸리버 여행기』의 저자로 잘 알려진 조너선 스위프트가 그의 비서였다. 18세기에 템플이 제시한 일화며 경구들이 많이 인용되는데, 로크는 그중 한 가지 일화를 『인간지성론』(2권 28장 8절)에 싣고 있다. 이 일화는 인간을 어떤 형태를 갖춘 한 마리 동물이라는 점을 증명하기 위해 "이성적인 앵무새"를 전제한 것이다. 로크는 템플의 『회고록*Mémoires*』(1692, 66쪽)에 실린 한 일화를 참조했는데, 그것은 네덜란드 총독이자 오랑헤 왕자였던 모리스 드 나소 공이 브라질에서 앵무새와 대화했던 일을 말한다. (A)

74. 아브라함 트랑블레Abraham Trembley(1700~1784)는 제네바 출신 수학자이자 자연사가이다. 그는 1740년에 민물에 사는 작은 생물 폴립을 관찰하다가 놀라운 발견을 한다. 그전까지 식물로 알려져 있던 이 작은 생물이 동물처럼 스스로 움직이고 먹이를 잡아먹고 소화를 한다는 것이 한 가지였고, 이 생물을 둘로 자르면 곧 각 부분이

완전한 개체로 재생산된다는 것이 다른 한 가지였다. 트랑블레는 자신이 발견한 사실을 당시 프랑스에서 명망이 높았던 곤충학자 레오뮈르에게 알렸고, 레오뮈르는 트랑블레가 보내온 폴립 개체를 가지고 동일한 실험을 해서 트랑블레의 실험이 정확했음을 확인했다. 레오뮈르는 베르나르 드 쥐시외와 함께 이 점을 논의한 뒤, 이 기이한 생물에 폴립이라는 이름을 붙였다. 그때까지 폴립은 바다에 사는 히드라를 가리키는 말이었으나 트랑블레의 폴립은 이와 구분하기 위해 민물 폴립이라는 이름을 얻었다.

트랑블레는 레오뮈르의 격려를 받아 4년 후인 1744년에 『뿔 모양의 팔이 달린 민물 폴립에 대한 논문*Mémoire pour servir à l'histoire d'un genre de polypes d'eau douce, à bras en forme de cornes*』을 출판했다. 이 책이 나오기 전에 레오뮈르는 이미 『곤충의 역사에 대한 논문집*Mémoires pour servir à l'histoire des insectes*』 6권 서문에서 트랑블레의 연구를 보고한 바 있고, 『주르날 데 사방*Journal des Savants*』지는 1743년 1월호에서 이 연구를 상세히 소개한다. 트랑블레의 폴립은 런던과 파리의 과학자들뿐만 아니라 살롱에 드나들었던 사람들의 호기심을 자극했고, 전 유럽의 학계와 사교계에 신속하게 알려졌다. 트랑블레의 폴립에 대해서는 이충훈, 「디드로와 폴립 — 디드로의 과학 이론과 문학적 상상력」, 인문논총, 66집, 2011년 12월, 서울대학교 인문학 연구원, 141~178쪽을 참조.

75. 로마 의과대학의 교수로 재직하면서 로마 교황의 시의侍醫를 겸했던 이탈리아의 해부학자 바르톨로메오 에우스타키오Bartolommeo Eustachio (1520~1574)가 발견한 청각 기관으로 그는 이 기관에 자신의 이름을 붙였다. 그는 베살리우스와 팔로피우스와 같은 시대의 해부학자로,

이외에도 부신賦腎과 대정맥, 교감신경절 또한 발견했다.

76. 라이프니츠는『인식, 진리, 관념에 대한 성찰』(1686)에서 "인식은 애매하거나 명석하다. 명석한 인식은 다시 모호하거나 판명하다. 판명한 인식은 적절하지 않거나 적절하다. 가장 완전한 인식은 적절하면서 동시에 직관적인 인식"(라이프니츠,『형이상학 논고』, 윤선구 역, 아카넷, 2010, pp. 9~10)이라고 썼다. "한 개념이 근원적이거나 또는 자기 자신의 특징일 때, 즉 그것이 분해될 수 없고 단지 자기 자신을 통해서만 인식되고 어떤 다른 규정들을 가지고 있지 않을 때는 정의 불가능한 개념에 대해서도 판명한 인식이 존재한다. [⋯] 그러나 판명한 개념 안에 있는 모든 것이 다시금 판명하게 인식되며, 따라서 분석이 끝까지 수행되면, 그 인식은 적절한 것이다. [⋯] 수에 관한 인식이 이러한 인식에 매우 가깝지만 대부분의 경우에 있어, 특히 분석의 계열이 긴 경우에, 우리는 대상의 본질 전체를 한 번에 조망하지 못하고, 대상 대신에 기호를 사용한다. 그런데 우리가 사고할 때 이 기호는 간편함을 위해 잠시 동안 설명하지 않고 넘어가는데, 이때 우리는 그 기호들을 완전히 파악하고 있거나 안다고 믿는다. [⋯] 이것은 내가 이 명칭의 의미를 알지만 그것을 설명하는 것이 현재 판단을 위해서는 필연적이 아니라고 생각한다는 사실을 기억하기 때문이다. 이러한 인식을 나는 맹목적인 또는 상징적인 인식이라고 부르곤 한다"(앞의 책, pp. 13~14).

77. 라 메트리는『영혼론』15장의 첫 번째 이야기에서 왕립과학아카데미 종신 서기였던 퐁트넬이 1703년의『왕립과학아카데미의 역사』에서 언급한 내용을 옮기고 있다. 다음이 라 메트리가 발췌한 부분이다. "한 장인에게 젊은 아들이 있었는데 그는 태어날 때부터 농아였으나,

갑자기 말을 시작해 온 마을 사람들이 깜짝 놀랐다. 그는 사람들에게 서너 달 전에 교회 종소리를 듣고 그로서는 완전히 새롭고 전혀 경험해 보지 못한 청각의 감각에 놀랐다고 했다. 그다음에 그의 왼쪽 귀에서 물 같은 것이 나왔는데 그러자 그는 두 귀로 완벽하게 들을 수 있었다. 이 서너 달 동안 그는 아무 말도 하지 않고 자기가 듣는 모든 말을 작은 목소리로 따라 하면서 정확한 발음을 하게 되고, 그 단어에 결부된 관념을 확실히 이해하게 되었다. 마침내 말을 시작할 때가 되었다는 확신이 들자 그는 아직 불완전하기는 하지만 자기가 말을 하게 되었다고 발표했다. 그러자 즉시 약삭빠른 신학자들이 과거 상태는 어땠는지 질문들을 던졌는데, 그들의 주된 질문은 신, 영혼, 행동의 도덕적 선과 악에 관한 것이었다. 그는 자신의 생각을 거기까지 밀고 나가지는 못한 것 같았다. 그는 가톨릭 신자인 부모에게서 태어나고, 미사에 참여하고, 성호를 긋고 무릎 꿇고 기도하는 사람의 모습을 취하도록 배우기는 했지만 그것이 어떤 의도인지 몰랐고, 다른 사람들이 그런 의식에 부여하는 의도도 이해하지 못했다. 그는 죽음이 무엇인지 분명하게 알 수 없었고, 그 문제에 대해 생각한 적도 없었다. 그는 오로지 눈앞의 감각 대상과 눈을 통해 얻는 소수의 관념만 신경 쓰는 순수하게 동물적인 삶을 살아왔으며, 그 관념들을 비교하면서 무엇인가 끌어낼 수도 있었겠지만 전혀 그렇게 하지 않았다. 이는 그가 본래 정신의 능력을 갖지 않아서가 아니라, 타인과 교류하지 않는 사람의 정신은 계발되지도 훈련되지도 않으므로, 외부의 대상의 강요를 받는 만큼만 사고하게 된다. 인간이 갖게 되는 관념의 가장 큰 원천은 상호 간의 교류에 있다'(『영혼론』, OP, t. I, pp. 225~226).

78. 이곳에서 라 메트리는 언어의 기원 문제의 일반적인 입장을 취한다. 그가 내놓은 해결책은 콩디야크와 루소가 곧 내놓을 생각과 가깝다. "자연적 표현expression naturelle" 이론은 콩디야크가 『인간지식기원론』부터 원시 언어로 이해했던 행동 언어langage d'action와 아주 유사하다. 콩디야크의 앞의 책은 1746년에 출판되었으니 『인간기계론』과 같은 시기의 저작이다. 콩디야크는 『인간지성기원론』의 2부 1장 2절에서 "[인간들은] 상호 교류함으로써 각자의 정념의 외침에, 그 외침의 자연적인 기호들인 지각을 결부시켰다. 그들은 보통 이들 기호에, 그 표현을 훨씬 더 뚜렷이 해 주는 몸의 움직임, 몸짓이나 행위들을 함께 사용했다"(Condillac, *Essai sur l'origine des connaissances humaines*, Eds. Galilée, 1973, pp. 194~195). 루소는 『인간불평등기원론』과 『언어기원론』에서 언어의 기원을 정념에서 찾고, 최초의 언어는 음악과 같았다고 주장했다. (A)

79*. [저자의 주] 오늘날에도 더 많은 기호를 갖지 못해서 20까지밖에 셀 수 없는 민족들이 여전히 많다.

80. 콩디야크는 종합의 방법 대신 분석의 방법을 통해 오류를 피할 수 있다고 생각한다. 그리고 분석의 방법이 가장 훌륭하게 구현된 학문이 곧 대수학이다. "특히 종합에서는 원리들이 불필요하고 잘못 사용되는 것 같다. […] 수학적 증명의 확실성과, 모든 학자가 이러한 추론 방식에 부여하는 동의는 내가 받아들일 수 없는 한 가지 역설을 제시하고 있다고 확신하는 것으로 충분하다. 그러나 수학이 확실성을 갖게 되는 것은 종합의 방법 덕분인 것이 아니다. 사실 수학이라는 학문이 형이상학만큼의 오류, 애매성, 모호성을 범할 수 있었다면 종합은 점점 더 그 오류들을 유지하고 증가시키는 데 적절한 것이다.

수학자들의 관념이 정확하다면 그것은 그 관념들이 대수학과 분석의 결과이기 때문이다"(콩디야크, 『인간지식기원론』, 1부, 7장, §63, 앞의 책, p. 137).

81. 라 메트리는 『영혼론』에서 다음과 같이 썼다. "상상력은 기억을 통해 영혼이 상기하는 여러 불완전한 감각을 혼동하여, 이를 갖고 이미지나 그림을 만든다. 이들 이미지, 혹은 그림을 통해 영혼에 여러 상이한 대상이 제시되는데, 그 대상은 상황에 대한 것이기도 하고, 동반이나 결합의 다양성에 대한 것이기도 하다. 여기서 내가 상이한 대상이라고 말하는 것은 앞서 감각이 받아들인 정확한 감각 작용을 뜻한다.

상상력을 보다 명확하게 말하려면 상상력을 내적 원인이 산출한 어떤 관념의 지각으로 정의해야 하는데, 그 관념은 외적 원인이 일상적으로 산출하는 관념과 유사하다. 그래서 그 부위가 어디가 되던 몸의 어떤 부위에 숨어 있는 물질적 원인이 외부의 물질적인 원인과 동일한 방식으로 신경, 정기, 뇌에 영향을 미치고, 그 결과 동일한 관념을 불러일으킬 때 우리는 '상상력'이란 것을 갖게 된다. 사실 어떤 외적 원인이 산출하는 것과 완벽하게 유사한 어떤 물리적 상태가 뇌 안에 생겨나면, 외부에 어떤 원인이 존재하건 동일한 관념이 형성되어야 한다. 그래서 상상력의 대상을 환상phantôme, 환영spectres, 판타스마타φαντάσματα라고 부른다"(『영혼론』, 10장 11절, OP, t. I, pp. 174~175).

82. 이는 라 메트리가 중요하게 생각했던 이미지이다. 그는 『기계 이상의 동물Les Animaux plus que machine』에서 이를 유사한 표현을 통해 다시 취하면서 "『인간기계론』을 쓴 가련한 저자"의 주장을 떠올린다.

"그[라 메트리]는 두뇌를, 눈眼 속에 대상의 이미지를 받아들이기 위해서 두개골 내부에 일부러 늘어뜨린 일종의 흰 식탁보"로 보는데, 이는 "벽에 걸린 수건이 환등기 속에 대상들의 이미지를 받아들이는 것과 같다"(OP, t. I, p. 321). 이 환등기의 방식이 유물론적 개념으로 상상적인 두뇌의 통일성을 밝히기 위해 사용되었다는 점은 아무래도 좋은 것이 아니다. 이 방식은 17세기 후반, 독일의 키르허와 프랑스의 드 샬 신부le père de Châle가 발견해서 개선한 것으로, 18세기에는 특히 사교계 인사들을 관객으로 한 구경거리가 될 정도로 널리 확산되었다. 이 원리는 광원光源을 이용해서 벽이나 차일 같은 것 위에 실루엣을 투사하는 것이다. (A)

83. 이 표현은 라 메트리의 이론에서 교육과 학습이 차지하는 지위를 정확히 요약하면서, 엘베시우스와 같은 동시대 교육 이론과 관련해서 자리매김된다. 엘베시우스는 『정신론De l'esprit』(1758)과 특히 『인간론De l'homme』(1773)에서 교육에 결정적인 역할을 부여한다. 엘베시우스는 『인간론』의 마지막 절에서 『정신론』(discours IV, chapitre XVII)의 마지막 장에서 지적했던 교육의 역할을 극단적으로 강조한다. 이 절은 <교육으로 모든 것이 가능하다>는 제목으로 시작된다. 다른 말로 하면 "교육은 우리를 우리의 현재의 모습으로 만들어준다"(Œuvres, an II, p. 125)는 것이다.

　라 메트리는 신체 조직은 교육의 힘이 물질적으로 갖는 한계를 보여준다고 생각한다. 다른 말로 하면 엘베시우스는 교육을 모든 선善과 모든 장점의 근원으로 보지만, 라 메트리는 교육은 신체 조직이라는 타고난 장점에 달렸다고 본다. 그렇지만 이것으로 라 메트리가 교육을 과소평가하고 있다고 말할 수는 없다. 라 메트리는 『행복론Disc *ours sur le bonheur*』에서 이렇게 목소리를 높인다. "내가 계속 교육으로 돌아가고 있음은 누구라도 잘 알고 있다. 교육만이 우리가 교육 없이 가질 수 있었을 것과는 반대되는 감정과 행복을 마련해 줄 수 있다. 이것이 교육이 우리의 본능이나 감각 방식을 변화시키고 바꾼 결과이다. 교육을 받은 영혼은 오직 교육을 길잡이로 삼을 때 예전에 행한 일을 더는 원하지 않고, 따르지 않고, 행하지 않는다. 수만 가지 새로운 감각으로 밝혀진 영혼은 예전에 좋다고 생각했던 것을 나쁜 것으로 판단하게 되고, 예전에 타인에게 비난했던 것을 이번에는 칭찬한다. 정말 풍향계처럼 돌아가는 우리들은 끊임없이 교육이라는 바람風에 따라 돌고, 그다음에 우리의 신체 기관들이 자연의 원기를 되찾아 그것을 떠올리게 되고, 우리가 신체 기관들의 최초의 성향을 따르게 될 때 우리는 최초의 지점으로 되돌아가게 된다. 그때 과거의 확고한 태도가 다시 생겨난다. 기술이 산출했던 태도는 사라지고, 우리는 원하는 만큼 사회의 선을 위해 교육의 득을 볼 수도 없는 것이다"(OP, t. II, p. 264). 이 놀라운 부분은 신체 조직의 결정론을 대신하지 않으면서 그 결정론을 중층 결정하는 것으로서의 교육을 보여주고 있다. 항상 결정권은 신체 기관이 갖는다. 이 차이로 인해 윤리적이고 정치적인 깊은 불일치가 생긴다. 엘베시우스가 교육과 정치를 분리 불가능한 것으로 결합시키는 것도 우연은 아니다. 엘베시우스는 『정신론』에서 "인간을 교육하는 기술 은 […] 정부의 형태와 밀접하게 결부되어 있다"고 말했다. 마찬가지로 『인간론』에서도 "교육의 도덕적 영역에서의 모든 중요한 개혁은 정부 형태와 법의 개혁을 전제한다"(section X, chapitre. X). 라 메트리에 게는 이런 식의 희망이 전혀 없다. 국가는 신체를 교육하면서도

신체의 주인이 될 수 없을 것이다. 정치의 기술은 신체 기관의 법칙에 종속되어 있다. 유물론의 사회적 결과는 최초의 성향들의 힘을 되살리면서 "관용, 용서, 사과, 은총, 찬사, 형벌 완화의 근원이 되는 것"(『행복론』, OP, t. II, p. 264)이다. (A)

84. 라 메트리는 『에피쿠로스의 체계*Système d'Epicure*』(§. XIV)에서 이 문제를 더욱 세부적으로 다룬다. 겐트*Gand*에서 "모든 외과 의사가" 관찰한 경우인데, 보고서는 법관이었던 데루빌 공작이 작성했을 것이다. "나는 성기가 없는 이 여인을 보았는데, 규정이 불가능한 동물로서 어머니의 뱃속에서 거세된 채 태어났다. 둔덕도, 클리토리스도, 젖도, 음부도, 대음순도, 질도, 자궁도, 생리도 없었다. 다음이 그 증거이다. 요도를 통해 소식자消息子를 삽입해 항문에 이르렀다. 모든 여성에게 언제나 큼지막한 틈이 나 있는 곳에 메스를 깊게 찔러 보니 지방脂肪과 혈관이라고는 없다시피 한 살肉만이 닿았고, 피도 거의 나지 않았다. 그랬으니 외음부를 만들어주려는 계획은 포기해야 했다. 그녀만큼 우둔했던 한 농부와 십 년 동안 결혼 생활을 했지만 그들을 이혼시켜야 했다. 사정을 알지 못했던 남편은 아내에게 그녀의 신체에 없는 것이 무엇인지 알리지 않았다. 그는 그동안 항문으로 난 길이 생식의 길이라고 순진하게 믿고 있었다. 그리고 그는 자신을 대단히 사랑했던 아내를 역시 깊이 사랑했기 때문에 눈치껏 처신했고, 그녀의 비밀이 밝혀진 것을 대단히 유감스러워했다"(OP, t. I, pp. 357~358). "여성성을 결여한" "규정이 불가능한 동물"로 이 기형의 사례를 제시할 때 여기에는 성적 향유의 길과 해부학적 질서의 불일치가 전제되어 있다. 전자에 이상이 있다고 후자가 위태로워지는 것은 아니기 때문이다. 디드로도 『생리학 기초*Eléments de physiologie*』에서

"성기며, 클리토리스며, 젖이며, 외음부며, 음순도, 질도, 자궁도, 생리도 없었던 한 여인의 다른 사례. 겐트에서 일어났던 사실이다. 라 메트리는 이 여인을 직접 보았다. 데루빌 씨. 겐트의 의사들과 외과 의사들의 보고서"를 언급했다. 여기서 증인으로 나오는 데루빌 공작은 앙투안 드 리쿠아르Antoine de Ricouart(1713~1782)로, 디드로와 개인적인 친분이 있었고, 『백과사전』의 광물학 분야의 공저자였다. (A)

85. 이 부분에서 라 메트리는 발생génération이라는 단어와 함께 concevoir, enfanter, matrice 등 성적 관계를 연상케 하는 단어들을 집중적으로 사용하고 있다.

86. 흔히 피에르 벨은 현대의 피론의 제자로 분류되었다. 피론은 기원전 4세기의 회의주의자로, 현상적phénoménal이지 않은 지식을 모두 거부하고, 그 결과 삶과 경험을 교의에 좌우되지 않는 길잡이로 취해야 한다고 주장했다. 이는 벨의 종교와 형이상학에 대한 태도와 같다. 라 메트리가 보기에 그의 이런 태도가 유물론으로 가는 길을 열어주었다. 특히 무신론이 사회적으로 전혀 위험하지 않다는 주장을 통해서 말이다. (A)

87. 라 메트리가 여기서 암시하고 있는 견해는 과학보다 사회적 유용성을 우선시하는 퐁트넬의 진리관이다. 예를 들어 퐁트넬은 「형이상학과 자연학의 유용성에 대한 서문Préface sur l'utilité des mathématiques et de la physique」(1702)에서 그는 추상적 진리가 사회에 유용하다고 평가하면서 이를 옹호하고 있다. 과학을 대중화시킨 퐁트넬의 공적은 널리 알려져 있다. 그의 『세계의 복수성에 대한 대화Entretiens sur la pluralité des mondes habités』(1686)는 천문학과 자연학의 몇몇 진리들을 '사교계의

즐거움'과 부합시키려는 시도이다. 그는 이 책에서 사교계의 언어로 한 후작 부인에게 이 내용을 설명한다. 라 메트리는 이 생각을 관용의 의미로 사용한다. 유물론이 평화로운 것은 진리와 사회적 유용성을 분리하고 있기 때문이다. (A)

88. "본유 관념들을 거부하는 사람들이 말하고자 하는 것과, 모든 관념들은 우리의 인상들의 복사물들이라고 하는 말은 같은 것을 의미할 수 있다. 그렇다고 하더라도 그들이 사용하는 용어들은 주의해서 선택된 것도 아니고 그들의 이론에 있을 수 있는 모든 오류들을 막아줄 만큼 정확히 그 뜻이 한정되어 정의된 것도 아니"다. "만일 본유적이라는 말이 자연적이라는 말이 의미하는 것과 같은 의미라면, 자연적이라는 단어를 보기 드문 것이나 인위적인 것과 반대되는 의미로 쓰든 아니면 기적적인 것과 반대되는 의미로 쓰든 정신의 지각들과 관념들은 본유적이거나 자연적이라는 것이 인정되어야만 한다. 만일 본유적이라는 것이 태어날 때부터 갖고 있는 어떤 것을 의미한다면 논의는 천박한 것이 될 것이다. 생각하기 시작하는 시점이 우리의 출생 이전인가 아니면 이후인가 하는 것은 탐구할 가치도 없다. 다시 말해서 관념이라는 단어를 로크나 다른 사람들은 아주 느슨한 의미로 흔히 쓰이는 대로 사용한 것 같다. 즉, 사유들과 마찬가지로, 우리의 지각들, 감각들, 그리고 정념들 중의 어떤 것도 나타내주는 것으로 사용한 것 같다. […] 그렇지만 인상들이나 관념들이라는 용어를 위에서 설명한 의미로 받아들이고 본유적이라고 하는 것을 근원적인 어떤 것 혹은 앞선 지각으로부터 복사해낸 것이 아닌 것을 의미하는 것으로 이해한다면, 우리는 우리의 모든 인상들은 본유적이고, 우리의 관념들은 본유적이 아니라고 주장할 수 있다"(데이비드

흄, 『인간의 이해력에 관한 탐구*An Enquiry concerning Human Understanding*』, 김혜숙 역, 지만지, 2012, p. 36).

89. 라 메트리는 『영혼론』에서 "흔히 천재라는 말을 인간 정신이 도달할 수 있는 가장 높은 완성의 경지로 이해한다. 문제는 이 완성이라는 말을 어떤 의미로 이해하느냐는 것이다. 그것을 가장 빛나는 정신의 능력으로, 다시 말해 상상력을 가장 강하게 자극하고 뒤흔드는 것으로 이해했다. 그리고 이런 의미에서 나 자신도 일반적인 용례를 따랐으나, 그것은 이후에 이를 바꾸려는 의도였다"(『영혼론』, 12장 4절, OP, t. I, p. 198).

90. 라 메트리는 본능의 면에서 인간이 동물보다 열등하다는 점을 상기하는데, 이는 진부한 유물론의 주제이다. 그는 『기계 이상의 동물』에서 "가끔은 인간의 오만과 자부심을 모욕하는 것이 좋다. [다만 진리에 해가 되지 않는 범위에서여야 한다.]"(OP, t. I, p. 309)고 썼다.

91. 라 메트리는 3세기 아프리카 출신 수사학자 아르노비우스의 멋진 가설을 제시하고 있다. 나중에 기독교로 개종한 아르노비우스는 디오클레티아누스 치하에서 서기 327년에 죽었다. 라 메트리는 『영혼론』을 모든 관념이 감각에서 비롯한다는 점을 증명하는 일곱 가지 사례를 들면서 끝내는데, 그 마지막 일곱 번째 사례에서 아르노비우스의 멋진 추론을 소개한다. "그가 말하기를 땅에 침대 모양의 구멍을 파보자고 한다. 구멍의 사방을 벽으로 둘러싸고, 그 위에 지붕을 덮는다. 그곳은 너무 덥지도 춥지도 않고 소음이라고는 전혀 들리지 않도록 한다. 어둠이 중간중간 끊어내는 창백한 빛만이 들어가게 할 방법을 생각해보자. 갓 태어난 아기를 이 지하 공간에 넣고 그 아기의 감각이 어떤 외부 물체로부터도 자극받지 않도록 하고

벌거벗은 유모가 아기에게 젖을 주고 돌보아주게끔 하자. 보다 단단한 고형식固形食을 아기에게 줄 필요가 있다면 앞에 말한 유모가 음식물을 가져다주게 한다. 그것은 항상 동일한 성질의 것으로 빵이나 손바닥에 받아 마시는 찬물과 같은 것들이다. 플라톤의 자손인지 피타고라스의 자손인지 모르는 이 아기가 스물, 서른 혹은 마흔에 마침내 그 고독으로부터 벗어나 다른 사람들이 모인 곳에 나타난다고 해보자. 그가 사고하고 말하기를 배우기 이전에 그가 누구이며, 아버지는 누구인지, 그가 무엇을 했으며 무슨 생각을 했는지, 그때까지 그가 어떻게 양육되었는지를 그에게 물어본다. 짐승보다 더욱 우둔한 그는 나무토막이나 돌멩이 이상의 감각이 없을 것이다. 그는 땅도, 바다도, 별도, 기상도, 식물도, 동물도 알지 못할 것이다. 평소 먹던 음식이 없어서, 아니 그보다는 그것들을 대신할 수 있는 다른 음식물을 모르기 때문에 배가 고파진다면 그는 굶어 죽게 될 것이다. 불이나 독 있는 동물에 둘러싸이더라도 그는 위험한 가운데로 뛰어들 것이다. 아직 두려움이 무엇인지 모르기 때문이다. 모든 새로운 대상으로부터 나오는 인상에 자극받아 그가 말한다면, 그는 벌어진 입을 통해 분절되지 않은 소리만을 내뱉을 것이다. 많은 사람이 그와 같은 경우에 그처럼 했다. 그에게 형이상학이나 도덕, 혹은 기하학의 추상적이고 난해한 관념이 아니라 지극히 간단한 산수 문제를 물어보라. 그는 자신이 듣는 말이 무엇인지, 당신의 목소리가 무언가를 의미하고 있는지, 당신이 말을 거는 사람이 자신인지 다른 사람인지도 알지 못할 것이다. 그렇다면 신의 저 불멸의 부분은 어디에 있는가? 신체 속에 있다는 영혼은 어디에 있는가? 박식하고 명철하고 교육에 의해 선천적으로 가진 지식을 상기하기만 하면 된다는 그 영혼은 어디에 있는가? 그것이 과연 다른 모든 존재보다 훨씬 이성적이고 우월한 존재인가?"(『영혼론』, 15장, OP t. I. pp. 241~242).

92. 일종의 말장난이다. 견유주의자들les cyniques은 안티스테네스와 디오게네스를 이어 기원전 5세기에 부도덕주의 혹은 반도덕주의를 강의하던 학파를 말한다. 그들은 사회적 관습과 편견을 노골적으로 경멸했고 모든 존재의 성격이 물질적임을 확신했다. 자발적이고 동물적인 도덕이라고 할 수 있는데 즉각적으로 본성을 따를 것을 요청했기 때문이다. 개를 의미하는 *kunos*를 어원으로 한다. (A)

93. 라 메트리는 여기서 선천적 맹인의 문제를 거론하는데, 이 문제는 1748년에는 벌써 낡은 것이 되었다. 1700년에 선천적 맹인이 지식을 어떻게 얻게 되는가의 문제를 제기했던 로크의 『인간지성론』(2부, IX, §8)이 프랑스어로 번역되면서 이 문제가 프랑스에 도입되었다. 이는 로크가 그의 친구 윌리엄 몰리뉴의 질문에 답한 것이다. 그리고 1728년 영국 해부학자이자 안과 의사였던 윌리엄 체슬던이 『철학회보』에 자신이 수술한 선천적 맹인의 사례를 소개하면서, 물체들의 차이를 오직 촉각을 통해서만 구분할 수 있었던 맹인이 처음으로 시각을 회복하게 되었을 때 물체들의 차이를 구분할 수 없으리라는 철학적 가설이 확인되었다고 주장했다.

　　1738년에 볼테르는 『뉴턴 철학의 기초*Eléments de la philosophie de Newton*』에 이 문제를 요약해 실었다. 라 메트리는 1745년의 『영혼론』에서 이 오랜 논쟁에 자신의 입장을 개진한다. 이 시기는 아직 콩디야크가 『인간지식기원론』(1746)에서 이 문제를 다루기 직전이고, 디드로가 『맹인에 대한 편지』에서, 뷔퐁이 『자연사』 2권에서 이 문제에 대해 입장을 내놓기 이전의 일이다. 라 메트리는 『영혼론』

15장에서 체슬던의 맹인을 언급하면서 눈의 조절 작용이 이루어지고 감각들이 결합해서 상호 협력할 수 있으려면 "굴절 광학 기관이 자연스럽게 안정을 이루는 시간이 필요하다"고 말했다. 디드로는 부분적으로 이 논변을 취한다. 그래서 디드로는 선천적 맹인의 말을 해석할 때 사실의 왜곡이 있었다고 비난하고, 최초의 판단을 전제로 하지 않고 순수한 경험에서 출발한 시각의 기원 쪽으로 생각이 기울었다. 『인간기계론』의 이 대목에서 선천적 맹인이 언급된 것은 인간의 질서를 동물적 연속성에서 찾을 수 있게 만드는 자연법을 명시한다는 점을 보여주기 위한 것이다. (A)

94. 라 메트리는 여기서 '사티로스' 혹은 '야만인'이라고 불리는 존재를 가리키고 있다. 그렇지만 그들은 결국 오랑우탄일 뿐이었다. 오랑우탄은 1720년 이후 유럽에서 여러 차례 전시되었다. 『영혼론』 15장에서 라 메트리는 이렇게 썼다. "인도와 아프리카에서 아주 흔히 볼 수 있는 야만인들은 […] 뚱뚱하지도 마르지도 않고 각진 몸에 사지는 단단하고 근육질이어서 아주 빨리 달리고, 놀랄 만큼 힘이 세다. 그들의 몸의 앞쪽에는 전혀 털이 없지만, 뒤쪽에는 검은 갈기의 숲이라고 해도 좋을 정도로 등이 온통 곤두선 털로 덮여 있다. 이 동물의 얼굴은 사람의 얼굴과 닮았다. 그러나 그들의 콧구멍은 납작하고 굽어 있으며, 그들의 입은 주름지고 합죽이 모양이다"(15장 6절, OP t. I, pp. 237~238).

인간과 짐승의 이런 혼종에 라 메트리가 매혹되어, 인간이 교육을 받지 않았다면 그리될 수 있었을 모습을 이 사티로스들에게 투사하고 있음을 지적하는 것은 흥미로운 일이다. 즉 사티로스는 이런 식으로 인간의 진실을 드러내 준다. 이런 "인간의 모습을 한 짐승"은 문명화된 인간이 쓰고 있는 가면 밑에 짐승의 모습이 감추어졌음을 보여주는 것이다.

사실 라 메트리가 연장하고 있는 전통은 다음과 같다. 고대와 중세를 거쳐 내려온 사티로스와 관련된 전설을 17세기에 다시 다룬 사람은 니콜라 툴피우스Nicolas Tulpius로, 그에 따르면 사티로스가 호모 실베스트리스나 오랑우탄(숲의 인간)이 된다. 본티우스Bontius라는 이는 17세기(그는 1631년에 죽었다)에 이 존재에 대한 최초의 전문적 저술을 썼다. 호모 실베스트리스는 호모 페루스Homo ferus 혹은 야생 상태로 돌아간 인간의 짝을 이룬다. 이들은 대칭적인 두 모습으로, 이를 통해 18세기는 인간에서 동물의 연속성의 문제를 발견하게 된다. 호모 실베스트리스는 린네의『자연의 체계』에서 생명체 분류의 첫 부분에 등장한다. 프랑크 탱랑드Franck Tinland의 『야만인L'Homme sauvage』(1968)에서 역사 의식 속의 호모 페루스와 호모 실베스트리스의 두 형태를 다룬 연구가 있다. (A)

95. 이 내용은 플리니우스의 『자연사』 8권 21장에 나온다.

96. 라 메트리는 이런 회한 개념을 보충하는 내용을『행복론』에서 다음과 같이 쓰고 있다. "어떤 사람들이 미덕과 악덕이라는 말에 위엄을 부여하고 실재하는 것처럼 간주할 수 있게 해 주는 근거 같은 것을 부여하기 위해 공연히 본유 관념을 만들었다고 해도, 그와 다른 사람들이라고 동물들에게는 충분하고 인간에게는 교육이 반半을 이루는 어떤 특별한 성향으로 인해 살아 있는 모든 생명체에게 회한을 부여한 것에 더 충분한 근거를 마련할 수는 없다. 이는 모든 조건이 동일하다면 전자가 후자보다 회한을 더 잘 느끼게 된다고 생각하고, 교육에 따라 변하고 다양해진다는 점을 고려한다면 유지될 수 없는

체계이다. 이것이 『인간기계론』의 저자가 범한 오류이다"(OP, t. II, pp. 260~261). 『행복론』에서 회한은 "인류에게 불필요한 것"이다. "회한은 선량한 사람들이 선善에 이끌리듯, 악을 향해 이끌리고, 조정이 잘못된 기계들에게 과중한 부담을 지우기"(OP, t. II, p. 259) 때문이다. (A)

97. 샬롱 엉 샹파뉴 야만인 소녀는 1731년 샹파뉴 지방의 소니Sogny에 나타났다. 그녀는 들판의 소녀puella campanica라는 별명으로 불렸다. 구월의 어느 날 저녁, 사과나무 위에 앉아 있는 그녀를 소니 성의 하인들이 발견했다. 그녀는 달아나는 데 성공했다 싶었는데 수색 끝에 생포되었다. 누더기에 동물 가죽을 입고, 검은 때가 긴 갈퀴 손톱을 가졌고, 몽둥이를 들고 있었다. 그녀는 나중에 알게 되었지만 그녀가 사고로 죽인 누이와 같이 살았다. 반면 라 메트리는 그녀가 누이를 잡아먹었다고 비난한다. 그녀에게는 흡혈광 성향이 있었던 것 같다. 주교가 그녀를 샬롱 쉬르 마른의 수녀원에 넣어서 말하는 법을 가르쳤다. 그 뒤에 그녀는 누벨 가톨릭회로 옮겼다가 샤이요 수녀원에서 수녀가 되었다. 사실상 구경거리가 되어 폴란드 여왕과 오를레앙 공작의 방문도 받았는데, 라 메트리가 『인간기계론』을 쓰던 시기에 그녀에 대한 말이 돌았다. 4년 전에 루이 라신이 그녀에 관한 글을 썼는데(『포에지 누벨Poésies nouvelles』, 「인간에 대하여」, 1747), 이 글은 열두 행으로 된 시와 소니의 소녀에 대한 한 개의 주석으로 구성되어 있다. 1755년에 라 콩다민, 1788년에 린네도 그녀를 언급한다. 라 콩다민은 『열 살 때 숲속에서 발견된 야만 소녀 이야기Histoire d'une jeune fille sauvage trouvée dans les bois à l'âge de dix ans』를 썼다. 프랑크 탱랑드는 이 책에 서문을 붙여 출판했다(éd. Ducros,

1971). 나중에 그녀는 르블랑 양 혹은 마리 앙젤리크라는 이름으로 불렸다.

라 메트리는 『영혼론』 15장에서 '곰들 사이에서 발견된 한 아이'와 '사티로스라 불렸던 야만인'도 언급한다. 전자는 "1694년에 리투아니아와 러시아 국경의 숲에서 곰들 무리에서 발견된 열 살 된 어린아'였는데, "이성도, 말도 사용할 줄 몰랐'(OP t. I, p. 236)다. 그리고 후자는 사실 인간이 아니라 '오랑우탄'이었다. 라 메트리는 "인도와 아프리카에 대단히 흔한 야만인들"이 있는데 그들을 "인도에서는 오랑우탄으로, 아프리카에서는 쿠오이아스 모루Quoias morrou라는 이름으로 부른다"(OP t. I, p. 237)고 말한다. (A)

98. 라 메트리는 『행복론』에서 다음과 같이 썼다. "내가 범죄를 권유하고 있다고 말해서는 안 된다. 내 권유는 오직 범죄의 정지뿐이다. 인간은 일반적으로 교활하고, 꾀바르고, 위험하고, 믿을 수 없는 동물인 것 같다. 그리고 유년기부터 받았던 자연법과 회한의 관념보다는 자신의 정념과 피의 격렬함을 따르는 것 같다"(OP, t. II, p. 287).

99.* [저자의 주] 파스칼은 모임에서나 식탁에 앉을 때 왼쪽에 의자들을 쌓아두던지, 누군가가 옆에 앉아 있어야 했다. 그는 간혹 끔찍한 심연에 빠지면 어쩌나 두려워했는데 그래야 그 심연을 보지 않을 수 있는 것이다. 물론 그가 그것이 환상에서 나온 것임을 모르는 것이 아니었다. 상상력이나 뇌의 엽葉 하나에서 순환의 이상異常이 일어나면 얼마나 끔찍한 효과를 가져오는가! 파스칼은 한편으로는 위대한 인물이었지만, 다른 한 편으로 반쯤은 광인이었다. 광기와 지혜는 각자 자기의 관할 구역, 또는 엽을 갖는다. 두뇌 막에 활모양의 주름이 자리 잡아 광기와 지혜를 분리하는 것이다. 그가 포르루아

얄 사람들을 애착한 것은 광기였을까 지혜였을까? 나는 이 사실을 라 메트리 씨의 『현기증에 대한 논고*Traité du vertige*』에서 읽었다.

100. 라 메트리가 각주로 실은 위의 주석 99에서 그는 『인간기계론』보다 10년 앞서 출판한 그의 최초의 개별 의학 저작 『현기증에 대한 논고』(1737)를 참조한다. 라 메트리가 캉*Caen*에서 얀센주의자들이 운영했던 플레시스 학교에서 공부했으므로 그가 여기서 얀센주의자들의 포르루아얄을 조롱하듯 언급한 것은 흥미롭다. 라 메트리는 철저한 유물론으로 전향하기 전에는 얀센주의자들을 모방하기까지 했다. 그는 파스칼의 실험적인 연구자의 면모를 존경했다. 『영혼론』에서 라 메트리는 파스칼이 "한 번 배운 것은 전혀 잊지 않았다"(OP, t. I, p. 174)고 말했다. 그러나 그는 당연히 포르루아얄의 신앙심을 유감스럽게 생각한다. 『서론』에서 그는 포르루아얄 학자 피에르 니콜이 종교를 "왜곡"(OP, t. I, p. 35)했다고 비난한다. 이는 그의 오래된 종교적 양심에 대한 결산과 같은 것이었다. 파스칼이 포르루아얄을 애착했던 것을 고삐 풀린 상상력을 원인으로 불시에 나타난 욕망처럼 보는 것도 엉뚱한 일은 아니다. 심연의 일화가 이 점을 예증한다. 그렇지만 그 에피소드는 라 메트리가 얀센주의자들의 용기에 얼마간 공감하고 있음을 보여준다. "철학의 열성적인 신봉자들"에게 라 메트리는 "부당한 추방도 그들이 의무라고 생각하는 것을 지키는 것을 막지 못했던" 얀센주의자들을 모범으로 내세운 것이다. (A)

101. 18세기 감각론 철학자들과 같이 라 메트리도 중요하게 생각한 내용이다. 사유를 인간 정신의 정상적인 실행으로 만들어주는 "사유하는 존재*chose pensante*"에 대한 합리주의자들의 신념과는 달리, 감각

론자들은 사유라는 활동을 유기체적인 힘의 고되고 인위적인 긴장과, 일종의 운동의 억제와 관련시켰다. 그 운동에서 쾌락이 발생할 수 있다고 해도 마찬가지이다. 디드로도 비슷한 생각이다. "습관적인 명상 혹은 지식인의 상태보다 더 자연에 반ᅘ하는 것이 없다. 인간은 활동하기 위해 태어났다. 인간의 건강은 운동에 달렸다"(『생리학 기초』, 앞의 책, p. 300). (A)

102. 도덕 원리인 자연법에 대한 이 정의는 이해관계("남이 우리에게 하도록 하는 것을 우리가 원하지 않는 것")와 즉각적인 감각을 결합한다는 점에서 흥미롭다. 그래서 라 메트리의 자연법은 양심과 유용성과 관련되어 있다. 양심은 오류를 범하지 않는 것 같다. 이는 루소가 『에밀』 4부에 삽입한 『사부아 신부의 신앙 고백』에서 말하는 신적 본능을 떠올리게 해 준다. 자연법은 자연의 부분으로서 도덕의 실효성을 보여주는 본능의 자발성을 갖는다. 라 메트리는 그렇게 도덕에 대한 그의 시대의 논쟁을 북돋웠던 이기주의와 이타주의에 대한 논쟁을 단칼에 끊는다. 그러나 이 정언명령은 어떤 실천적 이성에도 기대지 않는데, 의무로서의 자연과의 결합을 보여주는 까닭이다. (A)

103. 그리스 신화에 등장하는 익시온은 유노 여신을 넘봤다고 주피터가 처벌한 인물이다. 익시온은 구름과 여신을 혼동한 것이다. 라 메트리는 종종 익시온을 언급하는데 그것은 유물론이 주장하는 하늘과 땅의 혼란을 표현하기 위해서이다. 그래서 라 메트리는 『행복론』에서 "진정한 익시온들인 우리는 유노와 구름을, 경박한 것과 유용한 것을, 더 불모의 것과 더 비옥한 것을 늘 혼동하지 않는가"(OP, t. II, p. 271)라고 했으며, 『향유의 기술L'Art de jouir』에서는 이 표현의

의미를 다음과 같이 설명한다. "익시온의 구름을 안아보고자 현실의 부富를 기쁜 마음으로 버린다." 이 이미지에는 라 메트리의 중심 개념이 드러나 있다. 유심론은 현실의 부를 구름과 바꾸는 반면, 유물론은 현실의 부를 요구한다. 이것이 왜 그가 모든 익시온, 즉 기독교, 과학, 철학의 익시온들과 싸워야 하는 까닭이다. 그는 『영혼론』 1장 마지막 부분에서 "진리는 인간이 갈망하는 행복과 마찬가지로 인간을 위해 만들어진 것은 아니다. 그렇다면 익시온도 시인들이 상상한 것처럼 여신을 포옹했다고 생각하지만 실상은 구름을 포옹한 것처럼 욕심을 부려서도 안 되고, 사랑에 빠져서도 안 될 것"(p. 126)이라고 썼다. (A)

104. 무신론자들의 사회를 구상해볼 수 있다는 생각은 피에르 벨이 도입한 계몽주의 사상의 핵심 주제이다. "무신론자들의 사회도 다른 모든 사회처럼 시민적이고 도덕적인 행동을 할 것임이 분명하다. […] 세상을 창조하고 유지해온 존재를 모른다고 무신론자들로 이루어진 사회 구성원들이 영광과 경시, 보상과 징벌을 무시하는 것은 아니다" (Bayle, *Pensées diverses*, CLXXII). (A)

105. 기원을 측정할 수 없다는 것이 라 메트리의 불가지론의 특징들 중 하나이다. 물질의 속성은 항상 그곳에 존재한다는 것이고, 형이상학 비판은 계보학적 야심에 대한 비판이다. 『영혼론』은 영혼의 기원과 본성을 이해할 수 있다는 야심을 비판한다. 기계로서의 삶의 현상적 해석의 토대는 이러한 불가지不可知에 있다. (A)

106. 라 메트리가 여기서 거명하는 인물들은 이 시기 저명한 기독교 호교론자들이다. 『신 존재 증명 논고Traité de l'existence de Dieu』를 쓴 페늘롱(1671~1715)이 제일 먼저 나오고, 그 뒤에 나오는 인물들은

짧게나마 영광을 누렸던 이들이다. 네덜란드의 니우번테이트Bernard Nieuwentyt(1654~1718)는 『자연의 경이로 증명된 신 존재L'Existence de Dieu démontrée par les merveilles de la nature』의 저자이다. 이 책은 1725년에 프랑스어로 번역되었다. 그는 이 저작에서 자연사와 수학을 통해 신앙에 봉사하고자 했다. 자크 아바디Jacques Abbadie (1654~1727)는 다방면으로 글을 썼던 작가로, 특히 『자기 자신을 아는 기술, 혹은 도덕 능력 연구Art de se connaitre soi-meme, ou la recherche des ressources de la morale』(1692)로 명성을 얻었다. 영국의 신학자이자 과학자였던 윌리엄 더햄(1657~1735)은 『자연신학Physicotheology』(1713)과 『천문 신학Astro-Theology』(1714)의 저자이다. 이 두 저작은 각각 1726년과 1729년에 프랑스어로 번역되었다. 라 메트리는 자연 과학에서 얻은 지식들을 끼워 넣어 자연 신학적 증명을 했다고 기대하는 이런 허구를 끔찍이 증오했다. 이 경향은 17세기의 마지막 25년부터 18세기의 플뤼슈 신부에 이르는 기간에 절정을 맞았다. 라이스Raïs는 영국의 플리니우스라고 불린 존 레이(1627~1705)인데, 케임브리지 대학에서 신학을 공부했으나 자연사에도 관심이 많았다. 『식물 신분류법』(1682), 『네발짐승일람』(1683)의 저서를 통해 식물 및 동물분류학의 기초를 이루었다. 최초로 쌍떡잎식물과 외떡잎식물을 구별한 인물로 알려져 있다. (A)

107. 마르첼로 말피기(1628~1694)는 이탈리아의 의사, 해부학자, 자연사가로 볼로냐대학에서 공부했고, 1656년부터 피사대학에서 가르쳤다. 동물 비교 해부학과 식물 형태학에서 두각을 나타냈고, 현미경을 이용하여 모세 혈관과 적혈구를 발견하고, 신장, 폐, 비장의 미세 구조도 관찰했다. 그는 1661년 발표한 논문에서 허파의 모세 혈관을

설명함으로써 하비의 혈액 순환설을 완성시켰다. 1666년 볼로냐에서 출판한 『심장 폴립에 대하여*De polypo cordis*』에서 적혈구를, 『내장 구조의 해부학에 대하여*De viscerum structura exercitatio anatomica*』에서 신소체腎小體를 정확히 설명했다.

108. 라 메트리와 스피노자의 관계를 비교해보면 라 메트리의 독자적 사유가 무엇인지 알 수 있고, 18세기 프랑스 스피노자주의 운동의 관련 자료를 얻을 수 있다. 유물론자인 라 메트리가 유물론을 대표하는 스피노자주의를 열광적으로 지지하지 않았을까 생각할 수도 있겠지만, 라 메트리의 저작에는 스피노자에 대한 조롱적인 표현들이 여럿 보인다. "이 어진이(그가 비록 무신론자였기는 했으나, 선량하고 다정한 사람이었다)가 새로운 관념을 관용적으로 인정받는 표현에 담으면서 전부 혼란에 처하게 하고, 완전히 얽히고설키게 만들었다는 점을 보려면 피에르 벨이 그의 사전에 실은 〈스피노자〉 항목]을 읽어보기만 하면 된다"(『체계들의 요약』, OP t. I, p. 269). 『철학 전집*Œuvres philosophiques*』 3권에 실린 「내 정신에게 보내는 서한시*Épître à mon esprit*」에서도 "당신의 글이 이성의 실絲을 길잡이로 삼지 못하는 새로운 미로라면, 그러니까 한마디로 말해서 당신이 스피노자 체계의 신봉자라면, 당신은 두말할 필요 없이 '가련하고 정신머리 없는 인물'에게나 주는 이름을 받는대도 할 말이 없소. 하지만 현대의 스피노자라면 [⋯] 당신은 과거의 스피노자가 피상적이었던 만큼 심오하고, 과거의 스피노자가 자기가 쓴 말에 새로운 관념을 부여하는 것을 즐겼던 만큼 당신은 명확하고, 명석하고, 일관적이오"(OP, t. III, 12). 『서론』에서는 이 문제가 아주 뚜렷이 드러난다. "내가 동료들 중 그보다 더 협잡꾼일 수 없는 자를 풍자했

다고 악인인 것이 아닌 이상으로, 『인간기계론』을 쓰고, 에피쿠로스의 체계를 설명했다고 스피노자주의자인 것은 아니다"(OP t. I, p. 39).

스피노자주의가 항상 심각한 비판을 받는 상황에서 이 철학자를 전략적으로 거부하는 모습이라고 생각한대도 라 메트리의 스피노자에 대한 관계는 양면적이다. 라 메트리는 자유사상가로서의 스피노자는 높이 평가하고, 『인간기계론』의 본 대목에서처럼 스피노자를 위대한 리베르탱들의 기수이자 호교론자들과 맞서 싸운 위대한 인물로 묘사한다. 그러나 라 메트리가 스피노자에게 갖는 반감은 『에티카』의 저자의 체계적인 성격과 그가 제시한 합리주의적 내용이다. 스피노자가 제시한 기하학적 방식*more geometrico*의 증명과, 라 메트리가 중시하는 실험적 방법 사이에는 넘어설 수 없는 심연이 존재한다.

다른 한편, 『체계들의 요약』의 스피노자를 다룬 7절에서 라 메트리가 스피노자를 맹렬히 비난한 것은 후자가 감각을 세계의 사유하는 부분으로 규정된 영혼의 운동으로 축소했다는 데 있다. 정작 이 영혼의 운동은 세계의 연장을 이루는 부분인 물체들이 산출한 것인데 말이다. 라 메트리의 반박에 따르면 사유는 "감각 원리의 우연적인 변형"이고, 단지 사물들의 "어떤 상이한 속성들"만이 영혼에 재현된다. 그러므로 스피노자의 지식 이론과 라 메트리의 지식 이론이 맞선다면 그 원인은 후자의 감각론이며, 현상주의*phénoménalisme*이다. 그렇지만 다른 한편 라 메트리는 스피노자를 지나치게 섬세한 정신의 존재로 본다. "울퉁불퉁 굴곡도 많아 다이달로스의 미로와 너무도 닮은" 스피노자의 무신론과는 반대로, 라 메트리의

무신론은 직선적이고 경험적이다. 라 메트리가 보기에는 이 목적에
이르려고 개념의 대⋏함대를 동원할 필요가 전혀 없다.

　　그렇지만 라 메트리는 실체의 단일성 이론을 인정하고, "『인간기계
론』의 저자가 책을 쓴 것은" 스피노자가 변호하는 "저 침울한 진리를
일부러 옹호하기 위해서였다"고 주장하기까지 한다. 다시 말하면
"인간은 정말 자동기계와 같고, 전혀 변함없는 필연성에 종속되고,
물의 흐름에 따라 흔들리는 배般처럼 격렬한 운명론un impétueux fatalisme
에 이끌리는 기계"(『체계들의 요약』, OP, t. I, p. 269)이다. (A)

109. 루칠리오 바니니(1585~1639)는 이탈리아 자연철학자로 유럽 여러
나라를 옮겨 다니며 공부했다. 1616년 파리에서 『자연의 경이로운
비밀De Admirandis Naturae Reginae Deaeque Mortalium Arcanis』을 발표하여
소르본대학을 비판했는데, 그의 범신론적 철학 사상이 문제가 되어
이교도이자 무신론자라는 죄명으로 툴루즈에서 화형을 당했다. 데
바로Des Barreaux(1599~1673)는 테오필 드 비오의 친구로 향락을 즐기
는 유형의 리베르탱이었다. 니콜라 부앙댕Nicolas Boindin(1676~1751)은
파리 소재 프로코프 카페에서 리베르탱들의 말을 옮기면서 무신론을
공공연히 설파했다. 그러므로 라 메트리는 여기서 리베르탱주의를
자발적, 박학적, 이론적인 다양한 형식들 속에 섞어보고 있다(Antoine
Adam, *Les Libertins au XVIIe siècle*, 1964, p. 192이하 참조). (A)

110. 여기서 라 메트리가 디드로를 언급하는 것은 우연한 일이 아니다.
내용을 통해 판단해보자면 라 메트리와 디드로는 한 저작에서 다른
저작으로(즉 디드로의 『철학 단상』에서 라 메트리의 『인간기계
론』으로) 넘어가면서 서로 대화를 하고 있다. 물론 디드로는 이
관계를 완전히 부정하지만 말이다. 디드로의 『철학 단상』은 논쟁을

촉발하기 안성맞춤의 저작으로 특히 라 메트리에게 자극이 되었다. 말피기의 언급은 디드로의 책에서 그대로 옮긴 것이다. 디드로는 『철학 단상』의 18번째 단상에서 "무신론에게 가한 강력한 타격은 형이상학자들에게서 나온 것이 아니었다. 말브랑슈와 데카르트가 숭고한 사유로 유물론을 타격하고자 했지만 말피기의 관찰보다 그 영향이 덜했다"라고 썼다. 라 메트리는 출전을 밝히지 않고 이 대목을 다음처럼 요약했다. "말피기의 한 가지 관찰로 모든 것이 증명되었는데 확실히 그 증명은 데카르트와 말브랑슈의 것보다 훌륭한 것이었다." 그런데 디드로는 앞의 대목 바로 다음에 기계론le machinisme을 제시한다. "[뉴턴 이후 실험자연학이 이룩한] 과업 덕분에 세계는 더는 신이 아니게 되었다. 그것은 톱니바퀴, 밧줄, 도르래, 용수철, 분동分銅을 갖는 기계와 같다." (A)

111. 이 문장은 디드로의 『철학 단상』 스무 번째 단상과 이어진다. "그러니 내가 세상의 무게로 여러분을 깔아뭉갤 수 있었을 때 나는 그저 여러분에게 나비 날개며, 진드기의 눈만을 반증으로 내세웠음을 생각하라." 라 메트리는 이 단상에 큰 인상을 받은 것 같다. (A)

112. 노르망디 출신의 의사로, 『사물의 원리에 대하여De principes rerum』(1699)의 저자 기욤 라미Guillaume Lamy(1644~1682)를 말한다. 앞의 책에서 라미는 스스로를 루크레티우스의 제자로 자처하면서 에피쿠로스와 루크레티우스주의 원자론을 통해 데카르트를 비판했다. 라미는 그의 다른 책 『해부학 논설Discours anatomiques』(1675)에서 반反목적론antifinalisme을 내세웠다. 이 책은 여섯 개의 논설로 이루어져 있고, 각각의 논설은 두 부분으로 나뉘어 첫 부분에서는 해부학을 전문적으로 설명하고, 다음 부분에서는 철학 논문을 제시한다. 라 메트리는

라미 저작에서 보이는 서로 물고 물리는 이런 구조에 주목했고, 이를 『인간기계론』에 적용하고 있다. 라미는 앞의 저작에서 목적론 적téléologique 환상을 반박하고, 생명의 기원은 우연적이고 자발적이라 고 주장하고, 경험의 중요성을 논하는데, 이 주제들은 라 메트리에게 도 역시 중요한 것이다. 라미는 이 주제를 놓고 신학자 프랑수아 블롱델François Blondel과 논쟁했다. 라미는 앞에 언급한 원리들을 『감각 적 영혼의 기능의 기계적이고 자연적인 설명Explication mécanique et physique des fonctions de l'âme sensitive』(1678)에서 구체적으로 설명한다. 여기서 눈目의 언급은 우연이 아니다. 라미는 1674~1675년의 강의에 서 자신의 반反목적론의 논변을 증명하기 위해 눈의 사례를 들었다. "눈은 보려고視 생긴 것이 아니고, 눈을 가졌으니 보는 것이다." (A)

113. 베르길리우스, 『전원시』, III, v. 108. 라 메트리는 『영혼론』의 13장 2절에서 의지와 자유의 문제를 발전시키는데 여기서 베르길리우스 의 위의 시구를 다시 인용한다. (A)

114. 라 메트리가 주장하는 영혼의 불가지론의 극단적인 표현이다. 영혼이 조직의 기능을 담당하게 되는 순간부터 영혼은 단지 기능의 결과를 옮기고 그 과정을 표시하는 것으로 그친다. 그때 영혼은 그 자체로 아무 뜻 없는 '빈 말'이 되므로, 이를 '영적인 실체substance spritiuelle'로 간주해서는 안 된다. (A)

115. 조르주 캉길렘은 『반사 개념의 형성La Formation du concept de réflexe』 5장에서 18세기 생리학의 '근육 수축' 문제를 정리하면서 18세기에 개구리가 주요 실험 대상이 되었음을 지적한다. "18세기에 이 [수축] 운동 연구의 주목할 만한 특징 중 하나는 인간과 집에서 기르는

포유류를 더는 실험 대상으로 삼지 않고 변온 척추동물(양서류, 파충류)과 심지어는 무척추동물(폴립)에 관련시킨 데 있다"(p. 89). (A)

116. 이는 할러가 근육에서 발견해서 민감성irritabilité이라고 명명한 속성이다. 이 문제에 대해서는 각주 125과 옮긴이 해설을 참조.

117. 『퓌르티에르 사전』에서는 연동蠕動 운동mouvement péristaltique을 아래와 같이 정의한다. "내장에 고유한 운동으로 창자가 위에서 아래까지 오그라들 때 막膜을 횡단하거나 순환하는 섬유 혹은 가는細 섬유로 형성된다. 그런 방식으로 배설물과 해로운 체액을 압축을 통해 밖으로 밀어낸다. 이 말은 그리스어에서 온 것으로 '주변으로 보내진 것'을 의미한다." (A)

118. 윌리엄 카우퍼William Cowper(1666~1709)는 영국 해부학자이자 외과 의사로 『근절개술 개선Myotomia reformata』(1694)과 샘腺의 주제로 연구한 『샘의 기술記述, Glandularum descriptio』(1702)의 저자이다. (A)

119. 윌리엄 하비William Harvey(1578~1657)는 런던 왕립학교 해부학과 외과학 교수로 『동물의 심장과 혈액의 운동에 대한 해부학적 연구Exercitati on anatomica de motu cordis et sanguinis in animalibus』(1628)에서 혈액순환의 법칙을 세움으로써, 인류학적이고 유기적인 체계성을 제시해 보였다. 어떤 의미로는 순환의 공간이 보여주는 이미지는 라 메트리 인류학이 중시하는 기계를 액체의 흐름 형태로 보여준다.

하비가 그의 발생 개념을 통해 라 메트리에게 영향을 미칠 수 있었음을 추가하자(『동물 발생론 연구Exercitatio de generatione animalium』 (1654). 그의 개념은 '모든 생명은 알에서 나온다omne vivum e ovo'는 원칙을 생명 이론의 토대로 삼고, 보편적인 기원을 통해 생명이

모두 통일성을 갖는다는 점을 확인한다. (A)

120. 프랜시스 베이컨의 자연사 연구 저작.

121. 이 내용은 민감성irritabilité이라는 할러의 개념에 대한 것이다. 근육 조직 내의 고유의 힘vis propria이나 외부로부터 온 힘vis insita은 중력, 인력, 탄성에 좌우되지 않고, 압력, 혈액, 전기 불꽃과 같은 자극들도 견뎌낸다. 이 내용이 뜻하는 것은 머리도, 신경도 없는 폴립과 같은 동물들이 대단히 큰 민감성을 갖는다는 것이다. 특히 바로 이런 이유 때문에 근육 중 가장 민감한 심장이 신체의 다른 부분과 분리되었을 때도 계속 운동의 자극을 받게 된다. (A)

122. 로버트 보일(1627~1691)은 1661년 발표한 『회의적 화학자Le chimiste sceptique』에서 아리스토텔레스의 4원소설이나 파라켈수스의 3원소설 대신 입자의 개념을 제시했다. 발효의 문제와 생리학에 뛰어났다. 보일의 전집은 1744년에 영어로 처음으로 출판되었다. (A)

123. 닐스 스텐슨, 혹은 니콜라 스테논Nicolas Sténon(1638~1687)은 덴마크 출신의 해부학자로 앞서 언급한 기욤 라미와 비교할 수 있다. 스테논은 『두뇌의 해부에 대한 논설Discours sur l'anatomie du cerveau』(1669)에서 소박한 목적론을 조롱했고, 『근육학 기초Elementorum myologiæ specimen』(1667)에서 근육 생리학을 기계론의 토대 위에 세워보려고 시도했다.

124. 이 사례는 라 메트리가 1742년부터 1745년까지 그라몽 공작을 도와 프랑스 근위병 부대 군의관으로 근무하다가 왕위계승전쟁 원정에 나가게 되었던 시절의 경험에서 가져온 것 같다. 라 메트리는 근위병들의 군의관 자격으로 역시 전투에 참가했다. 초기 라 메트리의 사유에서 그의 군 경험은 중요하다. 프리부르 공성전 당시 고열을 앓던 중에, 라 메트리는 저 자신에게서 관념의 혼란이 일어났음을

깨닫고 신체 구조의 중요성을 확신하게 된다.

125. 라 메트리 생리학의 토대로서 신체 구조 이론théorie de l'organisation은 섬유fibres의 존재 및 민감성이라는 근본 속성이 있다는 두 가지 가설에 기초한다. 이 두 가지 생각을 여기서 살펴보자.

1) 1654년에 해부학자 프란시스 글리슨Francis Glisson은 생명 현상들은 다양한 자극에 반응할 수 있도록 해주는 어떤 특별한 속성을 따른다는 점에 주목했다. 그는 1677년 『위장과 내장에 대한 논고Tractatus de ventriculo et intestinis』에서 처음으로 이 민감성의 속성을 거명하고, 이 속성이 특히 심장의 섬유와 조직에서 나온다고 주장한다. 이 속성만으로 최초로 신체 구조의 밑그림을 그릴 수 있었던 것은 사실이다. 그러나 글리슨이 생각한 민감성은 지각, 욕구, 운동의 능력을 갖추었기 때문에 생명을 가진 존재를 구성하는 부분들을 움직일 수 있게 해주는 것이다. 그러므로 사실 민감성은 생명을 나타내는 표현이지만, 생명의 결과가 아니라 신체 구조를 설명해주는 것이다. 더욱이 민감성은 생명을 가진 존재들의 모든 부분에 퍼져 있다.

라 메트리가 『인간기계론』을 쓰던 시대에 여러 실험을 거쳐 이 개념을 명확히 한 사람이 할러이다. 그는 1746년에 실험을 시작하여, 1752년에 괴팅겐 왕립아카데미에서 감수성과 민감성에 대한 논문을 발표(4월 26일과 5월 6일)하기에 이른다. "나는 인간 신체에서 어떤 외부의 사물이 조금 강하게 자극했을 때 더욱 짧아지는 부분을 민감하다고 부른다. 외부 접촉이 동일하다고 가정할 때 섬유는 더욱 짧아지므로 그만큼 민감성은 더욱 강하다. 그래서 가벼운 접촉으로 대단히 짧아지는 부분은 대단히 민감한 것이다. [⋯] 나는 자극을 받을 때 그 접촉의 자극을 영혼에 전하는 섬유를 감각적이라고 부른다. 우리가 영혼을 갖고 있는지 전혀 확신할 수 없는 동물들에게서 그 섬유의 민감성이 그들에게 고통과 불편의 확실한 신호를 일으키게 된다. 반대로 완전히 죽음에 이를 때까지 불에 데고, 잘려지고, 찔리고, 상처를 받을 때도 아무런 고통도, 신체 상황에 아무런 변화도 일으키지 않을 때 나는 그것을 무감각하다고 부른다. 이 정의는 우리가 알고 있듯이 고통스러워하는 동물이 상처를 일으키는 원인에 상처 부위를 감추고자 한다는 것에 근거하고 있다. 동물은 상처를 입은 다리를 거두고, 누가 그 다리를 찌르면 몸을 흔들고 그 동물이 고통스러워한다는 점을 우리에게 증명해주는 다른 신호들을 보낸다." 할러는 이렇게 근육 조직 내부에 민감성이 존재한다는 점을 증명(이후 그는 이를 수축성contractilité이라고 부르게 된다)한 뒤, 민감성을 신경의 작용인 감수성과 구분한다. 할러는 민감성을 주제로 한 위의 논문 마지막 부분에 "고故 라 메트리 씨는 민감성을 자신이 영혼의 정신적인 성격을 부정하기 위해 제안한 체계의 기초로 삼았다. 그는 슈탈과 부르하버가 민감성의 존재를 몰랐다고 말한 뒤, 스스로 민감성 개념의 창시자로 자처했다. 그러나 나는 신뢰할 만한 통로를 통해 그가 한 스위스 젊은이에게서 그가 알 수 있었던 모든 것을 취했다는 사실을 알고 있다. 그 젊은이는 의사도 아니고, 나와 만난 적도 없지만 내 저작을 읽고 저 유명한 알비누스 씨의 실험을 참관했던 사람이다. 라 메트리는 그것을 가지고 저 불경한 체계를 세웠다." 할러는 죽은 뒤에도 계속 남아 있는 민감성이 영혼과는 무관하다는 점을 상기한다. 민감성 개념의 역사에 대해서는 E. Gley의 민감성L'irritabilité에 대한 논의를 참조(『생물학의 철학과 역사에 대한 논고*Essais de philosophie et d'histoire de la biologie*』, 1889).

2) 세포 이론이 승리를 거두기 전인 16~18세기의 해부학자들에게 가는細 섬유fibrillaire이론이 지배적이었다. 이 이론에 따르면 섬유는 근육, 신경, 힘줄腱이라는 해부학의 본질적인 요소이다. 아리스토텔 레스에서 보렐리Giovanni Alfonso Borelli(1608~1679)에 이르기까지 동물 섬유와 식물 섬유가 비교의 대상이 되었다. 데카르트도 『인간론*Traité de l'homme*』에서 섬유를 언급하고 있고, 18세기에 할러는 가는 섬유 이론을 지지하여, 이 이론으로 "일부는 가는 섬유로, 일부는 무한히 작은 실lames으로 구성"된 '세포 조직le tissu cellulaire'을 제시한다. "[가 는 섬유들이] 반대 방향으로 진행됨에 따라 작은 공간들을 중간중간 끊어내면서 국소 영역을 형성하고 신체의 모든 부분을 하나로 결합 해준다"(Haller, *Eléments de physiologie*, I, 10). 이 문제에 대해서는 조르주 캉길렘의 『생명에 대한 지식*La Connaissance de la vie*』, 부록 I, pp. 185~186을 참조.

그러므로 라 메트리는 할러 과학의 견해를 받아들이고 있다. 디드로 생리학의 토대 역시 가는 섬유 이론이다. 『생리학 기초』 2부 1장에서 디드로는 "생리학에서 섬유의 관계는 수학에서 선線의 관계와 같다"고 썼다. 이는 할러의 말, *Fibra enim physiologo id est, quod linea gemetrae*와 공명한다. 디드로는 "섬유는 무르고, 탄성을 갖고, 걸쭉한 죽처럼 보이고, 너비는 없다시피 하고 길이만 갖거나, 길이는 없다시피 하고 너비만 갖는다. 섬유가 하나의 전체를 이룬다. 섬유는 핏기가 없고 촘촘하다." 그런데 "인간 신체의 단단한 부분들 은 모두 정도의 차이는 있지만 압착된 섬유들로 이루어져 있다."

여기서 한 가지 주목할 만한 은유가 보인다. "나는 십중팔구 섬유란 살^천에 덧붙은 살이며, 그것이 거의 등질적이고 살아 있는 하나의 연속된 전체를 형성한다고 생각한다. 나는 그 연속된 전체를 동물이며, 벌레로 간주한다. 섬유를 구성 성분으로 하는 동물은 바로 그것을 영양분으로 삼는다. 이것이 모든 기계의 원리이다. 기계의 형성은 벌레의 형성에 불과하다."(éd. Mayer, pp. 63~66) 라 메트리처럼 디드로도 이런 것을 살아 있는 신체 구조를 나타내는 주된 이미지로 본다. 디드로에 따르면 "세포 조직은 길이보다 너비가 더 큰 섬유와 작은 실로 구성되어 있다. 그 작은 실들이 중간중간 끊어지면서 국소 영역을 형성하고 인간 신체의 모든 부분을 결합하고 제약을 가하는 일 없이 강화하는 끈의 기능을 수행한다"(앞의 책, p. 68).

126. 퓌르티에르는 이 단어parenchyme를 다음처럼 정의한다. "의학 용어로 피^血로 형성된 부분들을 […] 가리킨다. 그래서 간^肝은 모든 조직 실질들 중 첫 번째의 것[…]이고, 심장이 두 번째, 폐, 비장^{脾腸}, 신장이 그다음이다. 이 말은 그리스어로 '대량의 조밀한 체액으로 이루어진'의 뜻이다."

127. 이 뒤에 제시된 사례들은 『인간기계론』이 다루는 주제를 자연스럽게 예시하는 반사reflexes 현상을 보여준다. 그런데 라 메트리가 영감을 받은 할러의 생리학 모델에는 반사 운동 개념(이는 1670년 이후 윌리스가 『근육 운동에 대해De motu musculari』에서 만들어낸 개념이다)이 직접적으로 드러나지 않는다. 캉길렘은 "반사 개념에 관해" 할러가 "무관심"했다고 말했다(앞의 책, p. 94). 사실 민감성은 자동운동의 열쇠를 제공하므로, "이렇게 근육 수축력이 분산되는 것을 본 할러는

반사 운동 개념을 밝혀보려는 노력을 포기했다." 이 모델은 라 메트리가 이곳에서 고려하는 자동운동의 지위를 밝혀준다. 윌리스의 도식에서 반사 운동이 뇌수encéphale에서 감지된 자극의 반사를 전제하고, 중추신경계의 국지적 운동을 종속케 하는 반면, 민감성으로 설명된 자동운동은 어떤 의미로 본다면 국지적 차원에서 포착되는 것이다. 이것이 이 문단에서 제시된 모든 사례의 경우로, 자동운동 작용이 기관 자체의 차원에서 포착되는 경우이다. 엄밀한 의미로 윌리스 전통에 선 반사 운동 이론의 지지자 중 한 명은 장 아스튀릭Jean Astruc인데, 그는 팸플릿을 써서 라 메트리를 공격한 바 있다(캉길렘, 앞의 책, pp. 98~100). (A)

128. 영혼이라는 뜻. 히포크라테스는 신체의 생명 전체가 이 원리에 의존한다고 본다. 그러므로 라 메트리의 기계론은 히포크라테스 전통과 화해하고 있다는 점이 지적되어야 한다. (A)

129. 몽테뉴는 『에세』(I권 21장)에서 "나의 방책은 상상의 힘을 피하는 것이지 거기에 맞서는 것이 아니다. […] 내 감정은 흔히 다른 이의 감정을 그대로 내 것으로 떠안는다. 누가 계속 기침을 하면 내 폐와 목도 자극을 받는다. 사랑과 의무로 맺어진 환자보다는 별 어려움 없이 편하게 볼 수 있는 사람을 문병하는 것이 내게는 더 낫다. 나는 병을 관찰하다가 그 병을 붙들어 내 안에 기거하게 한다. 상상이 하는 대로 그냥 두고, 나아가 거기에 박수까지 쳐주는 사람들은 상상만으로도 능히 열이 오르고 죽음에 이르는 일을 겪더라도 이상할 것이 없는 게 내 생각이다"(『에세 1』, 심민화, 최권행 역, 민음사, 2022, p. 189)라고 썼다. 라 메트리는 『영혼론』 10장 11절에서 몽테뉴의 이 부분을 언급한다. "[몽테뉴는] 더없이

현명한 자가 착란, 흔히 말하는 광기를 일으킬 수 있음을 보여주었다"
(OP t. I, p. 177). 바로 앞 문단에서 라 메트리는 "어떤 관념이 강한
상상력과 기억의 결과로 처음으로 두뇌에 새겨지게 되었을 때와
같은 힘으로 두뇌에서 깨어날 때, 우리는 이 생각의 알려진 대상을
외부에서 본다고 생각한다. 현존하고, 내적이고, 강력하고, 생생한
기억에 결부된 한 가지 원인은 더없이 현명한 사람들도 이런 오류에
빠지게 만든다. 멜랑콜리 환자들의 '발열 없는 착란'과 대단히 닮은
것"(같은 곳)이라고 지적하고 있다.

130. 대상의 이미지의 자극을 받아 미적 감수성을 쾌적하게 자극하는
특별한 감각 작용을 결정하는 원리를 말한다. 라 메트리는 『행복
론』에서 "놀라움을 주거나 감각을 달래는 담화는 추하거나 아름다
운 그림畵처럼 자극하는데, 이 원인을 고대인들은 기쁨을 주는 것bene
placitum이나 고통을 주는 것male placitum이라고 했다"(OP, t. II, p. 197).

131*. [저자의 주] 적어도 혈관을 통해서이다. 그런데 신경을 통한 결합은
없다는 점은 확실한가?

132. 니콜라 튈피우스(1594~1674)는 암스테르담에서 의학대학을 설립하
고 해부학 교수로 강의한 인물로 『의학의 고찰Observationes medicae』(16
41)의 저자이다. 렘브란트의 작품 『해부학 강의』에 등장하는 인물
중 한 명이다. (A)

133. 임신 중인 어머니의 상상력이 태아에 영향을 준다는 생각은 오랫동안
널리 받아들여졌다. 이 문제에 대해서는 이충훈, 『자연의 위반에서
자연의 유희로』, 2021, 도서출판 b, 1부 3장을 참조.

134. 다시 한번 리처드슨의 초상화를 암시하고 있다. (A)

135. 라이프니츠의 예정조화설에 대한 새로운 언급이다. (A)

136. 조반니 알폰소 보렐리Giovanni-Alfonso Borelli(1608~1679)는 이탈리아의
의사이자 자연학자로 치멘토 아카데미Academia del Cimento 회원이었다.
그는 의료기계론iatromécanique 학파의 창시자로, 『동물의 운동에 대하
여De motu animalium』(1680~1681)에서 신체의 운동을 기계의 법칙에
적용했다. (A)

137. 피에르 벨Pierre Bayle(1647~1706)은 결핵으로 쉰아홉 살에 죽었으므로,
이 시대의 평균 수명을 고려해 본다면 "젊은 나이에 죽었다"는
지적은 적합하지 않아 보인다.

138. 황달은 회의주의자들이 자주 언급하는 사례이다. "[…] 동물의 몸을
이루는 주된 부분들과, 특히 자연이 동물에게 대상들을 구별하고
느끼기 위해 부여한 부분들의 차이는 동물들의 차이에 따라 상상력
과 감각 작용의 큰 차이의 원인이 된다. 예를 들어 사람들 가운데에
황달을 가진 사람들은 우리에게는 빛나는 흰색으로 보이는 대상들
이 파리하고 납빛으로 보인다고 하며, 눈에 출혈이 있는 사람들은
그 대상들이 마치 핏빛이라도 되듯 본다"(섹스투스 엠피리쿠스,
『피론의 가설Hypotyposes pyroniennes』, 14장).

139. 피타고라스의 식이요법은 채식으로 알려져 있다.

140. 이 놀라운 표현은 히포크라테스적 영혼론과 생리학 메커니즘을
결합하려는 라 메트리의 노력을 보여준다. 그는 영혼을 "환상"으로
다루지만 여기서는 운동의 물질적인 원리가 된다. 이렇게 말할
수 있다면 그것은 기계의 태엽이다. 그것이 기계를 이루는 태엽들
전부에 운동 원리를 부여한다.(A)

141. 역학에서 진동l'oscillation이란 주기적으로 방향의 변화를 특징으로
하는 규모의 변화 및 진폭의 (주기적인) 증가 및 감소(약화)를 가리킨

다. 이 "진동"은 섬유에 내재한 (민감성과 유사한) 고유의 힘$^{\text{vis propria}}$의 성격과 역학 과정의 성격을 결합한다. 섬유는 자기 고유의 본성으로 인해 진동하는데 그러므로 그 자체로$^{\text{per se}}$ 진동한다고 할 수 있다. 그러나 이 진동이라는 용어로 이 속성을 추[운동]의 법칙을 언급하는 기계적 해석의 도식을 관련지을 수 있다. 그래서 진동의 기능은 섬유가 갖는 생명의 특징과 동시에 그것의 역학적 필연성을 표현한다. (A)

142. 이 의미심장한 표현은 시계 제조에서 착상을 얻은 현대 역학 모델과 함께, 이를 '유미$^{乳糜, \text{chyle}}$'를 통해 표현한 낡은 의학 이론을 동시에 참조하는 것이다. (A)

143. 여기서는 화학을 기초로 의학을 설명하는 의화학자^{iatrochimiste}를 가리킨다.

144. 게오르크 에른스트 슈탈$^{\text{Georg-Ernst Sthal}}$(1660~1734)은 독일의 의사이자 화학자로 영혼론^{animisme}을 강력히 주장했다. 『진정한 의학 이론^{La} $Vraie$ $Théorie$ $médicale$』(1708)이 그의 주저이다. 슈탈의 주장은 신체의 운동을, 물질과는 무관한 다른 원리로 설명해야 한다는 것이다. 후자가 곧 진정한 생명 원리로서, 신체의 자기 보존, 형성, 재생을 확보해주는 진정한 신체적 섭리인 '신체의 건축가'로 이해된다. 즉 신체는 무의식적 본능^{logos}를 통해서 그 사실을 알게 되는 영혼의 작업장^{officine}인 셈이다. 반면 추론^{logismos}이 이를 혼란에 빠뜨릴 수 있다.

슈탈의 영혼론에 맞선 투쟁이 결국 라 메트리의 신기계론^{néomécaniste} 기획의 핵심이다. 18세기 초 슈탈은 기계론에 대한 대안을 제시하는 동시에 유심론에 정당성을 마련해주었지만, 라이프니츠는 슈탈이 제시하는 영혼과 신체 개념이 유물론적 결과를 초래한다는 점을 들어 그를 비난했다(Albert Lemoine, *L'Animisme et le vitalisme de Stahl*, 1850 참조. 르무안의 이 책은 유심론을 옹호하는 관점에 서 있기는 하지만 형이상학적이고 이데올로기적인 목적을 부각했다).

『인간기계론』에서 슈탈을 공격하는 이 지점은 『영혼론』과 더불어 개시된 논쟁 중 한 가지 사례이다. 『영혼론』 11장에서 라 메트리는 의지론을 반박하기 위해 "영혼과 의지는" 동시에 한 가지 이상의 관념을 가질 수 없으므로 "신체에서 일어나는 이 모든 행동에 전혀 참여하지 않는다"고 주장했다. "이 점에서 영혼은 동물에서나 인간에서나 충분히 완전하지 않다. 영혼은 슈탈이 가정한 저 무한한 기하학을 선천적으로 가졌어야 했을 것이다." 그저 공상에 불과한 "영혼의 전제정monarchie de l'âme"에 "지성 전체를 넘어설 수 있는 메커닉"으로서 본능의 힘이 대립된다(11장 2절 OP. t. I, pp. 145~147). 라 메트리가 좀 더 나중에 말하듯이 슈탈은 "영혼에 […] 절대적인 영향력을 마련했다. 슈탈의 영혼은 치질을 포함한 모든 것을 만들어낸다." 슈탈은 "형이상학적 추론으로써 이런 상상력을 증명하고자 노력한다. 그런데 추론이라는 것으로 인해 영혼은 더욱 이해할 수 없는 것이 되고, 용기 있게 이렇게 말할 수 있다면, 더욱 우스꽝스러워진다"(12장 2절, OP, t. I, pp. 159~160). (A)

145. 이 사례는 우연한 것이 아니다. 보캉송이 제작한 자동인형 가운데 가장 유명한 작품이 플루트 연주자였다. (A)

146. 필립 에케Philippe Hecquet(1661~1737)는 파리대학 의학부 학장을 역임한 인물로 그의 박애 정신은 유명하다. 그는 특히 『사혈론*Traité de*

la saignée』(1707), 『저작咀嚼 조직에 따른 소화와 위장 장애에 대하여*De la digestion et des maladies de l'estomac, suivant le système de trituration*』(1712), 유고작으로『빈자들의 의학, 외과학, 약학*La médecine, la chirurge et la pharmacie des pauvres*』(1740)을 썼다. 그는 질병의 주요 원인은 피에 있고, 고체들의 운동을 일으키는 주요 원인은 지나치게 높거나 지나치게 낮은 혈압에 있음을 확인했다. (A)

147. praticien을 의사로 번역했다. 『아카데미 프랑세즈 사전』은 이 말을 "의과에서 상당한 경험을 쌓은 의사"로 정의한다.

148. 라 메트리는 부르하버의『의학 강의*Institutions de médecine*』를 1740년에 프랑스어로 번역했다. 그가 대본으로 삼은 번역은 할러가 편집하고 주석을 달아 라틴어로 출판한 부르하버의 강의록이었다.

149. 의사이자 건축가였던 클로드 페로Claude Perrault(1613~1688)는, 문인이 자 콩트 작가로 알려진 샤를 페로Charles Perrault의 형으로, 17세기 말 가장 급진적인 의醫기계론자 중 한 명이었다. 『자연학 시론*Essais de physique*』(1680~1688)에 실린『동물의 메커닉*Mécanique des animaux*』 혹은『자연물에 관련된 여러 논고 모음집*Recueil de plusieurs traités touchant les choses naturelles*』을 참조. (A)

150. 이 생각은 에피쿠로스에서도 나타난다. 아에티우스에 따르면 에피 쿠로스는 비이성적인 영혼l'âme irrationnel이 "신체를 구성하는 집합체 agrégat 내부에 퍼져 있다"고 생각했다. 마찬가지로 루크레티우스는 영혼을 "신체의 모든 나머지에 퍼져 있는 하위의 힘"으로 보고 있지 만, 그는 또한 이를 흉곽 중심에 자리 잡은 지도 영혼esprit directeur과 구분한다(루크레티우스가 자신의 영혼론을 제시하고 있는『사물의 본성에 대하여*De natura rerum*』의 1권과 3권). 에피쿠로스주의자들은

사실 영혼을 둘로 구분하는데, 그 두 번째 영혼은 신체 전체에 퍼져 있다. 에피쿠로스나 루크레티우스나 모두 피타고라스의 '조화'에 반대한다. 피타고라스는 조화가 신체의 특정 부분에 위치하지 않으면서 기계를 움직인다고 생각했다. 베르길리우스도 영혼이 이렇게 신체 전체에 퍼져 있다는 이론에 동의한다. (A)

151. 라이프니츠는 1675~1676년 사이에 데카르트가 『철학의 원리』에서 제시한 충돌의 법칙을 여러 차례 비판했다. 데카르트가 제시한 법칙은 신의 불변성과 결합된 보존의 일반 원리를 따른다. 데카르트가 명시적으로 규정하지는 않았지만 운동의 전체량은 충돌 시 동일하다는 것이다. 라이프니츠는 데카르트가 주장한 운동량 보존의 법칙을, 코나투스conatus, 즉 경향의 양의 보존의 법칙과 대립시킨다. 그러니까 호이겐스의 말처럼 중력은 추락의 경향인 것이다. 1677년에 라이프니츠는 파리 체류 시 보낸 한 편지에서 데카르트의 운동 법칙뿐만 아니라, 지금까지 자신이 알고 있던 일반적인 법칙이 오류라고 선언하게 된다.

152. 각주 149번을 참조.

153. 각주 125번을 참조.

154. 쥘리앙 르 루아Julien Le Roy(1686~1759)는 프랑스에서 가장 유명한 시계 제조 가문 출신으로 1739년에 국왕의 시계 제조인의 자리에 올랐다.

155. 여기서 라 메트리가 인간기계론과 자동인형이라는 기계적 형상을 결합시킨 자크 드 보캉송Jacques de Vaucanson(1709~1782)의 이름 뒤에 크리스티안 하위헌스Christian Huygens(1629~1695)를 언급하는 것은 우연한 일이 아니다. 하위헌스는 1657년에 최초의 추시계 및 시계추

공진기共振器를 제작했고, '경험과 이성Experientia ac ratio'라는 명구를 넣은 『시계론Traité des horloges』(1673)을 썼다. 어떤 의미에서 시계와 자동인형은 기계와 그것을 인간과 연결하는 운동학la cinématique의 한계를 규정하고 있다. 보캉송이 제작한 자동인형의 전시회와 라 메트리의 『인간기계론』은 10년의 차이가 난다. 보캉송은 1738년 1월에 생제르맹 장터와 롱그빌 저택에서 그의 플루트 연주자를 전시했고, 자동인형 소화하는 오리의 제작 전시는 1739년의 일이다. 보캉송은 최종적으로 인공 인간과 말하는 동물을 만들고자 했다. (A)

156. 라 메트리가 보캉송을 "새로운 프로메테우스"로 규정할 때 그는 볼테르를 인용하고 있다. 볼테르는 『인간 본성에 대하여De la nature de l'homme』(1738에서 '운문으로 쓴 인간론Discours en vers sur l'homme'의 마지막 부분에서 다음과 같이 적었다.

> 과감한 보캉송, 프로메테우스의 경쟁자
> 자연의 태엽 모방하여
> 하늘의 불을 취해 신체에 생명을 불어넣었다. (A)

157. 내이신경연부內耳神經軟部를 가리키며, 이전에는 안면 신경portio dura paris septimi과 함께 한 개의 신경을 형성하는 것으로 생각했다.

158. 라 메트리는 1745년에 『영혼의 자연사』를 차프Charp라는 필명으로 출판했다. (A)

159. 이 대목을 『서론』의 다른 대목과 비교해보자. "데카르트가 세운 가장 그릇된 가설은 다행스러운 오류로 간주된다. 그 가설이 없이는

여전히 알려지지 않았을 진리를 발견하고 예감하게 했다는 점에서 말이다." (A)

160*. [저자의 주] 『철학회보』의 할러.

161. 『아카데미 프랑세즈 사전』에서 '경성squirreux'이라는 말은 "경성암Tumeur squirreuse이라는 표현에서 말고는 거의 사용되지 않는다"는 설명이 있다.

162*. [저자의 주] Boerb. Inst. Med. et tant d'autres.

163. 이 대목에서 라 메트리는 1660년에서 1745년 사이에 생명 과학 영역에서 벌어진 논쟁 중 가장 첨예했던 동물의 발생 문제에 의견을 제시한다. 이 논쟁을 세심하게 연구한 자크 로제는 라 메트리의 입장을 "극미동물주의자animalculiste"의 것으로 요약한다. 더 정확하게 말하자면 "후성설의 입장에 선 난卵–극미동물주의자"(Jacques Roger, *Sciences de la vie*, p. 492)이다. 달리 말하자면 라 메트리는 17세기의 마지막 사분기에 과학 분야의 중대한 두 발견을 놓고 이루어진 논의에서 우세한 입장을 수용하고 있다.

　1. 하나는 레우이엔후크와 하르트수케르가 동시에 발견한 것이다. 라 메트리는 여기서 후자만 언급했다. 하르트수케르는 1677년에서 1678년 사이에 수컷의 정액에서 여전히 '벌레'라고 불렸던 이름의 작은 동물들을 발견했다. 그는 1678년에 하위헌스에게 보낸 일련의 편지들에서 이들 극미동물을 상세히 기술하고, 이들을 관찰하는 데 적합한 기술적 방법들을 제시했다(Jacques Roger, 앞의 책, pp. 299~302). 하르트수케르는 이 정자극미동물을 작은 인간으로 보고, 그 내부에 존재하는 배아의 선재설la préexistence de l'embryon을 받아들였다. 반면 라 메트리는 배아로부터 시작해서 기관이 형성된다는

후성설을 수용한다.

2. 다른 하나는 태생동물 암컷에서 난卵을 발견한 것이다. 1672년경
에 난주의ovisme에 단단한 기초를 마련한 사람은 레니에 드 흐라프Rei
nier de Graaf였으며, 스텐손, 슈바메르담, 말피기, 보렐리, 발리비가
이 이론을 따랐다. 이 발견은 수태 과정에서 여성의 생식 기관이
수행하는 역할을 지적했다는 점에서 중요하며, 이 경우 수태를
가능케 하는 것은 남성 종자이다. 이를 통해 자궁은 그저 남성
종자가 발육하는 장소에 불과하다는 아리스토텔레스의 견해가 무
너졌다.

이 두 이론이 '난-극미정자동물주의ovo-vermisme'의 틀에서 서로
결합되었다. 레우이엔후크가 극미동물주의자로서 난주의에 반대
한 것은 극미동물은 굳이 난이 존재한다는 점을 제시하지 않고도
이런 용도로 미리 마련된 자궁의 한 점에 착상한다고 주장하기
때문이다. 그렇지만 1694년에 하르트수케르는 이 벌레가 [팔로프]
관을 타고 난소에 올라가 난 속으로 들어간 뒤 아래쪽으로 떨어진다
고 주장했다. 라 메트리의 스승이었던 부르하버는 1708년에 변형된
난-극미정자동물주의를 주장했다. 그리고 라 메트리는 이 문단에
서 스승의 의견에 신빙성을 부여한다. 발생 일반의 문제에 대해서는
에밀 기예노의 『17세기와 18세기의 생명의 학문Les sciences de la
vie aux XVIIᵉ et XVIIIᵉ siècles』(1941)의 3부 p. 209 이하와, 프랑수아 자콥의
『생명의 논리La logique du vivant』(1970)의 1장 p. 28 이하를 참조.
(A)

164. 팔로프 관les trompes de Falloppe은 이탈리아 해부학자 가브리엘레 팔로피
오Gabriele Falloppio(1523~1562)가 발견해서 "자궁의 뿔cornes de la matrice"

이라고 불렀다. 팔로피오는 페라라, 피사, 파도바에서 가르쳤던 베살리우스의 제자이다. 팔로프 관의 문제는 한 세기 후 극미동물과 난의 논쟁의 쟁점이 되었다. 사실 팔로피오는 관의 나팔과 난소 사이에 몇 센티미터의 간격이 있음을 관찰했고, 이를 통해 관은 여성의 고환testicules femelles에서 나온 종자에 통로 구실의 역할을 할 뿐이라고 결론 내렸다. 그런데 이 점이 난주의자에게는 풀기 어려운 문제였다. 이 간격을 고려한다면 난이 관으로 들어가 자궁에 다다르기란 불가능해 보이기 때문이다. 그런데 18세기 초 이래로 해부학자 리트레Alexis Littré(1654~1725)는 해부학으로 이 사실을 밝혀내고 나팔이 난소에 붙어 있다고 주장했다. 그때부터 관은 난-극미동물주의의 실질적인 기초가 되었다. (A)

165. 디드로는 양막amnios은 "투명한 점액질로 된 태아 내부의 막膜"으로 "대단히 매끄럽고 항상 동일한 모습을 갖는다"고 썼다(『생리학 기초』, 앞의 책, p. 199). (A)

166. 배아 구조에서 시작해서 기관들이 연속적으로 출현한다는 점을 기술하는 것을 보면 라 메트리가 대부분의 자연사가들처럼 후성설 이론을 선택했다는 점을 알 수 있다. 사실 윌리엄 하비는 신체 기관들이 종자 속에 "이미 형성되어 있préformé"다는 생각을 반박했고, 이와는 반대로 미분화된 덩어리masse에서 시작하여 기관들을 차례로 형성한다는 후성설을 주장했다. 이러한 배아의 조직화에 대한 입장은 이미 아리스토텔레스와 갈레노스에서부터 발견되지만 두 사람의 차이는 아리스토텔레스가 가장 형성된 기관을 심장으로 본 반면, 갈레노스는 간肝부터 생기고 심장과 두뇌가 나중에 생긴다고 주장했다는 데 있다. 하비는 이 문제를 아리스토텔레스처럼 생각한다.

데카르트와 1650년 이후의 지식인들은 후성설을 받아들여 전성설을 극복했지만, 1670~1680년대(라 메트리의 시대는 물론 그 이후까지도)에도 여전히 배아의 선재 이론préexistence des germes과 경쟁하고 있었다. 배아의 선재 이론에 따르면 생명을 가진 존재는 신의 천지창조 시대에 창조되어 그 발육이 시작되는 순간까지 보존된 씨앗이나 종자에 이미 완전히 형성되어 있다. 물론 이 입장은 실험으로는 증명할 길이 없지만, 1737년에 프랑스 곤충학자 레오뮈르는 벼룩의 단성 생식을 들어 이 이론을 지지했다.

반면 라 메트리 유물론의 토대는 엄격한 후성설에 서 있다. 더욱이 모페르튀가 『자연의 비너스』(1745)에서 배아의 선재 이론을 거부하고 후성설 원리를 복원했음을 지적해야 한다. 모페르튀는 후성설 이론을 급진화했던 데카르트의 『인간론Traité de l'homme』을 높이 평가한다. 그렇기는 하지만 모페르튀는 난주의와 극미동물주의를 모두 거부하고, 수컷과 암컷의 이중 종자 이론을 취했다. 그에 따르면 각기 다른 두 성의 종자가 각각 배아로 자라게 될 부분들을 포함하고 있는 것이다. 반면 라 메트리는 모페르튀의 입장을 받아들이지 않는다. 이 점이 라 메트리가 이 대목에서 "여성의 종자가 발생에 불필요하"며, 여성의 종자에는 극미동물이 들어 있지 않다고 말하는 까닭이다. 여기서 라 메트리는 수컷이 생식에 결정적인 역할을 한다는 아리스토텔레스의 관념으로 되돌아간다. (A)

167. '뛰는 점punctum saliens'은 태아의 심장의 최초의 단계를 말하는데, 윌리엄 하비와 말피기가 이 표현을 썼다. 이 개념은 심장이 배아가 만들어질 때 결정적인 기관으로 나타나는 만큼, 후성설에서 큰 중요성을 갖는다. 그러므로 '뛰는 점'은 최소한의 출현을 통해 그로

부터 배아가 형성되기 시작하는 시점을 가리킨다. (A)

168. 『인간기계론』에서 발생의 문제에 대한 사실상의 결론 부분에서
라 메트리의 특히 신중한 태도가 눈에 띈다. 더욱이 라 메트리는
발생의 문제에 대해 지식의 즉각적인 진보가 가능한가에 대해서는
회의적이다. 자크 로제의 지적대로 1745년경에 "1660년경에 시작
된 엄청난 발견의 도약이 1725년 이후에 중단되었다. […] 학계는
이 해결이 불가능한 문제에 천천히 등을 돌렸다."(앞의 책, p. 323)
여기서 라 메트리는 이론이 포화상태에 이르렀다고 표현한 것이다.
반면 그에게는 경험의 토대가 중요했다. 한편으로 발생의 문제는
교조적이고 사변적인 데가 있었으므로 이 문제에 적합하지 않다.
더욱이 기원의 문제들에 대한 라 메트리의 회의주의는 잘 알려져
있다. 기계의 이론은 이런 문제를 제기하려 들지도 않고 피하고자
하지도 않는다. 이는 동시에 유물론이 끈질긴 반박을 만나는 영역
이기도 하다. 퐁트넬이 『사랑의 편지*Lettres galantes*』에 쓴 유명한
구절을 보면 "당신은 짐승들이 시계와 같은 기계라고 말씀하시는
겁니까? 수캐 기계와 암캐 기계를 나란히 두면 세 번째의 작은
기계가 나올 수 있으리라 생각하시겠지만, 이 두 기계는 세 번째
기계를 만드는 대신 평생 나란히 있을 것입니다"(11번째 편지)라는
말이 나온다. 물론 이는 순진하고 통속적인 표현이기는 하지만
그럼에도 발생 이론이 '기계론'의 직접적인 반박임을 보여준다.

그렇지만 사실을 말하자면 이는 라 메트리가 생각하는 발생의
결정적인 입장은 아니다. 라 메트리는 1750년 『에피쿠로스의 체
계』에서 배종광포설胚種廣布說, panspermiste이라는 과감한 이론을 내세
운다. 그는 애벌레와 공중의 곤충들(5-6절)이 생겨나는 것이 식물의

발생과 같으며, 이로부터, 발생이 시작하는 이 최초의 자궁에서 동물과 식물의 정자가 암컷에서 발육하기에 앞서, 정자를 실어 나르는 관과 고환으로 나아가게 된다. 그래서 발생이 우주론의 한 부분으로 들어오게 되고 대지는 최초의 자국이 된다(10절). 이 점은 "최초의 발생은 대단히 불완전했으리라는 것"(13절)이다. 괴물이 나타나는 것이 이를 증명한다. "얼마나 무한한 결합을 거쳐야 그로부터 완전한 동물이 나타날 수 있는 것일까?"(15절) 이런 표상은 루크레티우스에게서 영감을 얻은 것으로, 브누아 뒤 마예^{Be} noît de Maillet의 『텔리아메드*Telliamed*』(1748)의 영향이 보이는 최초의 바다의 이미지가 가득하다. [바다가 뒤로] "후퇴하면서 마치 바다가 간혹 물고기를 물 밖 해변에 던져 놓는 것처럼 인간의 난^卵을 해변에 방치해서 마르게 하는 것과 같다(32절). 이 이미지에는 필연성의 법칙을 따르는 우연이 나타난다. 여기에 루크레티우스와 에피쿠로스에게서 영감을 받은 "사유하는 기계"(27절) 역시 포함되며, 이를 통해 최종 목적을 갖는 기원이 거부되는 것이다. 여기서는 루크레티우스의 ".우리 모두는 하늘에서 내려온 종자에서 나왔다"(『사물의 본성에 대하여』, I, 169~173, v, 916~924)라는 가설을 반복하고 있다. (A)

169. 라 메트리는 여기서 의학과 천문학의 유사성을 다시 취했다. 히포크라테스의 '임상^{clinique}'은 환자가 누운 침상^{clinis}을 바라보는 의사의 눈의 활동을 가리키는 말이다. (A)

170. 달콤한 죽음에 대해 에피쿠로스가 언급한 주제로, 라 메트리는 이를 『에피쿠로스의 체계』와 『반^反세네카』에서 취한다. (A)

171. 『에피쿠로스의 체계』에서 이 '기계적 윤리학^{éthique machinale}'에 유사한

표현을 찾아볼 수 있다. "여러분은 내가 왜 인간을 여전히 높이 평가하는지 알고 싶으신가? 그것은 내가 인간이 실제로 기계임을 믿기 때문이다. 이와 반대되는 가설에서라면 나는 존중받을 만한 사회를 전혀 모른다. 유물론은 인간 혐오의 대척점에 놓여 있다"(OP, t. II, §XLVI, p. 26).

172. 추론과 경험을 결합해야 한다는 이 생각이 물론 보편적이고 진부해 보일 수 있지만, 과학 지식 이론에 관해서라면 부르하버 학파에서 제시되었던 논의의 반향이었음에 주목해야 한다. 부르하버는 1715 년 레이덴 아카데미의 논설『자연학에서 확실성의 비교에 관하여De comparando certo in physicis』에서 우리가 제1 원인을 모른다는 점을 고려한 다면 실험으로 만족할 필요가 있음을 확인한다. 그러나 부르하버는 여기에 추가하여 기하학적 추론을 통해서 그 실험 결과들을 연장할 수 있다고 말한다. 다만 실험이 확실성의 출발점이자 보증임을 잊지 말아야 한다. 1702년 이후 부르하버는『의학에서 기계론적 추론의 유용성에 관하여De usu ratiocinii mechanici in medicina』에서 기하학적more geometrico 추론의 방법을 권장하여 관찰의 결과들을 확장하고 풍요롭 게 만들고자 했다.

마찬가지로 네덜란드의 자연학자 스흐라베산더S'Gravesande는 1717 년 레이덴에서 열린 그의 취임 강의 및 1720~1721년에 출판한『수학 적 요소의 증명으로 확인된 자연학Physices elementa mathematica experentis confirmata』에서 경험과 이성의 결합의 필요성을 주장했다. 같은 맥락 에서 무센브로크Musschenbroeck는 1730년의 논설『자연학 실험을 확증 하는 방법에 관하여De methode instituendi experimenta physica』에서 지식의 3요소를 관찰, 경험, 추론이라고 했다. 그래서 라 메트리가 경험과 이성의 결합과 추론의 엄격함과 수많은 자연 관찰을 결합을 주장할 때 그는 앞에 언급한 네덜란드 자연학자들의 용어를 똑같이 이용해서 결론을 내리고 있다. (A)

173. 이 마지막 표현은 라 메트리의 '진리' 개념으로 이해해야 한다. 이런 의미에서 진리는 공상의 영역을 다루는 체계들과 대립한다. 그 체계들에 맞서서 라 메트리가 이해하는 진리는 결코 교조적이지 않다. 진리는 의사와 자연사가의 눈으로 파악된 자연을 통해서 '자신의 모습을 드러낸다.' 라 메트리는 『서론』에서 이렇게 말한다. "철학자는 모든 결과를 제외한 채 자신에게 진실이나 거짓으로 보이는 것을 대상으로 삼는다. [⋯] 자연에 존재하는 것으로 보이는 것을 진리라고 부르고, 관찰과 경험과 모순되는 모든 것을 자연에 존재하지 않는 것이라고 부른다."(OP t. I, p. 7) 여기서 라 메트리에게 진리는 '실재réalité'의 동의어임을 확실히 알 수 있다. 진리는 관찰자의 눈과 실험자의 조작에 분명히 드러난다. 그 나머지는 모두 허구이다. (A)

〈인간식물론〉

174. 오비디우스의 『변신』에는 월계수로 변한 다프네, 포플러로 변한 파이톤의 누이들, 수선화로 변한 나르키소스, 해바라기로 변한 클리티에, 떡갈나무와 보리수로 변한 필레온과 바우키스, 사이프러스로 변한 키파르시스, 히아신스로 변한 히아킨토스, 아네모스로 변한 아도니스 등의 이야기가 등장한다.

175. 이 이미지는 라블레의 『제4서』 32장에 등장한다.

176. 프레데릭 라위스Frederik Ruysch(1638~1731)는 네덜란드의 해부학자로 1668년부터 암스테르담대학에서 해부학과 외과학을 가르쳤고, 1685년부터 식물학을 가르쳤다. 주검의 혈관에 착색한 방부액을 주입하여 맥관脈管 분포를 검사하는 방법을 창시했으며, 치아, 심장 관상동맥의 분기, 남녀 골반의 차이 등의 문제를 연구했다.

177. 『백과사전』의 「신경액liqueur des Nerfs」 항목은 "몇몇 의사들이 신경에 들어 있다고 생각한 체액"으로, 이를 처음 발견한 윌리스 등은 이것이 동물 정기를 운반하며, 동물 정기가 대량으로 낭비되는 것을 막고 신체를 구성하는 부분들에 영양을 공급한다고 믿었다. 그러나 대부분의 현대 의사들은 신경액의 존재를 부정한다"(ENC, t. XV, p. 595)고 설명하고 있다.

178. 암술머리stigmate와 씨방ovaire을 연결하는 자루 모양의 부분으로, 수정된 꽃가루가 발아하여 꽃가루관이 씨방으로 자라나는 통로 역할을 한다.

179. Cornelius Agrippa 혹은 Agrippa de Nettesheim(1486~1535)은 독일의 신학자, 철학자, 주술가로 인간 지식에 대해 회의주의적 태도를 주장했다.

180. 그리스 신화에서 풍요와 생산력의 신인데, 람프사코스에서 아프로디테의 아들로 태어났지만 지나치게 큰 남근을 갖고 태어났고, 나중에 디오니소스의 시종이 되었다. 디오니소스 제례에서 프리아포스는 실레노스나 사티로스처럼 관능적인 역할을 하는 존재로 숭배되었다.

181. 이 단어(Congrès)는 원래 외과 의사들과 산파들이 참여하여 배우자들

의 성적 능력을 확인함으로써 결혼 무효를 선언할 수 있는 증거를 뜻했는데, 이는 1667년에 금지되었다. 그 이후에는 성교의 의미로만 쓰인다.

182. 니덤^{John Turberville Needham}(1713~1781)은 영국의 사제이자 자연사가로 자연발생설을 주장했다.

183. Needham, *Nouvelles découvertes faites avec le microscope*, E. Luzac, 1747, p. 84.

184. 니덤의 저작은 아브라함 트랑블레가 번역하고 주석을 달아 출판했다. 해당의 내용은 Needham, *Nouvelles découvertes, op. cit.*, p. 97에 나온다.

185. 다이아나의 나무는 은銀에 질산을 가하면 은이 녹게 되고, 여기에 수은 한 방울을 떨어뜨리면 마치 나무가 자라는 듯한 모습이 형성되는데 이를 가리키는 말이다. 모페르튀는 "은과 질산을 수은과 물과 섞을 때 이들 물질을 구성하는 모든 부분들은 저절로 배열이 이루어져 꼭 나무를 닮은 결정으로 이루어지므로 이름도 그렇게 붙였다"(모페르튀, 자연의 비너스, 이충훈 역, 도서출판 b, 2018, p. 99)라고 썼다.

186. 『백과사전』의 「삿갓조개」 항목의 저자 도방통은 니덤의 관찰을 다음과 같이 소개한다. "니덤 씨는 삿갓조개가 폴립처럼, 즉 식물의 방식으로 번식한다는 점을 의심했다. 그러나 그는 죽었다고 생각했던 삿갓조개들에 대해 확실한 증거를 얻을 수 없었으므로 그렇게 확신할 수도 없었다. 그런데 그는 삿갓조개 예닐곱이 끝이 꼭 붙어서 한데 모여 있는 것을 보았다. 그것들은 동일한 몸통에서 나온 가지枝나 어미의 몸에서 나온 새끼들을 닮았다기보다는 동일한 뿌리에서

나온 싹을 닮았다. 그는 이런 유의 결합이 이 동물의 증식이 폴립의
증식과 유사한 것인지 […] 결정할 수 없었다."

187. 알렉산더 먼로Alexander Monro(1697~1767)는 영국의 해부학자로 에딘버
러대학에서 해부학과 외과학을 가르쳤다.

188. 지오반니 폰타노Giovanni Pontano(1429~1503)는 이탈리아의 인문학자
이자 시인으로, 나폴리 왕국에서 재배된 두 그루의 종려수를 언급하
면서 동물처럼 식물도 암수가 따로 있어서, 수정을 통해 번식한다는
점을 밝혔다. 오트란토에 암종려수가 하나 있었는데 매년 꽃은
피워도 열매는 맺지 못했다. 어느 여름에 마침내 종려수가 풍성하게
열매를 맺어서, 그 사실을 추적해 보았더니 약 60km 떨어진 브린디
시에 자라던 수종려수가 처음으로 꽃을 피웠고 이로 인해 서로
멀리 떨어진 두 종려수의 수정을 통해 열매가 맺어졌음을 알게
되었다.

189. 프랑스 화학자 에티엔 프랑수아 조프루아(1672~1731)는 뉴턴의
인력 개념을 통해 물질들 사이의 친화력affinité을 증명하고 그 정도에
따라 물질들 사이의 친화력 표를 만들었다.

190. 다니엘 세네르트Daniel Sennert(1572~1637)는 독일의 의사로 비텐베르
크대학에서 가르쳤다. 17세기 초 갈레노스주의자들과 파라켈수스
주의자들의 논쟁에서 그는 절충적인 입장을 취했다. 고대인들의
체액설을 받아들이면서 동시에 화학의 중요성도 잊지 않았다. 그러
나 세네르트는 화학을 의학의 토대로 삼고자 하지 않았으므로 파라
켈수스와는 입장을 달리했다.

191. 이 표현은 마르시알의 『서한시』(II, 86)에 나오는 표현으로 문자
그대로 번역하자면 까다로운 광인의 뜻이다. 열심히 정신을 연마하

면서도 쓸데없는 일로 몸을 망치는 사람을 말한다.

192. 베르길리우스의 『농경시』 4권에 나오는 꿀벌 시편을 가리킨다.

193. 다비드 르노 부이예David-Renaud Bouiller(1699~1759)의 『짐승의 영혼에 대한 철학적 시론Essai philosophique sur l'âme des bêtes』(Amsterdam, 1727)의 내용.

〈옮긴이 해제〉

194. 이 글은 이충훈, 「초기 디드로 저작에서 라 메트리의 영향」, 프랑스어 문교육, n° 78, 2022의 내용을 요약한 것이다.

195. Diderot, *Essai sur les règnes de Claude et de Néron, dans Œuvres complètes*, éd. H. Dieckmann, J. Proust et J. Varloot, Paris, Hermann, t. XXV, 1986, p. 248.

196. La Mettrie, *Œuvres philosophiques*, t. I, éd. Francine Markovits, Fayard, 1987, p. 168.

197. Descartes, *Méditations métaphysiques, dans Œuvres de Descartes*, éd. Claude Adam et Paul Tannery, t. IX, Vrin, 1996, p. 68.

198. *Ibid.*, p. 69.

199. 데카르트, 『『성찰』에 대한 반론과 데카르트의 답변』, 원석영 역, 나남, 2012, p. 339.

200. La Mettrie, *Œuvres philosophiques*, t. I, op. cit., pp. 167~168.

201. *Ibid.*, p. 108.

202. *Ibid.*, pp. 108~109.

203. Descartes, *La Description du Corps humain*, AT. t. XI, pp. 226~227. 또한 『인간론』에서도 같은 내용이 등장한다. "[…] 신체는 석상이나 흙으로 만든 기계나 같다. 신이 석상 혹은 기계를 만든 것은 그것을 가능한 우리와 가장 닮도록 하려는 의도적인 것이었다. 그래서 신은 우리 외부에 우리의 사지의 색과 형태를 부여했을 뿐 아니라, 내부에는 그것이 걷고, 먹고, 숨 쉬고, […] 우리가 가진 기능을 고스란히 모방하게끔 모든 부속들을 설치한 것이다"(Descartes, *Traité de l'Homme*, AT. t. XI, p. 120).

204. Cangulhem, *La Connaissance de la vie*, Paris, Vrin, 1975, p. 110.

205. 데카르트, 『『성찰』에 대한 반론과 데카르트의 답변』, 앞의 책, p. 420.

206. La Mettrie, *Œuvres philosophiques*, t. I, op. cit., p. 87.

207. Thierry Gontier, <Descartes et les animaux-machines: une réhabiltation?> dans *De l'animal-machine à l'âme des machines*, sous la dir. Jean-Luc Guichet, Publications de la Sorbonne, 2010, p. 33.

208. La Mettrie, *Œuvres philosophiques*, t. I, op. cit., p. 139.

209. *Ibid.*, p. 98.

210. *Ibid.*, p. 100.

211. Albrecht von Haller, *Mémoires sur la nature sensible et irritable des parties du corps animal*, trad. Tissot, t. I, Lausanne, 1756, pp. 7~8.

212. François Duchesneau, *La Physiologie des Lumières. Empirisme, Modèles et Théories*, Martinus Nujhoff Publishers, La Hague, 1982, p. 144.

213. Robert Whytt, <Des mouvements involontaires des animaux>, *dans Traité des maladies nerveuses, hypocondriaques et hystériques*, t. I, Paris, Didot,

1777, p. 216.

. *Ibid.*, p. 263.

215. La Mettrie, *Œuvres philosophiques*, t. I, op. cit., p. 104.